JN409741

조선시대의 학파와 사상

조선시대의 학파와 사상

정 재 훈 지음

신구문화사

머리말

우리 시대에 학파가 있을까? 매우 어리석은 질문일지도 모른다. 너무나 당연하게도 선진국을 지향하는 대한민국의 현재에 수많은 학문과 그에 따른 학파가 있을 것이다. 그럼에도 불구하고 인문학 분야에, 혹은 한국학 분야에 본격적으로 학파에 대해서 질문을 한다면, 그리 쉽게 대답을 할 수는 없을지도 모른다. 한국의 현실을 반영하고, 한국의 정체성을 드러내는 학문과 학파가 과연 우리 주위에 얼마나 존재할까?

이른바 근대 이후 한국에서 학문을 한다는 것은 곧 서구학문을 받아들이고, 그 개념과 방법론을 이어받아 그에 따른다는 것을 의미하는 것이었다. 19세기에 중국이나 일본 등을 통해 서구의 학문을 받아들인 이후 이러한 현상은 계속되었다. 현재 대학사회에서 사용하고 있는 수많은 한자로 된 개념어는 사실 전통시대의 학문에서 유래한 것 보다는 훨씬 많은 부분이 서구의 개념어를 번역하는 가운데 생성된 것이다. 사실 번역자체도 우리 손으로 이루어진 경우는 많지 않고 주로 일본이나 혹은 중국에서 번역된 것을 그대로 차용하여 사용한 것이 대부분이다.

때로 공부를 해나가는 과정에서 과연 이러한 개념어, 방법론으로 한국의 전근대의 역사나 문화를 제대로 구현해낼 수 있을까 하는 의문이 들기도 하였다. 물론 전근대의 역사나 문화나 하더라도 현재적 관점에서, 현대적 용어로 새롭게 써져야 하는 것은 지당한 명제이다. 그럼에도 불구하고 우리의 지나온 근대를 되돌아본다면 과거의 맥락을 당대의 맥락에서 충실하게 살펴본 다음 차분하게 현재에서 재평가하였던 사례는 많지 않았던 것 같다. 오히려 근대의 날카로운 칼로 서슬 푸르게 과거를 재단하여 과거는 먼 유물로만 존재하게 되기도 하였다.

조선시대의 학파에 관해서도 이제까지의 이해를 본다면, 기껏해야 당파를 합리화하는 도구로 밖에 설명하지 않은 느낌이 적지 않다. 조선의 유학사를 근대적인 방법론으로 최초로 규명한 다까하시 도오루(高橋 亨)에서부터 '주리파(主理派)'와 '주기파(主氣派)'의 구분은 학파보다는 정파의 분화를 설명하기 위한 전제에 가까웠다. 하지만 문치주의(文治主義)의 전통이 강하였던 조선에서 특히 중기 이후 학파가 등장하였던 사실, 그리고 이렇게 등장한 학파가 자생적인 학문의 추구 속에서 나타났던 사실, 학파가 지속적으로 이어져서 서로 경쟁하게 되었던 사실, 학파(學派)를 모태로 하여 정파(政派)로까지 발전한 사실 등은 다른 나라에서는 쉽게 찾아보기 어려웠던 역사적 현상이 아닌가 싶다.

조선전기를 두루 살피면서 가졌던 의문 가운데 하나는 주자성리학을 수입하여 그 이념을 따라 건국된 조선에서 왜 학파가 200년이나 지나서 등장하게 되었는가의 사실이다. 주자학의 이념에 기반을 둔 정치형태인 붕당(朋黨) 정치의 경우에도 비슷한 질문을 던질 수 있다. 이전의 연구에서 그 의문을 해명해가는 가운데 우리나라와 중국의 사정을 비교할 수 있는 약간의 안목을 기르게 되었다. 즉 조선초기에는 고려 말에 원나라로부터 수입한 성리학을 활용하였기에 원나라에서 국가적으로 운용하였던 교학화(教學化)된 성리학의 경향이 주된 흐름을 이루었던 것이다. 조선전기에 학파가 나타날 수 없었던 것은 교학화된 성리학을 국가운영의 주된 수단으로 사용하던 분위기 때문에 굳이 이론적인 탐구나 다양한 학문적 모색에 소홀하였던 탓이 컸던 데에서 유래한 것으로 이해되었다.

이러한 분위기를 바꾸게 된 데에는 현실의 모순을 고민하였던 사림(士林)이라는 새로운 세력의 역할이 컸다. 필자가 관심을 가진 것은 바로 이 시기에 사림들에 의해 종래와는 다른 심각한 사상적 모색이 일어나게 된 점이다. 흔히 학파가 발생하였던 시기로서 이언적(李彦迪), 서경덕(徐敬德)이나 기대승(奇大升), 이황(李滉), 조식(曹植), 이이(李珥) 등 조선유학사에 남을 기라성 같은 유학자들이 등장한 것은 우리 역사에서도 매우 주목이 되는 시점이다. 이들에 의해 종래 성리학의 모국이었던 중국과도 다른 이론적 탐구를 하였고, 그 결과 학파의 성립으로 이어지게 되었다.

사실 본서는 16세기 중반에 이와 같이 등장한 학파의 초기 성립과정과 전개과정, 의미를 두루 살피는 것을 목표로 하였었다. 그런데 일단 16세기 중반에 등장한 학파가 퇴계학파와 율곡학파로 정리되는 전개과정을 살피다가 미처 초기의 학파의 성립과정에 대해서는 충분하게 고찰을 하지 못하였다. 16세기 중반 경에 나타나는 조선사상계에서의 다양한 사상적 모색에 대한 고찰은 주자성리학 뿐만이 아니라 양명학, 심지어 불교까지 걸치는 많은 문제를 내포하고 있다. 그만큼 사림들이 현실의 문제를 해결하기 위해 다양한 사상적인 실험을 하였던 것으로 이해할 수 있다. 아직 필자의 학문적 역량이 얕아서 차후의 과제로 남겨두고자 한다. 대신 조선후기의 사상적 동향을 구체적으로 살필 수 있는 인물과 사상에 관한 몇 편의 글을 덧붙였다.

변변치 않은 책을 내놓는 데에도 감당하기 힘든 격려와 주위의 도움을 받았음을 고백하지 않을 수 없다. 앞서서 공부하며 등댓불처럼 조선시대 이해의 지표를 보여주셨던 선지식(善知識)이셨던 선생님들께 머리 숙여 감사드린다. 특별히 정신적, 물적 지원을 아끼지 않았던 역사문화연구소의 채근이 없었다면 이 책 역시 나오지 못하였을 것이다. 평소 사상사 공부를 함께하며 원고의 교정에 수고하였던 동학과 신구문화사에도 감사의 인사를 드린다. 늘 함께 있으면서도 만남이 부족한 가족 역시 이 책의 또 다른 저자임에 분명하다. 한국에서 주체적이고 독창적이면서도 의미있는 학파가 출현하기를 고대하며 눈 밝은 독자의 질정을 부탁한다.

2008. 10.

관악의 연구실에서 정재훈 씀.

차례

제2부 성리학과 인물연구의 전망

제1부 퇴계학파와 율곡학파의 사상

1장

퇴계(退溪) 이황(李滉)의 학술관과 정치사상

퇴계(退溪) 이황(李滉)은 주지하다시피 조선시대의 가장 탁월한 성리학자이며, 교육가이다. 또한 조선후기에는 그를 따르는 사람들이 동인(東人) 혹은 남인(南人)이라는 정파(政派)를 구성하기도 하여 정치적으로 당파의 서두를 장식한 인물이기도 하다. 이황의 위상만큼이나 그사이 이황에 대한 연구는 매우 다양한 방면에서 지속적으로 이어져 현재 많은 연구가 축적되어 있다. 특히 철학 방면에서 이황에 대한 연구는 곧 한국 성리학사 연구에 다름 아니라고 할 만큼 성쇠를 같이 하였다고 할 수 있다. 철학뿐만이 아니라 그에 대한 연구는 문학, 정치, 교육 등으로 확대되었고, 1970년대부터는 '퇴계학'이라는 용어가 일반화될 만큼 개인에 대한 연구를 넘어서 집단적인 연구의 대상으로 부각되었다. 그리고 1980년대에는 70년대에 시작된 퇴계학에 대한 국제적 관심이 고조되어 국제학술회의에서 퇴계학이 왕성하게 다루어지게 되었다. 그리고 1990년대에 들어서는 기존의 퇴계연구에 대한 연구 실적의 정리 및 대중화 작업이 진

행되었다.[1)]

위와 같이 살펴보면 퇴계 이황에 대한 연구는 이미 초보적인 연구와 심화, 연구 실적의 정리 및 대중화 작업에까지 이르러 한 매듭이 지워진 상황이다. 하지만 퇴계 이황에 대한 수많은 연구업적을 검토하면서도 퇴계가 당대를 살면서 해결하려고 하였던 문제는 무엇인지, 또 그 문제를 해결하기 위해 제시한 답이 무엇이었는지, 그 해답이 당대의 조선에서 어떤 의미를 지녔는지, 혹은 중국과의 비교를 통해 볼 때 어떤 성격의 것이었는지를 파악하는 것은 여전히 쉽지 않은 문제이다. 가장 많이 연구된 분야인 성리학 분야에서도 이황의 성리학이 조선전기의 성리학과 어떠한 질적 차별을 가진 것인지, 중국 성리학과는 어떤 면에서 차이가 있는지, 혹은 없는지에 대해 파악하기도 여전히 쉽지 않은 형편이다.

근래 이황의 성리학에 대한 연구에서는 과연 이황의 성리학이 중국의 성리학과 얼마나 차이가 나는지에 대한 근본적인 질문이 제기되고 있다.[2)] 이러한 토론과정을 통해 이황의 성리학에 대해 이학(理學)인지 혹은 심학(心學)인지에 대해 다시 정의되고 있다. 또한 이러한 문제제기는 이황의 성리학이 지니는 특징이 중국의 성리학과 비교하여 볼 때 그다지 차이가 나지 않을 수도 있다는 점을 시사해 준다.[3)]

---

1) 윤사순, 2002 「퇴계 사상에 대한 연구 자취」 『퇴계 이황』, 예문서원; 이동희, 2004 「조선전기 성리학자 · 퇴계학파연구의 현황과 과제」 『韓國人物史硏究』 창간호, 한국인물사연구소.

2) 홍원식, 2001 「퇴계학, 그 존재를 묻는다」 『오늘의 동양사상』 4호; 홍원식, 2004 「퇴계학 그 존재를 다시 묻는다」 『오늘의 동양사상』 10호; 손영식, 2004 「존재 물음에 내몰린 '퇴계학', 겨우 존재하는 리-홍원식 교수의 「'퇴계학', 그 존재를 다시 묻는다」에 대한 반론」 『오늘의 동양사상』 11호; 홍원식, 2004 「퇴계 이황의 리기호발설과 그 독창성-손영식 교수의 비판에 답함」 『오늘의 동양사상』 11호.

3) 조남호, 「이황 철학의 새로운 해석」, 『철학사상』(서울, 서울대학교 철학사상연구소, 2005). 위 논문에서는 최근 이황의 철학을 둘러싼 논의에 대해 이황이 개념적으로 볼 때는 주자와의 사이에 독자성을 가질 여지가 없으며, 이황 철학의 특징은 일상적 실천 속에서 성찰하고 논의하는 과정에서, 예를 들어 사단칠정론과 같은 이론적 관

이황의 사상이 과연 중국과 다른 특성이 있는지는 좀 더 검토해 볼 문제인데, 이보다 더 관심을 기울여야 할 사실은 이황의 사상이 조선에 미친 영향이다. 퇴계 이황이 조선중기에 의미를 지니게 된 이유는 사실 사상의 독자성이 차지하는 위대성보다는 그의 사상이 구체적으로 실천되거나 혹은 이후에 실천되는 기준을 마련하였다는 점이다. 16세기 중반 이후 조선이 성리학을 내면화하고 이에 기반한 사회를 만드는 데에 이황의 기여는 말할 수 없이 크다. 그런 점에서 이황에 대한 연구는 그의 사상이 끼친 사회적 영향에 대한 분야까지 지적이 되어야만 한층 더 의미를 지닐 수 있게 될 것이다.

이 점과 관련하여 기존에 이황의 영향에 대해 사회적인 부문에서 주목한 연구는 주로 서원이나 예학 정도에 그치고 있다. 사실 이황의 사상적, 사회적 영향에 대한 검토는 사상 내부의 이기론(理氣論)이나 심성론(心性論)에서만 그칠 것이 아니라 그의 학술 전반에 대한 이해에서도 구할 수 있다.

따라서 이 글에서는 퇴계 이황이 어떠한 시대를 살았는지, 그의 역사적인 위치를 학술전통에 대한 이황의 입장과 정치사상을 통해 검토해 보려고 한다. 이황이 살았던 16세기의 전반과 중반은 조선이 건국된 이후 일정한 질서를 유지하다가 새롭게 변화되던 시기였다. 특히 조선후기의 질서가 이 시기부터 형성된 변화에서 규정되었다고 볼 수 있을 만큼 후대에 미친 영향이라는 면에서도 주목할 만한 시기였다.

이황은 바로 이 시기에 사림파의 일원으로서 구세력에 대항하며, 학문과 교육으로 다음 시대를 준비하였다. 이를 위해 이황은 중국의 성리학사를 정리하는 저술인 『송계원명리학통록(宋季元明理學通錄)』을 저술하였다. 이 책은 중국학술사에 대한 조선 학인의 정리이면서 동시에 주자

심이 생겼으며, 이 점에서 이황 나름의 장점이 있음을 지적하였다.

학이 어떻게 확산될 수 있는지를 깊이 연구하여 정리한 것이기도 하다. 이 저술을 통해 이황은 중국에서 주자학의 옹호와 전파가 어떠한 과정을 거치면서 이루어졌는지를 요약하여 말하고 있다. 동시에 이러한 중국의 경험에 대한 이황의 주목은 곧 조선에서도 당대에 무엇이 문제가 되었는지를 이해하는 열쇠가 될 수 있다.[4]

『송계원명리학통록』은 이황이 주희(朱熹)와 그 문인(門人) 및 사숙제자(私淑諸子) 등 송나라와 명나라 사이의 주자학파를 정리하기 위해 만든 책이다. 이 책을 통해 이황은 이전 시대, 곧 남송에서 명나라까지의 중국 성리학을 정리하면서 중국의 경험을 바탕으로 조선의 사림들이 근거할 수 있는 성리학이 과연 무엇인지에 대해 깊이 고민하였던 것으로 보인다. 이에 이황이 얻었던 결론은 남송의 성리학을 주목한 것이었다.

당시 중국의 명나라에서 유행하였던 양명학(陽明學), 명종(明宗) 시대를 풍미하였던 불교(佛敎)의 영향 속에서 이황은 새로운 사상적 선택을 해야 하는 환경에 놓여 있었다. 이황의 새로운 선택은 기존 성리학의 단순한 '이해 심화'가 아니었고, 당시로서는 근현대 중국성리학사의 총체적 검토를 통해 조선에 필요한 사상적 선택을 감행한 것이었다. 그래서 이황은 사림의 새로운 이념으로서 주자성리학의 위상을 새롭게 가다듬었다. 퇴계성리학의 중요한 특성으로 지적되는 심학(心學) 혹은 '경(敬)'에 대한 관심은 바로 당대 사상의 환경 속에서 형성된 것이었다.

새로운 성리학으로 시대를 이끌 이념을 고민하던 이황은 당시 국가를 이끌어갈 정치사상에서도 심학과 '경'을 강조하는 성학(聖學)의 이론을 제시하였다. 당대 또는 후대에 서인과 북인쪽 인사들로부터 이황은 정주

4) 『宋季元明理學通錄』에 대한 연구는 다음의 1편이 있으나 外集과 本集, 참고서적과 주석 등 서지적인 내용이 주로 소개되어 있으며, 수록된 내용에 대한 본격적인 분석을 시도한 연구는 알려지지 않았다. 柳存仁, 1986 「이황(李滉)의 송계원명이학통록(宋季元明理學通錄)에 보이는 주희(朱熹)의 제자들」 『退溪學報』 50(서울, 퇴계학연구원).

(程朱)에 의존하는 '의양성(依樣性)' 과 관직에 나가기를 어렵게 여기고 물러나기를 쉽게 하는〔難進易退〕 소극성 및 퇴영성(退嬰性)을 지적당하여 비판받기도 한다. 그러나 그의 문제의식 속에는 소극성만이 있었던 것이 아니라 본래 성리학의 여러 측면에서 심학과 '경'에 착목하여 사림의 근거가 될 수 있는 이론의 마련이 시급했다고 판단하였던 것이다. 이런 관점에서 이황은 새로운 시대를 이끌어갈 군주에게 성학(聖學)의 이론을 제공하였다. 이는 사림 혹은 사족과 함께 조선을 이끌어갈 국왕에 대한 새로운 설계서였다.

(1) 학술전통에 대한 이황의 입장

이황의 중국학술에 대한 입장은 『송계원명리학통록(宋季元明理學通錄: 이하 통록)』을 통해 파악할 수 있다. 이 책은 주지하다시피 송나라에서 명나라까지 활동하였던 성리학자들을 정리한 성리학사들이며, 동시에 학술사로 편찬된 책이다. 서명에서 송계(宋季)로 언급한 것에서도 알 수 있듯이 수록의 시점이 주자(朱子)부터이며, 그 이후 남송 성리학자들을 수록하였다. 『통록』은 크게 본집(本集) 11권과 외집(外集) 1권으로 구성되어 있는데, 수록된 인물과 시대를 간단히 살펴보면 다음과 같다.

권1에는 주희(朱熹)에 관련된 기록, 권2~7에는 주희 문인들의 언행, 권8은 주희의 문인과 장식(張栻) 제자들의 언행, 권9는 사숙제자들의 언행, 권10은 주희의 개인적인 가르침을 받지는 않았으나 영향을 받은 송말(宋末)과 원대(元代)의 학자들의 언행, 권11은 명대(明代)의 이학가(理學家)들에 대해 기록하였는데, 하흠(賀欽, 1437～1510)만 자세한 설명이 있고 나머지 설선(薛瑄, 1399～1464)에서 추지(鄒智, 1460～1491)까지 15인에 대해서는 성명만 간단하게 기록되어 있다. 마지막 권은 외집(外

集)으로 송계(宋季)의 제자(諸子)들의 언행으로 구성되어 있다.

『통록』에 대해서 유성룡은, 주희 이후에 도학(道學)을 공부한 선비는 많았지만 그들 논술(論述)의 동이(同異)나 학문의 얕고 깊음을 파악할 수 없었던 것에 비해 이 책을 펴냄으로써 학술(學術)의 통일을 기할 수가 있었다고 일찍이 지적하였다.[5] 이것은 곧 주자 이후 제시된 성리학의 많은 이론 가운데 준거가 될 만한 인물과 이론에 대해 이황이 『통록』에서 정리하였음을 단적으로 말해주는 것이다. 이황의 제자였던 조목(趙穆)도 발문에서 『통록』의 발간 경위를 밝히면서 수록된 인물에 대해 시비를 가리면서 권면, 경계하였다고 하였다. 발문에 의하면 『통록』은 이황이 1563년 송원록(宋元錄)을 서문까지 완성한 것이 최초로 집필된 것이었다.[6] 외집(外集)은 집필을 시작하기는 하였으나 완전히 마치지 못한 상태에서 이황이 세상을 떠난 후에 문인들이 다듬어서 1575년 안동부에서 간행하였다.

그렇다면 『통록』을 통해 이황이 밝히려고 하였던 사실은 무엇일까. 단지 '도학(道學)'의 전통을 밝히려는 생각에서 작성하였을까. 주자와 그의 문인들을 단순히 나열하려고 한 것은 아니었다. 이황은 『통록』을 통해 주자와 주자학, 성리학에 관련된 인물들을 총정리하려고 하였고, 이는 인물의 정리를 통해 학술에 대한 정리를 지향하는 것이었다.

---

5) 『退溪全書』 4, 「退陶先生言行通錄」 7, "朱子以後, 道學之士甚多, 而記載散出, 其言論之同異得失, 學問之深淺疎密, 皆不可見. 學者病焉. 先生據朱子書及語類實記史傳一統志等書, 采摭其言行事跡, 各以類附焉. 自南渡迄元明, 名曰理學通錄. 其爲陸學者別爲外集, 以附其後, 而學術有所統一云."

6) 『退溪全書』 17, 「宋季元明理學通錄跋」 "右先師退陶先生所撰理學通錄一書. 宋元錄若干卷, 則成於癸亥而已具序文. 外集則在稾未脫, 大槩取其名爲此學, 而實陷異敎者, 別爲一帙, 以寓勸戒之意."

1) 남송리학(南宋理學)

『통록』의 구성에 대해 자세히 살펴보면 이황이 주목한 점이 드러난다. 우선 첫째로 이황은 다른 어느 시대보다 송계(宋季)에 그의 관심을 집중하였다. 주희를 1권의 책으로 정리한 것은 충분히 예상할 수 있는 분량일 수 있다. 그런데 남송 후반기 주희의 문인과 사숙제자(私淑諸子)들을 집중적으로 선정하여 정리한 것은 의미가 있는 것이었다. 권2에서 서산(西山) 채원정(蔡元定), 구봉(九峯) 채침(蔡沈: 이상 2인은 언행록〔言行錄〕에 이미 수록), 면제(勉齋) 황간(黃榦), 홍재(弘齋) 이번(李燔), 북계(北溪) 진순(陳淳), 주일(主一) 장흡(張洽), 과재(果齋) 이방자(李方子), 서파(西坡) 황호(黃灝) 등 황간에서 황호까지 6인은 『송사(宋史)』「도학전(道學傳)」에서 뽑았고, 경원(慶源) 보광(輔廣), 섭미도(葉味道), 택지(擇之) 임용중(林用中), 백풍(伯豐) 오필대(吳必大) 등 나머지 4인의 인물들은 『주자실기(朱子實紀)』, 『주자어류(朱子語類)』, 『주자대전(朱子大全)』에서 뽑았다. 권3에는 숙경(叔京) 하호(何鎬)부터 부중(膚仲) 진공석(陳孔碩) 등 18인이 수록되었고, 권4에는 자융(子融) 서소연(徐昭然)부터 백모(伯謨) 방사요(方士繇) 등 26인이 수록되었다. 권5에는 숙근(叔謹) 주개(周介)부터 화중(和中) 오치(吳雉) 등 58인이 수록되었고, 권6에는 춘백(春伯) 종진(鍾震)부터 숭경(嵩卿) 연씨(連氏: 이름 불명) 등 70인이 수록되었고, 권7에는 작숙(作肅) 풍윤중(馮允中)부터 귀경(貴卿) 주씨(周氏) 등 83인이 수록되었다. 권8에는 자중(子重) 석돈(石𡼖)부터 청숙(淸叔) 오매경(吳梅卿) 등 146인의 주문제자(朱門諸子)와 남헌(南軒) 장식(張栻)의 문인(門人)으로 회숙(晦叔) 오익(吳翌), 덕부(德夫) 오렵(吳獵), 성지(誠之) 유씨(游氏), 좌경(佐卿) 조선좌(趙善佐), 문숙(文淑) 황상(黃裳), 중례(仲禮) 정씨(鄭氏), 행부(行父) 유강학(劉强學), 윤승(允升) 주석(周奭), 주신(周臣) 서의(舒誼), 눌부(訥夫) 유구언(游九言) 등 10인이 수록되었다. 이와 같이 권2에서 권8에 걸쳐 주자문하의 제자(諸子)로 수록된 인물은 모두 411인(私淑諸子까지 포함하면 440인)이 되어, 권10에 실린 원(元) 제자(諸子) 40인과 권11에 실린 명(明) 제자(諸子) 16인(1인만 상세서술, 나머지는 성명만 수록)에 비교해 볼 때 매우 큰 차이가 있음을 알 수 있다.

이와 같이 남송시기에 집중하여 주자의 문인들에 대해 인용하고 분석한 이유는 무엇일까. 그 해답은 인용된 문인들의 사상과 실천에 대한 분석을 통해 확인해 볼 수 있다. 우선 인용된 기록에는 남송시기 주자의 문인들이 펼쳤던 다양한 활동이 요약되어 제시된다는 점이 주목된다. 대표적인 사례로 들 수 있는 이번(李燔)의 경우에는 백록서원(白鹿書院)에 당장(堂長)으로 초빙되어 가서 강학(講學)을 홍성시켰을 뿐만 아니라 지방관으로 나가서도 무너진 제방을 수리하고, 저장해 둔 저폐(楮幣)를 풀도록 건의하였으며, 사창(社倉)을 증설하여 전인(佃人)들에게 빌려주도록 하였다. 이러한 덕분에 진덕수(眞德秀)조차도 장사(長沙)태수를 지낼 때 부(府)의 공무를 모두 이번에게 자문할 정도였다. 또 이번은 위료옹(魏了翁), 진덕수(眞德秀), 최여지(崔與之), 진복(陳宓) 등을 조정에 추천하여 주자학파들의 세를 넓히는 데에 기여하기도 하였다.[7]

이번의 경우는 서원의 당장이나, 지방관으로 활약하였는데, 주희의 문인 제자들이 대체로 도학(道學)의 전파와 이와 연계된 경세(經世)방면에 힘을 기울였다. 예를 들어 서원을 중시하여 이를 통한 성리학교육과 전파에 힘을 썼으며, 진휼곡을 나누고, 사창(社倉)제도를 정비하여 지방의 안정을 꾀하기도 하였다.

진순(陳淳)의 경우에는 군수의 초빙에 따라 군(郡)의 학교에서 강의하며 육(陸)·왕(王)의 학문이 전적으로 선가(禪家)의 종지(宗旨)를 도용하면서 성리학을 가탁한다고 비판하여 도학을 옹호하였다.[8] 곧 진순은 주

7) 『宋季元明理學通錄』 권2, 「宋季 朱門諸子」 1 '李弘齋'.
8) 『宋季元明理學通錄』 권2, 「宋季 朱門諸子」 1 '陳北溪'.

희의 고제(高弟)로서 『어맹대학중용구의(語孟大學中庸口義)』, 『자의상강(字義詳講)』 등을 지었는데, 이러한 저술로써 성리의 전파에 기여하였다. 장흡(張洽)은 지방관을 역임하다가 백록서원(白鹿書院)의 원장을 지내면서 많은 사람들을 교육하여 학문을 크게 일으켰다.[9] 그가 교유하였던 인물은 여조검(呂祖儉), 황간(黃榦), 채연(蔡淵), 오필대(吳必大), 진덕수(眞德秀), 위료옹(魏了翁) 등이 있으며, 이들은 모두 주자학의 전파에 공이 많은 인물들이다.[10]

이방자(李方子)의 경우에도 주희의 재전제자(再傳弟子)로서 성가(聲價)가 높았던 진덕수(眞德秀)의 사우로서 그의 당인(黨人)으로 인식될 만큼 주자학파로 간주되었다. 그는 진덕수가 군(郡)의 정사를 자문할 만큼 정사에 밝았으며, 관직을 물러나 후에도 학자들의 주목을 받을 정도로 지지를 받았다.[11] 황호(黃灝)는 융흥부(隆興府)의 교수(敎授)를 지내며 고을을 교화하는 데에 힘썼고, 상주제거(常州制擧)로 나가서는 지방행정을 잘 다스렸다.[12]

무엇보다도 남송 말기에 주자학이 정립되는 상황과 관련해서 주목된 이는 섭미도(葉味道)이다. 섭미도는 학제(學制)의 대책(對策)에서 정씨의 학설을 대부분 인용하여 위학(僞學)의 무리라는 지목을 받을 정도로 주자학에 심취하였다. 그는 위학의 금령이 풀린 후 남송 이종(理宗) 때에 추천을 받아 태학박사(太學博士) 겸 숭정전(崇政殿) 설서(說書)가 되어 경연(經筵)에서 『논어(論語)』 등의 경서를 읽게 만들었다. 섭미도는 『사서설(四書說)』·『대학석의(大學釋義)』·『제법(祭法)』·『종묘묘향(宗廟廟

9) 『宋季元明理學通錄』 권2, 「宋季 朱門諸子」 1 '張主一'.
10) 李範鶴, 1994 「南宋 後期 理學의 普及과 官學化의 背景」 『韓國學論叢』 17(서울, 국민대학교 한국학연구소).
11) 『宋季元明理學通錄』 권2, 「宋季 朱門諸子」 1 '李果齋'.
12) 『宋季元明理學通錄』 권2, 「宋季 朱門諸子」 1 '黃西坡'.

享)』·『경연구주(經筵口奏)』·『고사강의(故事講義)』 등을 지어 주자학과 이에 기반한 제왕학(帝王學)의 치도(治道)를 완성하는 데에 힘을 보탰다.[13)]

요덕명(寥德明)은 주자학의 전파에 힘썼다. 그는 심주교수(潯州敎授)를 지내면서 심학(心學)의 요점을 강의하기도 하였으며, 남월(南越)에 있을 때는 사오당(師悟堂)을 세워 『주자가례(朱子家禮)』와 이정(二程)의 여러 책들을 간행하기도 하였다.[14)]

주자가 비판한 인물 가운데 대표적인 예로 들 수 있는 사람은 여자약(呂子約)이다. 그에 대해 주자는 평생 독서를 하였음에도 불구하고 자신과 학설이 맞지 않는다고 하면서 박학하기만 하고 요약할 줄은 모름을 비판하였다.[15)]

위에서 예를 든 인물 이외에도 서원(書院)에서의 교육을 통해 주자학의 전파에 공을 세운 인물들의 사례가 『송계원명리학통록(宋季元明理學通錄)』에는 많이 등장한다. 예를 들어 임학몽(林學蒙)은 도남서원(道南書院)의 당장(堂長)을 지냈으며,[16)] 황의용(黃義勇)은 백록서원(白鹿書院)의 당장(堂長)을 지냈고, 저술에 「둔전의(屯田議)」가 있다.[17)] 진복(陳宓)은 주자에게서 배우고, 남강(南康)의 지군(知君)이 되어 백록동서원에 가서 제생(諸生)들과 토론을 하였고, 남검주(南劍州)지사가 되어서는 연평서원(延平書院)을 지었다. 이때 연평서원은 백록동서원의 규범을 그대로 따랐다고 한다.[18)] 양대법(楊大灋)은 주자가 지남강군(知南康軍)으로 있을 때 군학교수(軍學敎授)로서 백록서원(白鹿書院)을 건립할 때 그 일을 감

13) 『宋季元明理學通錄』 권2, 「宋季 朱門諸子」 1 '葉味道'.
14) 『宋季元明理學通錄』 권3, 「宋季 朱門諸子」 2 '寥子晦'.
15) 『宋季元明理學通錄』 권4, 「宋季 朱門諸子」 3 '呂子約'.
16) 『宋季元明理學通錄』 권5, 「宋季 朱門諸子」 4 '林正卿'.
17) 『宋季元明理學通錄』 권6, 「宋季 朱門諸子」 5 '黃去私'.
18) 『宋季元明理學通錄』 권7, 「宋季 朱門諸子」 6 '陳復齋'.

독하였다.[19)]

특히 유약(劉爚)의 경우 서원교육에 각별한 공이 있었다. 유약은 주자를 따라 무이산(武夷山)으로 들어가 학문을 배웠는데, 나중에 지덕경부(知德慶府)에 제수되어 학교를 크게 정비하고 백성에게 편리한 다섯 가지 일〔便民五事〕을 아뢰고 제거광동상평(提擧廣東常平)으로 있으면서는 공도(公道)를 주창하는 등 시사(時事)에 대해 건의하였다. 또 국자사업(國子司業)이 되어서는 주자의 사서(四書)를 강학의 교재로 삼을 것을 승상에게 요청하였고, 백록동규(白鹿洞規)를 태학(太學)에 반포하고 사서집주(四書集註)를 간행하도록 건의하기도 하였다. 특히 유약 형제는 건양(建陽)에 운장서원(雲莊書院)을 세워 강학을 하였으며, 남송의 이종(理宗)은 편액을 하사하여 사액서원이 되었다. 그의 저서로는 『주의사고(奏議史稾)』, 『경연고사(經筵故事)』, 『동궁시해(東宮詩解)』, 『예기해(禮記解)』, 『강당고사(講堂故事)』, 『운장외고(雲莊外稾)』 등이 있다. 그는 어느 제자보다 주자를 가장 오래 따랐으며, 학문도 조예가 각별하게 깊었다는 평가를 진덕수(眞德秀)에게 받을 만큼 뛰어났다.[20)] 따라서 유약은 주자의 뜻을 편 제자로 볼 수 있겠다.

서원에서의 교육뿐만이 아니라 주자성리학을 발전시킨 북송의 유학자들에 대해서도 이들을 문묘에 종사시킴으로써 도학(道學)의 전파에 힘을 기울인 이들도 인용되었다. 예를 들어 서교(徐僑)는 여조겸(呂祖謙)에게 배웠다가 주자의 제자가 되었는데, 조정에서 비서소감(秘書少監), 태상소경(太常少卿) 등을 거치면서 기탄없는 상소를 올렸다. 또 시강(侍講)하면서도 대의(大義)를 개진하여 황자(皇子) 굉(竑)의 관작을 복작시켰으며, 주돈이(周敦頤), 정호(程顥), 정이(程頤), 장재(張載), 주희(朱熹) 등을 문묘(文廟)에 종사하자는 청을 올리기도 하였다.[21)]

19) 『宋季元明理學通錄』 권8, 「宋季 朱門諸子」 7 '楊元範'.
20) 『宋季元明理學通錄』 권6, 「宋季 朱門諸子」 5 '劉雲莊'.

승상인 충정공(忠定公) 조여우(趙汝愚)의 아들인 조숭도(趙崇度)도 역시 북송유학자와 주자의 사당까지 지었다. 그는 주자에게서 『대학』을 전수받아 학문을 닦았다. 지계양군(知桂陽軍), 소무군(邵武軍), 제거복건시박겸천주(提擧福建市舶兼泉州) 등의 지방 관직을 역임하면서 정학(正學)을 경모하여 소무(邵武)에 있을 때 주돈이(周敦頤), 정호(程顥), 정이(程頤), 장재(張載), 주희(朱熹)의 사당을 지었으며, 소양(邵陽)에 있을 때에는 사당을 만들어 주돈이의 상을 만들어 두고 함께 제사할 수 없는 것은 옮기기도 하였다. 이러한 활동은 곧 정통학문으로서의 주자학의 계보를 확립하는 활동이었다.[22]

왕백(王柏)의 경우는 주희와 장식(張栻), 여조겸(呂祖謙)과 종유하였는데, 배우러 찾아오는 학자들이 많았다고 하며, 반드시 『대학』을 우선으로 하여 가르쳤다고 한다. 무주 군수나 태주 군수 등은 왕백을 초빙하여 여택서원(麗澤書院)과 상채서원(上蔡書院)의 강사로 삼았고, 남송의 이종(理宗)이 붕어했을 때는 상복을 입고 제자를 거느리고 군청(郡廳)에 나가 곡을 하기도 하였다. 그의 저서는 『독역기(讀易記)』, 『논어연의(論語衍義)』, 『태극연의(太極衍義)』 등 매우 많았다.[23]

교육 방면만이 아니라 주자학이 전파되는 데에는 주자의 문인들이 지방관으로 나가 지방행정에 기여함으로써 경세(經世)방면에서의 기여가 큰 것도 많은 영향을 미쳤다.[24] 반우문(潘友文)은 순희(淳熙) 연간에 평향위(萍鄕尉)로 있으면서 흉년이 들자 백성들에게 진휼을 잘 하였으며, 또 고을의 선비 종영(鍾詠) 등을 지도하여 사창(社倉)을 세워 영구적인 대책을 세우도록 하였다. 이에 따라 주자가 그 기문(記文)을 짓기까지 하

21) 『宋季元明理學通錄』 권6, 「宋季 朱門諸子」 5 '徐崇甫'.
22) 『宋季元明理學通錄』 권8, 「宋季 朱門諸子」 7 '趙履節'.
23) 『宋季元明理學通錄』 권9, 「宋季 朱張後私淑諸子」 '王魯齋'.
24) 李範鶴, 1994 앞 논문, 17~32쪽 참조.

였다.[25] 조사하(趙師夏)는 주자의 사위로 승의랑(承議郞) 주관화주운대관(主管華州雲臺觀)을 지냈으며 가정(嘉靖) 연간에 남강(南康) 지군(知軍)이 되어 성자현(星子縣)의 소작세금으로 국세를 충당할 것을 상주(上奏)했다. 또 매동사(梅洞寺)의 밭과 어지(漁池)를 떼어내어 양학(兩學)에 편입시키고 세 고을에 사창(社倉)을 세워 선정을 베풀었다.[26] 석돈(石𡼏)은 우계현(尤溪縣)에서 친구인 임택지(林擇之)를 시켜 사람들을 가르쳐 선비들이 비로소 학문을 알게 되었으며, 현민들의 풍속도 변화시켰다. 또 이런 공적을 바탕으로 조정에 나가 군왕의 도리에 대해 지적하기도 하였다.[27]

주희의 사후 여러 문인과 제자들이 있었지만 그 가운데 특히 진덕수(眞德秀)와 위료옹(魏了翁) 등 주희(朱熹)의 재전제자(再傳弟子)들은 위에서 예로 든 주자학의 교육과 지방에서의 경세 방면에서 남다른 업적을 이룬 대표적인 사례이다. 진덕수는 주희의 재전제자 가운데 가장 뛰어난 인물로서 주자학의 확산에 공이 큰 인물이다. 그는 중앙과 지방관직을 두루 역임하며 능력을 발휘하였다. 특히 가정(嘉定) 15년(1222) 보모각대제(寶謨閣待制)로서 호남안무사가 되어 담주(潭州)를 담당하였는데, 이때 주돈이(周敦頤), 호안국(胡安國), 주희(朱熹), 장식(張栻)의 학술을 근본으로 하여 선비들에게 권하였다. 또 관청에서 술을 전매(專賣)하여 이익을 독점하였던 각고(榷酤)를 혁파하고 곡면미(斛面米)의 폐단을 제거하고, 화적(和糴)[28]을 거듭 면제하여 백성들을 소생시켰다. 또 혜민창(惠民倉)을 다시 설립하고 사창(社倉)을 두는 등 지방관으로서 백성을 위한 정

25) 『宋季元明理學通錄』 권6, 「宋季 朱門諸子」 5 ‘潘文淑’.
26) 『宋季元明理學通錄』 권7, 「宋季 朱門諸子」 6 ‘趙致道’.
27) 『宋季元明理學通錄』 권8, 「宋季 朱門諸子」 7 ‘石子重’.
28) 관청의 돈으로 백성들의 곡식을 사들여 군량미로 쓰는 일을 말하는데, 활당량을 정해 놓고 싼값으로 강제 수매하였기 때문에 민원의 대상이 되었다.

책을 많이 시행하였다. 이종(理宗)이 즉위하여서는 조정으로 발탁되어 이제삼왕(二帝三王)의 도를 실현할 것을 주문하였다. 저서로는 『서산갑을록(西山甲乙錄)』, 『경연강의(經筵講義)』, 『강동구황록(江東捄荒錄)』, 『청원잡지(淸原雜志)』 등이 있다.[29]

진덕수와 더불어 이종(理宗)의 총애를 받으며 주자학의 전파에 힘을 쓴 이는 위료옹(魏了翁)이다. 그는 재상 사미원(史彌遠)이 국정을 독단할 때 관직을 사양하고 백학산 아래 집을 짓고 보광(輔廣), 이번(李燔) 등에게 배웠던 학문을 전파하자 많은 학생이 따랐다고 한다. 또 지방관으로도 능력을 발휘하였으며, 주돈이, 장식, 정호, 정이에게 작위를 내리고 시호를 정해 배우는 자들에게 방향을 제시할 것을 상소하였다. 『구경요의(九經要義)』 100권을 저술하고, 이종이 친정(親政)을 하면서 화문각대제(華文閣待制)로서 조서에 응해 열 가지 폐단을 시정하는 상소를 올리니, 신하들이 위료옹과 진덕수를 추천할 정도로 인정받게 되었다. 그는 또 산 아래 학산서원(鶴山書院)을 짓고 책을 모아 후학을 지도하여 촉땅 사람들로 하여금 의리의 학문을 알게 하였다는 평을 받은 바 있고, 또 이종(理宗)이 소주부(蘇州府)의 성(城) 서남쪽에 집을 내리고, 학산서원에도 사액하였을 정도로 이종의 지우를 받았다. 이러한 황제의 지우 때문에 나중에는 많은 견제를 받기도 하였다.[30]

진덕수와 위료옹 이외에도 이도전(李道傳), 오창예(吳昌裔), 조경위(趙景緯), 마광조(馬光祖) 등은 모두 교육과 경세의 방면에서 주자학을 공고히 하는 데에 힘을 썼다. 이도전(李道傳)은 어려서부터 이정씨(二程氏)의 책을 읽고 의리를 완미하였으며, 관직에 나가서는 황제에게 주자(朱子)의 사서(四書)를 태학(太學)에 반포하고 주돈이(周敦頤), 소옹(邵

29) 『宋季元明理學通錄』 권9, 「宋季 朱張後私淑諸子」 '眞西山'.
30) 『宋季元明理學通錄』 권9, 「宋季朱張後 私淑諸子」 '魏鶴山'.

雍), 정호(程顥), 정이(程頤), 장재(張載) 등 5명에 대해 공자묘에 종사할 것을 청하기도 하여 거꾸로 공격을 받기도 하였다. 외직으로 나가서는 강동로상평다염공사(江東路常平茶鹽公事)로서 여름 가뭄에 대한 대책으로 구황책을 조목별로 써서 상주하여 그대로 시행되기도 하였다. 또 진덕수와 더불어 흉년에 진휼하기도 하였으며, 선주(宣州)의 태수를 겸직하면서는 주자의 사창법을 시행하였다.[31)]

오창예(吳昌裔)는 정자(程子), 장자(張子), 주자(朱子)의 책을 구해서 연구를 게을리하지 않았으며, 한양(漢陽) 태수인 황간(黃榦)이 주자의 학문을 이었다는 말을 듣고 그에게 가서 배우기도 하였다. 그래서 미주(眉州)의 교수(敎授)가 되어서는 여러 경전을 취해 강의를 했으며, 주자(周子), 이정자(二程子), 장자(張子), 주자(朱子)를 사당에 제사지내고 백록동학규(白鹿洞學規)를 게시하여 소식(蘇軾)의 학문을 숭상하던 기풍을 바꾸었다.[32)]

조경위(趙景緯)는 약관에 주돈이(周敦頤), 이정(二程) 형제의 저서를 읽고, 주자의 문하에 오르지 못한 것을 한스럽게 여겼으며, 섭미도(葉味道)로부터 도정(度正)이 뛰어나다는 평을 듣고는 섭미도와 도정을 오가며 공부하였다. 관직에 나가서는 태주지사 왕화보(王華甫)가 상채서원(上蔡書院)을 세우고 조경위를 예우하여 당장(堂長)으로 삼았다. 나중에 태주지사가 되어서는 백성을 교화하고 풍속을 바꾸었으며, 황암현(黃巖縣)에 사창(社倉)을 66개나 건립하였다.[33)] 마광조(馬光祖)는 진덕수(眞德秀)에게 배웠으며 관직을 두루 거쳐 보장각(寶章閣) 직학사(直學士), 연강제치사(沿江制置使), 강동안무사(江東安撫使)를 지냈다. 그는 학교를 세워 뛰어난 인재를 대우하고, 정호(程顥), 장식(張栻)의 서원과 상원현학

31) 『宋季元明理學通錄』 권9, 「宋季朱張後 私淑諸子」 '李文節'.
32) 『宋季元明理學通錄』 권9, 「宋季朱張後 私淑諸子」 '吳忠肅'.
33) 『宋季元明理學通錄』 권9, 「宋季朱張後 私淑諸子」 '趙文安'.

(上元縣學)을 수리하고 건립하기도 하였다.[34)]

한편 남헌(南軒) 장식(張栻)의 문인을 유일하게 범주화하여 파악한 사실이 주목된다. 대체로 다른 학파의 경우 외집에서 육구연 일파를 시작으로 약간 언급한 외에 여조겸(呂祖謙)은 아예 수록되지 않았다. 그에 비해 장식의 문인을 본집에 드러내어 범주화한 것은 주목되는 사실이다. 장식의 문인으로 첫 번째로 수록한 회숙(晦叔) 오익(吳翌)에 대한 주석에서 '주자와 장남헌 두 선생은 본래 도(道)를 같이 하였기 때문에, 무릇 주자의 책에 나오는 사람은 다른 사람의 문하라 하더라도 수록하였다.' 고 적었다. 도를 같이 하였다는 평가는 장식에 대한 이황의 평가임은 분명하다. 이는 동시에 『송사(宋史)』「도학전(道學傳)」에도 주희와 장식을 나란히 놓았던 것도 관련된다고 할 수 있다. 그러나 『송사』에 비록 「도학전」은 아니지만 유림전(儒林傳)에 수록되었으며, 주희와 더불어 『근사록』의 공저자인 여조겸이 누락된 것은 그의 문인들이 주희의 문인들과 대립된 것과도 관련이 있을 것으로 추정된다.

그리고 남송대의 인물들은 이와 비슷한 체제의 『송사(宋史)』「도학전(道學傳)」과 유사하다. 권2의 황간을 비롯한 6인은 모두 『송사』의 「도학전」에서 뽑았지만 보광(輔廣) 등 나머지 4인도 주희의 고제에 해당하는 인물을 뽑았다. 권2의 인물들에 관련된 기록에서 이황은, 황간에게서 마음의 안정은 지경(持敬)에 관련된다든지, 진순에게서 신상공부(身上工夫)의 절실하고 요긴한 것은 주경(主敬)에 있다고 한다든지 등의 수양에 관련된 구절을 집중적으로 제시하였다. 이와 같이 인물을 파악하는 방식은 이황의 학문에 대한 입장을 짐작하게 해 준다.

이황은 남송대의 인물에 대해 매우 폭넓게 주목한다. 그 가운데는 송사(宋史)의 유림전(儒林傳)이나 『송원학안(宋元學案)』에서 제시된 인물보

---

34) 『宋季元明理學通錄』 권9, 「宋季朱張後 私淑諸子」 '馬莊敏'.

다 훨씬 많은 수의 인물들이 수록의 대상이 되었다.

위에서 살핀 바와 같이 이황이 남송시기에 주목한 주자의 문인과 제자들에 대해서는 몇 가지 특징이 있다는 점을 알 수 있다. 우선 대체로 주목한 주희의 문인과 제자들이 주자학의 전파에 확산에 기여하였다는 점을 들 수 있다. 그리고 이러한 주자학의 전파와 확산은 구체적인 활동, 즉 서원을 기점으로 주자학을 강학하거나 지방관으로 나가서 민생의 문제에 주목하며, 그 해결책의 하나로서 사창제의 보급 등 실천적인 활동을 통해 가능했다는 점이다.

서원에 대해서는 이미 이황이 국학(國學: 성균관)의 문제점이 드러난 상황에서 서원만이 새로운 변화를 이루어 낼 수 있는 곳으로 주목하였던 점은 여러 곳에서 확인된다. 1549년에 심통원(沈通源)에게 보낸 편지에서 이황은,

> 지금 국학은 진실로 어진 선비가 관여하는 바이나 군현(郡縣)의 학교 같은 것은 다만 문구만 갖췄고, 가르치는 방법이 크게 무너져 선비들이 향교에서 공부하는 것을 도리어 부끄럽게 여겨서 그 병폐가 극심하여 구할 방도가 없으니 한심하게 여길 만한 일입니다. 오직 서원의 가르침이 오늘날 성대하게 일어난다면 학정(學政)의 결핍됨이 따라 크게 변하여, 습속이 날로 아름다워지고 왕화(王化)가 이루어질 수 있으니, 그것이 성치(聖治)에 작은 보탬만은 아닐 것입니다.[35]

라고 하여 서원을 조선에서 시급히 시행해야 할 제도로 파악하였다. 이후 이황은 경상도의 이산서원(伊山書院: 영주), 영봉서원(迎鳳書院: 성주), 역동서원(易東書院: 예안), 화암서원(畵巖書院: 대구) 등의 서원에 서원

35) 『退溪全書』 4, 「上沈方伯-通源(己酉)」.

기(書院記)를 남겼고, 소수서원(紹修書院: 풍기)의 사액(賜額)을 받는 과정에도 주도적으로 참여하였다.[36] 이황이 65세에 남긴 '서원십영(書院十詠)'에는 초기 서원의 모습이 잘 나타나 있는데, 이 10개의 서원이 대체로 63세에 완성한 『통록』의 편찬과정을 전후로 하여 건립된 서원들이다. 따라서 『통록』에 나타난 서원에 대한 이황의 주목은 동시기에 이미 이황에 의해 실천되고 있는 내용이었다.

다만 사창제 내지 대민 구휼활동에 관련해서는 이황과 관련되어 지적할 만한 내용이 많지 않다. 이황보다는 이이(李珥)가 '사창계약속(社倉契約束)'을 지어서 사족(士族)과 하층민 사이에 차이를 설정하는 한계가 있지만 상하의 신분 내에서 연령 순으로 편제하여 하층민을 포섭하려는 노력이 있었다. 이에 비해 이황은 온계동계(溫溪洞契)나 향립약조(鄕立約條)의 어디에도 하층민을 포함시키려 하지 않았다.[37] 곧 이황의 관심은 재지사족의 덕성함양으로 모아졌으며, 이것은 서원에서 가능한 것으로 보았다. 곧 이황이 『통록』에서 주목한 사실 가운데 서원은 비교적 중요하게 참조되었으나 주자학이 사회화되고 관학화되는 과정에서 적극적으로 고려된 사창 등의 진휼책은 충분히 주목되지 못하였다.

이황이 주목한 이러한 사실들은 이미 기존의 자료들에 있는 기록을 모은 것이기는 하나 이황 자신이 주자학의 전파에서 이들이 어떤 점을 기여하였는지를 주목하였다는 점에서 의미가 있다. 이 점은 곧 조선의 당대 현실에서 이황이 겪고 있는 문제 속에서 무엇을 주목해야 할지를 찾는 과정에서 새롭게 정리한 사실인 것이다.

---

36) 鄭萬祚, 「朝鮮 書院의 成立過程」『韓國史論』8(과천, 국사편찬위원회, 1980); 「退溪 李滉의 書院論」『한우근박사정년기념논총』; 조준호, 2006 「퇴계 이황의 서원론과 전개과정」『역사문화논총』 참조.

37) 辺英浩, 2006 『朝鮮朱子學の比較政治思想的特質』, 神戸大學博士請求論文(東京) 제2장 제2절 참조.

2) 원명리학(元明理學)

원나라의 유학자들 역시 남송의 주자 문인, 제자들과 같이 성리학의 전파에 공이 큰 사람들이 주로 주목되었다. 남송의 성리학자들을 440명까지 실은 것에 비해 원나라의 성리학자는 40명에 불과하여 수적으로는 1/10에 불과하다. 그러나 원나라에서 성리학은 관학(官學)이 되어 이전 어느 때 보다도 큰 영향을 끼치는 학문이 되었다. 따라서 이 시기에 주목된 성리학자들은 주자학의 확산과 관학화에 기여한 인물이라는 점에서 의미가 있다. 이황이 주목한 인물들 역시 이런 관점에서 해석될 수 있는 인물이 대부분이다.

예를 들어 원나라에서 주자학의 전파에 가장 큰 공이 있는 허형(許衡)의 경우를 보면, 그는 황하(黃河)와 낙수(洛水) 사이를 오가며 요추(姚樞)로부터 이정(二程: 程顥 · 程頤)과 주자(朱子)의 책을 얻어 학문의 요체로 삼았다고 하였다. 그는 세조(世祖)의 지우(知遇)를 받아 중용되었고, 또 집현전대학사겸국자제주(集賢殿大學士兼國子祭酒)가 되어 몽고의 제자들을 직접 뽑아 교육하였다. 또 왕재(王梓), 요수(姚燧) 등 자신의 제자들을 불러서 황제로 하여금 재장(齋長)으로 삼아 학생들을 교육하게 하였다.[38]이런 사실은 곧 중앙에서 허형의 노력으로 주자성리학이 크게 유행하는 계기가 되었음을 말해 준다.

허형과 함께 중앙에서 활동하였던 대표적인 인물로는 두묵(竇默)이 제시되었다. 그는 교추(姚樞), 허형(許衡)과 함께 침식을 잊을 정도로 강습을 하여 이름이 알려졌다. 원(元) 세조(世祖)의 명에 따라 세상을 다스리는 도리에 대해 제왕의 마음이 발라야 함을 지적하였고, 치도를 밝힐 수 있는 인물로 요추와 허형을 추천하기도 하였다. 곧 두묵은 허형과 함께

38)『宋季元明理學通錄』 권10,「元諸子」 '許文正'.

황제의 잘못까지 간쟁할 수 있는 인물로 중용되어 세조로부터 30년 동안 구한 어진사람 두 사람(두묵, 이준민) 가운데 한 인물이라고 지칭될 정도로 평가를 받았다.[39]

두묵과 함께 황제로부터 호평을 받았던 이준민(李俊民) 역시 정자(程子)의 학문을 배우고, 향리에서 학문을 교육하여 많은 사람이 따랐다. 또 세조가 제위(帝位)에 오르기 전에 그에게 하루도 거르지 않고 의논할 정도로 황제에게 지우를 받았다.[40] 이준민이 세조에게 주자성리학을 무기로 위와 같이 치세(治世)의 방법을 제시하였던 점은 곧 주자성리학이 관학화되는 중요한 계기가 되었다고 할 수 있다. 곧 원 세조의 사후 원(元) 인종(仁宗) 2년인 1313년에 주자의 『사서집주(四書集註)』가 과거의 정식 시험교과목으로 채택된 것은 단적인 예라고 할 수 있다.

허형 이후에 주자학의 전파와 확산에는 오징(吳澂)의 공이 큰 것이 주목되었다. 오징은 허형이 국자제주(國子祭酒)로 있으면서 교육하였던 주자학이 점점 약화됨에 따라 국자감승(國子監丞)으로서 교육을 착실하게 시켰으며, 국자감 사업(司業)이 되어서는 정호(程顥)의 학교주소(學校奏疏), 호안국(胡安國)의 육학교법(六學敎法), 주희(朱熹)의 학교공거사의(學校貢擧私議) 등을 참고하여 교법(敎法) 사조(四條)를 지어 교육에 매진하였다. 또 처음으로 경연을 열게 된 원 진종(晋宗) 때에는 강관이 되어 경연을 주관하기도 하였다.[41] 오징은 주자 이후에 성리학의 도가 자신에게 있음을 자임할 만큼 자부심을 가지고 있었고, 이런 자부심을 바탕으로 주자학의 교육에 힘을 썼던 것이다.[42]

---

39) 『宋季元明理學通錄』 권10, 「元諸子」 '竇文正'.
40) 『宋季元明理學通錄』 권10, 「元諸子」 '李莊靜'.
41) 『宋季元明理學通錄』 권10, 「元諸子」 '吳草廬'.
42) 젊었을 때 오징이 지은 說에는 다음과 같은 말이 있다. "道의 大原은 하늘에서 나온 것으로 聖賢이 이를 계승하였는 바 堯·舜의 위로는 도의 元에 해당하고, 요·순의

원나라의 관직에 나아가 주자성리학의 전파와 확산을 힘쓴 이들도 있었지만 그렇지 않고 재야에서 주자성리학의 탐구에 힘쓴 이도 주목이 되었다. 유인(劉因) · 조복(趙復) · 장수(張頦) · 김이상(金履祥) · 허겸(許謙) · 진력(陳櫟) 등이 그러한 사례이다. 그 가운데 유인(劉因)은 주돈이(周敦頤) · 정이(程頤) · 정호(程顥) · 장재(張載) · 소옹(邵雍) · 주희(朱熹) · 여조겸(呂祖謙)의 책을 구하여 공부하고 이들의 장단점을 파악한 후 학문에 종사하였다. 『사서정요(四書精要)』 등을 지었고, 문생(門生)들에 의해 『소학사서어록(小學四書語錄)』이 남겨졌다.[43]

조복(趙復) 역시 남송이 멸망한 것에 대해 아쉬워하다가 요추(姚樞)에게 이끌려 북쪽으로 진출하게 되었다. 그는 요추와 더불어 태극서원(太極書院)을 세워 주돈이의 사당을 만들고, 정호 · 정이 · 장재 · 양시(楊時) · 유초(游酢) · 주희(朱熹)의 여섯을 여기에 배식(配食)하게 하고, 이곳에서 강의하였다. 특히 성리학을 드러내기 위해 전도도(傳道圖)를 짓고 별도로 『이락발휘(伊洛發揮)』를 저술하여 종지를 나타내기도 하였다. 이 때문에 북쪽 지방에서 정주(程朱)의 학문이 있음을 알게 되었다고 한다.[44] 장수(張頦)는 태주(台州)의 상채서원(上蔡書院)에서 김화(金華)의 왕백(王柏)으로부터 학문을 배웠는데, 주돈이에서 주자까지의 학문을 깊이있게 탐구하였다. 이에 따라 강녕(江寧)의 학관으로 초빙되어 가서 가르치

아래로는 (禹 · 湯 · 文王 · 武王 · 周公) 도의 亨이라 할 수 있다. 洙 · 泗 · 鄒 · 魯는 도의 利에 해당하고, 濂 · 洛 · 關 · 閩은 도의 貞에 해당한다. 이를 좀 더 나누어 말하면 상고에는 伏羲와 黃帝가 元, 요 · 순이 亨, 우 · 탕이 利, 문왕 · 무왕 · 주공이 貞에 해당한다. 中古의 道統은 仲尼가 元, 顏回와 曾子가 亨, 子思가 利, 孟子가 貞에 해당한다. 近古의 도통은 周子가 元, 정이 · 정호형제와 장재가 亨, 朱子가 利인데 그러면 누가 오늘날의 貞에 해당하겠는가? 아직은 없다. 그러나 끝내 귀결되는 곳이 없을 수 있겠는가?" 라고 하여 암묵적으로 자신이 주자 이후의 도통을 담지하고 있다는 암시를 주고 있다.

43) 『宋季元明理學通錄』 권10, 「元諸子」 '劉靜修'.

44) 『宋季元明理學通錄』 권10, 「元諸子」 '趙江漢'.

기도 하였으며 중주(中州: 하남성 일대)의 사대부들은 모두 그에게 귀의하게 되었다고 한다.[45)]

김이상(金履祥)의 경우에도 남송의 멸망을 애석해 한 인물로서 염(濂)·락(洛)의 학문에 뜻을 두고 왕백(王柏)을 섬겨 그를 따라 하기(何基)의 문하에 출입하였다. 『대학장구소의(大學章句疏義)』·『논어맹자집주고증(論語孟子集注考證)』 등을 지어 학자들에게 전하였다.[46)]

허겸(許謙)은 김이상에게서 배웠으며, 천문·지리·전장(典章)·제도·식화(食貨) 등의 여러 학설에 두루 다 통하여 동양(東陽)의 팔화산(八華山) 등에 있을 때 문하에 많은 제자들을 키웠다. 하기와 왕백, 김이상이 죽고 주자성리학이 크게 드러나지 않았을 때 허겸은 주자의 적통을 이었다고 평가할 정도로 인정을 받았다.[47)] 진력(陳櫟)도 송나라가 망한 후 과거가 없어지자 성리학에 뜻을 두고 주희를 표준으로 삼았다. 『사서발명(四書發明)』·『서전찬소(書傳纂疏)』·『예기집의(禮記集義)』 등의 책을 지었는데, 강동(江東) 사람으로 오징에게 가서 배우려는 사람들을 모두 진력에게 돌려보낼 정도로 인정을 받았다.[48)] 이 밖에도 『주역(周易)』에 밝았던 호일계(胡一桂)[49)], 『사서통(四書通)』을 지은 호병문(胡炳文)[50)] 등은 주자의 학문을 이어 발전시켰다.

이밖에도 원나라에서 주목된 성리학자에는 서원의 산장(山長)에 제수되거나 지방의 교육에 종사한 인물도 적지 않았다. 경학(經學)에 밝아 강주(江州)의 경성서원(景星書院)의 산장(山長)과 동호서원(東湖書院)의 산장을 맡았던 황택(黃澤)은 저술도 적지 않을뿐더러 오징에게서 경전에

45) 『宋季元明理學通錄』 권10, 「元諸子」 '張導江'.
46) 『宋季元明理學通錄』 권10, 「元諸子」 '金仁山'.
47) 『宋季元明理學通錄』 권10, 「元諸子」 '許白雲'.
48) 『宋季元明理學通錄』 권10, 「元諸子」 '陳定宇'.
49) 『宋季元明理學通錄』 권10, 「元諸子」 '胡雙湖'.
50) 『宋季元明理學通錄』 권10, 「元諸子」 '胡雲峯'.

가장 밝은 사람이라는 칭송을 들을 정도였다.[51] 김이상(金履祥)에게서 배운 유관(柳貫)의 경우에도 강산현(江山縣)의 유학교유(儒學敎諭)에 임용되기도 하였고[52], 정단례(程端禮)가 지은 『독서공정(讀書工程)』은 국자감(國子監)이 군읍(郡邑)의 교관들에게 널리 반포하여 배우는 사람이 본받게 하기도 하였다.[53] 주인영(周仁榮)의 경우도 천거에 의해 처주(處州)의 미화서원(美化書院)의 산장을 맡아 향음주례(鄕飮酒禮)를 행하기도 하였다.[54]

『송계원명리학통록』에서 주목된 원나라의 성리학자들은 남송과 비슷한 성향을 지니면서도 약간의 차이를 지닌다. 곧 북송의 성리학자들과 주자에 대한 학문적 관심은 비슷하게 주목되었고, 중앙관직에 진출하여 주자학의 전파와 확산에 힘쓴 이들을 주목한 점은 남송과 유사하다. 허형(許衡)·두묵(竇默)·이준민(李俊民)·오징(吳澂)의 경우가 이에 해당하는데, 이들은 대개 국자감을 배경으로 하거나 황제와 직접 상대하여 치세의 방법을 제시하는 등 중앙에서 주자학의 전파에 기여한 인물들이다. 그리고 유인(劉因)·조복(趙復)·장수(張頊)·김이상(金履祥)·허겸(許謙)·진력(陳櫟)과 같이 재야에서 성리학의 탐구에 힘쓰거나 황택(黃澤)·유관(柳貫)·주인영(周仁榮)의 경우와 같이 서원교육에 힘쓴 이들도 남송의 경우와 비슷하다. 다만 남송에서는 주희의 문인과 제자 가운데 지방관으로 진출하여 사창(社倉)을 세우거나 진휼을 하는 등 지방행정에 기여한 인물이 적지 않은데, 원의 유학자 가운데는 매우 드문 것을 볼 수 있다. 원나라에서 성리학을 수용하면서도 제한적으로 받아들였음을 확인할 수 있으며, 동시에 주자학의 확산에 한계가 있었기에 이황에게서 선

51) 『宋季元明理學通錄』 권10, 「元諸子」 '蕭貞敏'.
52) 『宋季元明理學通錄』 권10, 「元諸子」 '柳待制'.
53) 『宋季元明理學通錄』 권10, 「元諸子」 '韓莊節' 의 程端禮.
54) 『宋季元明理學通錄』 권10, 「元諸子」 '周待制'.

택된 인물도 제한이 있었던 것을 확인할 수 있다.

명나라 유학자의 경우에는 원나라와 비교해 보아도 주목된 유학자가 적었다. 남송을 제외하면 원나라와 명나라의 비중이 매우 작다는 점은 주목이 되는 사실이다. 원나라는 그나마 40인의 제자(諸子)들을 기록하였지만 명나라의 경우에는 의려(醫閭) 하흠(賀欽)을 제외하고는 경헌(敬軒) 설선(薛瑄) 등 15인에 대해서는 『황명리학명신언행록(皇明理學名臣言行錄)』(月湖 楊濂 纂集)에 실려 있다는 이유로 이름만 수록하였다는 점이다. 또 하흠 외의 명나라 사람으로 조단(曹端)과 나흠순(羅欽順)을 기록하였다. 이는 조목의 발문에서도 밝혔듯이 원래 이황의 원고에서는 별지(別紙)로 되어 있었기 때문에 선사(先師)의 유문(遺文)을 뺄 수 없으므로 뒤에 붙였다고 한다.

위의 두 가지 사실은 명나라의 학문에 대한 이황의 입장을 보여준다. 조목은 나흠순의 저작인 『곤지기(困知記)』에 대해 겉으로는 정주(程朱)를 존중하고 숭상한다고 하였지만 정주의 이론에 대해 하나같이 의심하여 도리어 파괴하는 지경에까지 이른 것을 비판하였다. 특히 이황이 불만을 가졌던 부분은 도심(道心)은 적연부동(寂然不動)의 체(體)이고, 인심(人心)은 감이수통(感而遂通)의 용(用)이라는 설, 태극도설(太極圖說)은 통서(通書)와 같은 유(類)가 아니라는 말, 정이(程頤)의 논의는 정호(程顥)의 논의만 못하다는 말과 주자(朱子)가 평생 이기(理氣)를 이물(二物)로 오인했다는 비방 등이었다.

『황명리학명신언행록(皇明理學名臣言行錄)』에 실린 명나라의 학자들에 대해서도 재검토의 소지가 있다. 과연 이들을 이황의 입장에서 인정하는데, 단지 『황명리학명신언행록』에 실려있기에 이름만 거명한 것인지, 혹은 명나라 학술에 대한 이황의 비판적인 태도를 보여주는 것인지 검토해 볼 필요가 있다.

『통록』의 권11에 실린 명나라의 제자(諸子)는 다음과 같이 경헌(敬軒)

설선(薛瑄), 강재(康齋) 오여필(吳與弼), 포의(布衣) 진진성(陳眞晟), 백사(白沙) 진헌장(陳獻章), 경재(敬齋) 호거인(胡居仁), 극암(克庵) 진선(陳選), 동백(東白) 장원정(張元禎), 일봉(一峯) 나륜(羅倫), 취거(翠渠) 주영(周瑛), 정산(定山) 장창(莊昶), 미헌(未軒) 황중소(黃仲昭), 풍산(楓山) 장무(章懋), 고성(古城) 장길(張吉), 허재(虛齋) 채청(蔡淸), 입재(立齋) 추지(鄒智) 등 모두 15인이다. 이황은 이들의 이름만 거론한 채 내용은 『황명리학명신언행록』에 보인다고 지적함으로써 이것을 그대로 인용한다는 뜻을 보였다.[55] 이황의 이와 같은 지적은 외견상으로는 명나라의 학술은 양렴(楊廉)이 정리한 내용을 그대로 수용하는 것처럼 보인다. 언급된 명나라의 유학자 15명 가운데는 심학(心學)에 관심을 기울였던 진헌장(陳獻章)이나 진헌장의 영향을 받았던 추지(鄒智) 등도 실렸다. 이런 점은 『통록』의 발문을 쓴 조목(趙穆)에게도 이해할 수 없는 부분으로 비쳐지기도 했다.[56]

하지만 명나라 초기에 창업공신이 되었으며, 예악전제(禮樂典制)의 대부분을 만들었던 송렴(宋濂)과 그의 영향을 받았던 방효유(方孝儒)가 실리지 않은 이유는 송렴이 심학(心學)에 가까운 것과 관련이 있는 것으로 보인다. 이는 양렴이 서문에서 밝힌 것처럼 송나라의 주(周)·정(程)·장(張)·주(朱)와 같은 이들, 곧 도학(道學)과 관련된 이들을 찾았기 때문이다.[57] 따라서 설선이나 오여필 같이 대부분의 인물이 곧 명나라 초기부

55) 『宋季元明理學通錄』 권11, 「明 諸子」 "薛敬軒瑄…鄒立齋智, 以上十五人見皇明理學名臣言行錄(月)湖楊廉纂集).

56) 『宋季元明理學通錄』 권11, 「跋」 "然楊錄於近代之士尙多所遺, 故楊錄所載只存其目, 欲取其所遺者附錄, 而未及焉. 如賀醫閭言行亦未究竟也. 但楊氏之錄雖名理學, 竊攷其間, 似有不盡出於程朱之緖餘. 如陳白沙顯是禪會, 陳淸瀾建於皇明通紀中亦有所云云, 未知."

57) 『皇明理學名臣言行錄』(규장각 소장, 奎 2248) 「題辭」 "予旣倣宋皇名臣言行錄爲朝皇朝名臣言行錄, 或謂宋有道學名臣言行錄, 本朝獨可缺乎. 夫論道學之極, 則孔子而下顔曾思孟, 乃足以當之宋之諸儒如周程張朱固無愧矣."

터 주자성리학의 실천과 관련된 인물들로 선정되어 수록되었으며, 진헌장이나 추지와 같은 약간의 예외를 제외한다면 대체로 심학(心學) 혹은 양명학(陽明學)과 관련된 인물은 포함되지 않았다.

『황명리학명신언행록』은 명나라에서 1523년(嘉靖 2)에 완성되었는데, 이 책은 조선에서도 읽혔다. 1562년에 이정(李禎, 1512~1571)은 경주(慶州)에서 이 책을 목판으로 간행하였다고 발문에서 밝혔다.[58] 이정은 발문에서 이미 이황의 『통록』과 『황명이학명신언행록』을 동시에 보았다고 하였으며, 『황명이학명신언행록』은 다른 1질도 보았으므로 모두 2종을 보았음을 밝혔다. 따라서 이황은 명에서 진작에 수입되어 있던 『황명이학명신언행록』을 참조하여 이 책을 근거로 명나라의 주자학자들을 인용하였던 것이다. 다만 송(宋)·원(元)과 비교해 보았을 때 적은 인물들이 선정되었던 것을 그대로 인정한 것은 이황이 명나라의 유학에 대해 소극적인 평가를 하였던 것에서 유래한 것으로 추정된다.

이와 관련하여 행적이 실린 하흠(賀欽)의 예는 시사해 주는 바가 있다. 하흠에 대한 기록에서 하흠이 태학사(太學士) 유길(劉吉)의 천거를 받아 섬서참의(陝西參議)에 제수를 받았으나 사양하고 나가지 않으면서 올린 의견에는 진유(眞儒)를 등용하여 성학(聖學)을 강학(講學)하고, 현재(賢才)를 천거하여 치도(治道)를 보필하며, 조상의 유훈을 준수하여 내관(內官)을 처리하고, 예악을 일으켜 천하를 교화해야 할 것을 주장하였는데, 이는 당시 다른 사람들이 말하지 못한 것이었다고 한다.[59]

사실 하흠은 이황이 비판하였던 백사(白沙) 진헌장(陳獻章)에게 배웠기에 위와 같은 평가는 이황으로서는 지나치게 과한 측면도 없지 않을 수 있다. 진헌장과 하흠 모두에 대해 이황은 사물을 싫어하고 정(靜)을 구하

58) 『皇明理學名臣言行錄』(규장각 소장, 奎 2248) 「名臣錄跋」.
59) 『宋季元明理學通錄』 권11, 「明 諸子」 '賀醫閭'.

기 위해 선학(禪學)으로 들어갔으며, 왕양명의 경우에는 선학과 같으면서도 다르고, 또 정좌만을 주장하지 않아서 그 올바름을 해침이 특히 심하다고 비판하였다.[60] 그러면서도 이황은 하흠에 대해서만은 동시에 진헌장을 스승으로 삼았으면서도 순전히 그가 선학(禪學)에 떨어진 것은 아니어서 기뻐할 만하다고 지적하기도 하였다.[61]

또한 하흠의 생애 자체가 이황과 매우 유사한 점이 있었다. 곧 하흠은 병가(病暇)를 내어 집에 거처한 것이 40년이나 되어서 문상과 문병 이외에는 거의 출타하지 않았다. 거의 은인자중한 것이 이황과 흡사하였다. 그리고 하흠이 새벽에 일어나 사당에 가서 예를 행한 후에 서사(書舍)에 들어가 제자들과 만나 백록동규(白鹿洞規)와 동래격언(東萊格言)을 암송하게 하였던 점은 서원(書院)을 통해 성리학의 전파와 교육에 힘쓴 이황의 모습이 매우 유사하다.

이황은 남송 말 주자와 그 문인들이 한편으로 강학을 하며, 다른 한편으로 편지를 주고 받으면서 주자학의 전파와 심화에 노력한 상황을 주목하였다. 이러한 상황은 이황이 향촌에 은거하여 제자들을 교육하고 이를 통해 사림의 정신적 지주를 만들어 나갔던 상황과 연결된다.

마지막으로 외집은 성리학의 정통적인 입장과는 거리가 있는 육구연(陸九淵)의 심학(心學)과 관련된 인물들의 행적을 모은 점이 특징적이다. 또 심학 뿐만이 아니라 불교에 빠진 사람들에 대한 경계도 있었다. 실제적인 공부에 나아가 실제적인 병통을 없애려고 하면서도 불학(佛學)에서만 구하는 병통에 대해 경유(景愈) 반숙창(潘叔昌)의 예를 들어 비판하였다.[62] 그리고 주희가 동안현(同安縣)의 주부로 있으면서 배운 순지(順

60) 『退溪集』 권41 「抄醫閭先生集附白沙陽明抄後復書其末」.
61) 『退溪集』 권13 「答洪應吉書」(四).
62) 『宋季元明理學通錄』 外集, '潘叔昌'.

之) 허승(許升)이 끝내 석씨에 빠진 것을 애석해하기도 하였다.[63] 심경(深卿) 이영(李泳)에 대해서는 불교와 단절되는 것을 두려워해서는 안된다는 주희의 충고를 담은 편지를 수록하면서 이영이 끝내 선학(禪學)을 버리지 않은 점을 지적하였다.[64] 또 주희의 고향 친구인 백간(伯諫) 이종사(李宗思)와 오공제(吳公濟)는 모두 불교를 배웠는데도 학관(學官)이 되어서 재화(財貨)나 색(色)을 조심하지 못하고 또 권세와 이익을 잊지 못하였다고 비판하여 선학의 청정적멸이 소용없음을 지적하였다.[65]

육구연의 심학을 추숭한 사람들에 대해서는 많은 사례를 들고 있는데, 경중(敬仲) 양간(楊簡), 화숙(和叔) 원섭(袁燮), 광미(廣微) 원보(袁甫), 원질(元質) 서린(舒璘), 순수(淳叟) 유효부(劉堯夫) 등이 이에 해당하였다.

이 두 가지 사실로 보아 외집을 엮는 데에 이황의 관심은 육구연의 심학(心學)과 불교(佛敎)에 빠진 사람들에 대해 특별히 모아졌음을 알 수 있다. 이는 조목의 평에서도 드러나는데, 외집을 따로 묶은 데 대해서 그 이유를 그들은 이학(理學)이라는 이름만 취했을 따름이지 실제로는 이교(異敎)에 실몰(失沒)된 자들이기 때문에 별도로 묶어 후학들에게 권계(勸戒)의 표본으로 삼으려 한다고 밝힌 점은 외집의 구성 이유를 짐작하게 한다.[66]

위와 같은 사실을 통해 볼 때 이황의 관심은 원나라나 명나라의 시기보다 남송 말의 상황을 주목한 것으로 이해된다. 곧 주희의 문인이기 때문에 주목한 것이라기보다는 시대적 상황의 유사성에 주목한 것으로 추정된다. 불교와 도교 혹은 사공학파와의 경쟁 속에서 도학을 세워나갔던 남송말의 상황은 중종과 명종 연간에 불교와 양명학의 도전 속에서 새로

63) 『宋季元明理學通錄』 外集, '許順之'.
64) 『宋季元明理學通錄』 外集, '李深卿'.
65) 위와 같음, '李伯諫 宗思', '吳公濟'.
66) 『宋季元明理學通錄』 권11, 「跋」 "外集則在稟未脫, 大槩取其名爲此學, 而實陷異教者, 別爲一帙, 以寓勸戒之意."

운 사상으로서 성리학이라는 도학을 찾으려던 이황에게 시사하는 바가 적지 않았다고 볼 수 있다.

기존의 이황에 관한 연구에서 그가 주목한 심학(心學)이 다른 개념보다 퇴계성리학의 장점을 잘 드러냈다는 점이 밝혀졌다. 그런데 이황의 심학을 논할 때 대체로 두 가지의 입장이 주장되었다. 연구의 초기 윤남한 교수가 제기하였듯이 조선조의 양명학을 이해하기 위해서는 이학(理學)과 심학(心學)을 대립적인 관점에서 이해할 것이 아니라 연계성 위에서 파악해야 한다고 보고 이황의 경우에도 『심경(心經)』과 심학(心學)에 깊은 관심을 보인 것은 이런 점을 반영했다는 설명이다.[67] 두 번째의 연구경향은 이황이 심학을 강조하기는 하나 그것은 어디까지나 주자학의 거경(居敬)과 궁리(窮理)의 균형을 그대로 지켰다고 보는 입장이다.[68] 이황이 양명을 변척하는 글을 쓴 것도 분명 이러한 입장의 반영이라는 주장이다.

이황의 심학에 대해 이런 두 가지의 상반된 연구경향은 사실 화해하기 어려운 것으로 보인다. 그러나 앞서 『통록』의 정리방식을 살펴본다면 이황의 심학은 위의 두 가지 측면에서 동시에 설명이 가능하다. 우선 이황은 당시 심학, 곧 양명학의 문제제기로부터 유래된 주체적 측면, 수양적 측면에 대해 매우 고심하였던 것은 사실로 보인다. 『통록』의 외집에서 육구연의 설을 지지한 사람들에 대해 비판하였던 것은 일면 그들의 영향이 적지 않았으며, 그것에서 벗어나기가 쉽지 않았던 현실을 역으로 보여준다고 할 수 있다. 다만 이황은 양명학에서 유래한 심학이라는 주체에 대한 관심을 이학(理學) 내의 틀로 끌어들여 새롭게 정리한 것으로 보인다.

67) 尹南漢, 1982 『朝鮮時代의 陽明學硏究』, 集文堂.

68) 이황에 대한 많은 연구에서 이미 지적된 입장이다. 가장 최근에 쓰여진 글로는 김세정, 2005 「傳習錄論辯을 통해서 본 양명심학과 퇴계리학」 『退溪學報』 118, 퇴계학연구원이 있다.

사실 이와 같은 정리는 이미 조선전기의 형해화된 성리학, 국왕 또는 훈구 위주의 질서에서 사림을 내면적 주체로 새롭게 설정하는 의의를 지닌 것이었다.

(2) 성학십도와 이황의 정치사상

이황의 학술에 대한 입장은 곧 그의 정치적인 견해와도 매우 깊게 연결되었다. 이황의 정치사상을 파악할 수 있는 주요 자료는 「무진육조소(戊辰六條疏)」와 『성학십도(聖學十圖)』이다. 『성학십도(聖學十圖)』는 성학(聖學)이란 이름 아래 체계적으로 정리된 최초의 저술이다. 이것은 당시의 국왕이었던 선조(宣祖)에게 올린 것으로, 이미 지치(至治) 구현의 방법으로 올린 6가지 조목에 걸친 상소인 「무진육조소(戊辰六條疏)」(1568)[69]의 내용을 도설(圖說)로 다시 정리한 것으로 이황의 학문적 성과가 집약되어 있다고 볼 수 있다.

무진육조소의 내용은 6가지 조항으로 제1조가 중계통이전인효(重繼統以全仁孝), 제2조가 두참간이친양궁(杜讒間以親兩宮), 제3조가 돈성학이입치본(敦聖學以立治本), 제4조가 명도술이정인심(明道術以正人心), 제5조가 추복심이통이목(推服心以通耳目), 제6조가 성수성이승천애(誠修省以承天愛)이다. 이러한 내용은 무엇보다도 왕실의 안정을 위한 대목을 강조하고 있으며 대표적인 제왕학서인 『대학연의(大學衍義)』의 내용을 중요하게 참조한 흔적이 보인다. 물론 당대의 과제였던 중종(中宗) 이래의 계속된 사화(士禍)와 또 권간(權奸)의 처치를 위해 제시된 것이지만 국왕(國王)의 관점에서 필요한 계통(繼統)이나 내치(內治)의 문제, 그리

69) 『退溪集』 권6, 「戊辰六條疏」.

고 『대학연의』의 격물치지지요(格物致知之要)에서 인용한 명도술(明道術)의 문제는 『대학연의』의 문제의식을 그대로 반영한 것이었다. 특히 도술(道術)을 밝혀서 인심(人心)을 바르게 하는 제4조의 경우 본말(本末), 선후(先後)의 차이가 있으므로 군주가 솔선하여 본(本)을 우선시하지 않으면 안된다고 하였다.70) 이러한 바탕 위에서 군주는 성학(聖學)을 돈독히 하여 다스림의 본체를 세우고 복심(服心)인 대신(大臣)을 미루어 이목(耳目)인 대간(臺諫)을 통(通)하게 하는 것을 이룰 수 있다고 하였다.

『성학십도(聖學十圖)』(1568)는 이 「무진육조소」의 연장으로 제1도의 「태극도(太極圖)」와 「태극도설(太極圖說)」에서 제10도의 「숙흥야매잠도(夙興夜寐箴圖)」와 「숙흥야매잠(夙興夜寐箴)」까지 10개의 도설로 구성되어 있다. 그 자세한 내용은 제일(第一) 태극도(太極圖), 제이(第二) 서명도(西銘圖), 제삼(第三) 소학도(小學圖), 제사(第四) 대학도(大學圖), 제오(第五) 백록동규도(白鹿洞規圖), 제육(第六) 심통성정도(心統性情圖), 제칠(第七) 인설도(仁說圖), 제팔(第八) 심학도(心學圖), 제구(第九) 경재잠도(敬齋箴圖), 제십(第十) 숙흥야매잠도(夙興夜寐箴圖)이다. 그런데 이 10개의 그림에서 이황이 직접 만든 도(圖)는 「소학도」·「백록동규도」·「숙흥야매잠도」 등 3개 뿐이다. 나머지 그림은 주돈이(周敦頤)(「태극도(太極圖)」), 권근(權近)(「대학도(大學圖)」), 주희(朱熹)(「인설도(仁說圖)」), 왕백(王柏)(「경재잠도(敬齋箴圖)」)과 정복심(程復心)(「서명도(西銘圖)」·「심통성정도(心統性情圖)」·「심학도(心學圖)」)이 이미 작성하였던 그림을 인용한 것이다. 이 중 특히 원대(元代)의 학자였던 정복심의 그림이 적극적으로 인용된 것이 주목을 끈다.

70) 『退溪集』 권6, 「戊辰六條疏」 "本乎人君窮行心得之餘, 而行乎民生日用彝倫之教者, 本也. 追蹤乎法制, 襲美乎文物, 革今師古, 依倣比較者, 末也. 本在所先而急, 末在所後而緩也."

이러한 10개의 도설은 다시 크게 천도(天道)와 인도(人道)로 나누어질 수 있는데, 특히 이 중에서도 천명(天命)과 천도(天道)를 실천하는 공부로 천명을 다루는 「태극도(太極圖)」와 인간의 심성(心性)을 다루는 「심통성정도(心統性情圖)」인 제1도와 제6도가 핵심을 이루고 있다.[71] 이황은 「태극도(太極圖)」와 「서명도(西銘圖)」에서는 근원을 구하여 그 근원을 넓히고, 하늘을 근본으로 하여 도를 다하는 극치로써 『소학(小學)』과 『대학(大學)』의 표준으로 삼았다.[72] 그리고 다음에 나오는 나머지 여섯 개의 도(圖)는 이러한 근본을 풀어가는 것으로 선(善)을 밝히고 몸을 성실히 하며 덕(德)을 높이고 일을 넓혀 가는 데 힘쓰는 내용이라고 하였다.[73] 이렇게 파악하였으므로 『소학』과 『대학』의 내용은 근원을 밝히는 내용과 이를 풀어서 일상생활에서 실천하게 하는 내용의 중간에 위치하여 이를 연결하는 의미에서 중요하다고 하겠다. 특히 「소학도(小學圖)」의 경우에는 본래 없었던 것인데 「대학도(大學圖)」와 대조하여 서로 보완하는 관계로 설명하기 위해 특별히 만든 것이라고 하였다.[74]

그런데 이때 이황은 경(敬)에 대해 형상(形上)과 형하(形下)를 통하게 하는 것이어서 충분히 터득할 것을 요구하여 공부를 함에 특별히 경(敬)을 강조하였다. 그리고 주돈이(周敦頤)의 「태극도설(太極圖說)」에서는 정(精)만을 말하고 경(敬)을 말하지 않았는데, 주희(朱熹)가 그 주(註)에

71) 『退溪集』 권7, 「進聖學十圖箚」 『성학십도』를 天人合一思想에 입각하여 第1圖와 第6圖를 주목한 것에 대해서는 허남진, 1984 「聖學十圖와 聖學輯要의 研究」 『空士論文集』 18 참조.

72) 『退溪集』 권7, 「大學經」 "右孔氏遺書之首章. (中略) 蓋上二圖, 是求端擴充體天盡道極致之處, 爲小學大學之標準本原."

73) 『退溪集』 권7, 「大學經」 "下六圖. 是明善誠身崇德廣業用力之處, 爲小學大學之田地事功."

74) 『退溪集』 권7, 「小學題辭」 "右小學. 古無圖, 臣謹依本書目錄爲此圖, 以對大學之圖, 又引朱子大學或問通論大小之說, 以見二者用功之梗槩. 蓋小學大學相待而成, 所以一而二, 二而一者也. 故或問得以通論, 而於此兩圖, 可以兼收相備云."

서 경(敬)을 보완한 것을 지적하였다.[75] 심지어 제 9도에서는 경재잠(敬齋箴)을 설정하여 경을 공부하는 구체적인 방법까지 제시하기까지 하였다.

경(敬)을 주목하는 과정에서 중요한 것은 이 경(敬)이 심법(心法)을 구현하는 수단의 하나라는 점이다. 이 점에 대해 이황은

> 배우는 사람은 진실로 경(敬)의 태도를 계속 지니는 데 전념하여 이치와 욕망의 분별을 확실히 할 것이고, 본성이 발현되지 않았을 때 존양(存養)하는 공부를 충실히 할 것이고 발현되었을 때에는 반성하고 살펴보는 습성에 익숙해야 할 것입니다. 그러면 (『서경(書經)』에서 말한) 진실된 길로 오로지 감으로써 가장 알맞은 도리를 잘 지킬 수 있는 성학(聖學)과 그 본체를 현실에 충분히 응용할 수 있는 심법(心法)을 다른 곳에서 구하려고 하지 않아도 여기에서 얻을 수 있게 될 것입니다.[76]

라고 하여 경(敬)이 성학(聖學)과 심법(心法)을 구현하는 중요한 방법임을 지적하였다. 이것은 곧 「심통성정도」에서 제시되었는데 그만큼 이황이 심(心)을 중요하게 파악하였음을 알 수 있다. 이런 경향은 주자성리학 범위 내이기는 하나 일정하게 심학(心學)의 영향을 받았던 점을 증명해 준다.

〈성학십도〉 10개의 그림에 정복심(程復心)의 도(圖)가 3개나 대폭 반영된 것은 비록 정복심이 이학(理學)에 관심을 가졌던 인물인 것을 고려

---

75) 『退溪集』 권7, 「大學經」 "(前略) 敬者, 又徹上徹下, 著工收效, 皆當從事而勿失者也. 故朱子之說如彼, 而今玆十圖, 皆以敬爲主焉-太極圖說, 言靜不言敬, 朱子註中, 言敬以補之."

76) 『退溪集』 권7, 「心統性情圖說」 "(前略) 學者誠能一於持敬, 不昧理欲, 而尤致謹於此, 未發而存養之功深, 已發而省察之習熟, 眞積力久而不已焉, 則所謂精一執中之聖學, 存體應用之心法, 皆可不待外求而得之於此矣."

하여도 원대 성리학의 영향을 일정하게 반영하는 것이었다. 정복심은 원대의 성리학자로서 이학에 심취하여 여러 사람의 설을 절충하여 「사서장도총요(四書章圖總要)」를 완성하여 호평을 받았다.[77]

또 이황은 나흠순(羅欽順)의 입장을 비판하기는 했으나 영향을 받았던 일면도 있었다. 이황이 『곤지기(困知記)』를 쓴 나흠순에 대해 『송계원명리학통록』에서 명대(明代)의 인물로서 나흠순을 넣을 것인가에 대해 고민하였고, 결국 만년에는 나흠순의 학설을 받아들일 수 없었기 때문에 명대에 기록할 수 없었다는 조목(趙穆)의 지적[78]은 이황이 나흠순에 대해 나중까지 어찌하지 못하다가 최종적으로 비판하고 배척하는 입장을 취하였던 것을 보여준다. 이러한 사실은 곧 이황 역시 심학에 대해 심취하여 상당히 영향을 받았던 간접적인 증거라고 할 수 있다.[79]

또한 경(敬)과 더불어 인(仁)을 강조하여 성학(聖學), 곧 심학(心學)을 설명하고 있다.[80] 이황의 이 같은 설명은 사실 그의 현실 정치경험과 학문적 입장을 조화시킨 것으로 이해할 수 있는데, 주지하다시피 이황은 지

---

77) 『退溪全書』 권10, 『宋季元明理學通錄』「程林隱」“公諱復心, 字子見, 號林隱. ○一統志, 婺源人, 自幼沈潛理學, 會輔氏黃氏之說, 而折衷之章, 爲之圖, 圖爲說, 著成名 曰 四書章圖總要, 仕元爲徽州牧授, 後以母老辭職.”

78) 『退溪全書』 17, 『宋季元明理學通錄』 卷末「跋」“(前略) 只如曺月川羅整庵二公, 則記諸別紙, 非在錄中, 然以先師手錄, 不無其意, 故不敢遺棄, 並附于後. 但整庵則其所著困知記一書, 名爲尊尙程朱, 而於其的確已定之論, 一切致疑, 或以爲小有未合, 或以爲未定于一, 至以道心爲寂然不動之體, 人心爲感而遂通之用, 曰太極圖說, 自與通書不類曰叔子之論, 不若伯子之論 , 至詆朱子, 爲終身誤認理氣爲二物, 常若有未滿之意紛紛, 此類非止一二顯, 然自以所見爲透得程朱未到之地, 而反以程朱所見爲猶隔一重膜愚, 未知其信矣乎否也. 竊恐其蔽, 不但知之不明信之不篤而已, 殆亦出於陽尊陰壞, 務已傲賢之意而然邪, 故先師晩年所論甚不取, 以是推之, 則假使當時, 並成本朝錄, 如羅整菴當別有所處矣, 後之覽者詳之.”

79) 일부 연구에서는 이황의 이러한 심학의 성격을 ‘主理的 심학(心學)’이라고 정의하기도 하였다. 李東熙, 1988「王陽明과 李退溪」『東洋哲學硏究』 9 참조.

80) 이 부분에 대한 연관은 金容坤, 1994「朝鮮前期 道學政治思想硏究」 서울대박사학위논문에서 이미 지적되었다.

치(至治)의 구현 방법으로 국왕이 심학(心學)을 체득하는 것이 어느 것보다도 중요하다는 것을 거듭된 사화를 통해 절감하고 있었기 때문에 무엇보다도 군주의 심학을 거듭 요청한 것이었다. 또한 이러한 관점은 그가 책을 접한 이후부터 절대적으로 신봉하던 『심경(心經)』에 대한 관심과 깊이 연결되어 있었다.[81] 그리고 내용적으로는 『대학연의』의 관점인 군주의 심학, 즉 수신(修身)을 통해 이것이 해결되어야 자연히 치국(治國) 평천하(平天下)의 문제가 해결된다는 논점이 반영되어 있었던 것이다.

그런데 이러한 논점은 『대학연의』의 주요한 내용인 '존왕'과 '수양'의 두 관점에서 존왕보다는 수양의 문제를 집중적으로 정리한 것이었다. 즉 제왕의 학문은 그 규범의 내용이 비록 보통 학자들이 지켜야 하는 규범과 다 같을 수는 없다고 하더라도, 이륜(彛倫)에 근거를 두고 궁리(窮理)하며 열심히 실천하여 심법(心法)의 중요한 곳을 구하는 것은 다를 것이 없다고 하였다. 이것은 곧 제왕의 학문이 따로 있는 것이 아니라 학자들이 일반적으로 지켜야 할 규범에 따라 궁리(窮理)하고 실천(實踐)할 것을 요구하였던 것으로 '존왕' 보다는 '수양'을 요청하는데 더 큰 비중을 둔 것이었다.[82] 이러한 『성학십도(聖學十圖)』는 선조대(宣祖代)에 병풍으로 제작되어 선조의 성찰(省察)에 참조되었다.[83]

따라서 이황의 학문은 16세기 중반 양명학(陽明學)이나 불교(佛敎) 등의 이단으로부터 성리학(性理學)을 정리하여 주자성리학(朱子性理學)으로 방향을 지운 것에 그 특징이 있다고 할 수 있다. 그 대표적인 저술이

81) 李俸珪, 1995 「心經附註에 대한 조선 성리학의 대응-李滉과 宋時烈을 중심으로-」 『태동고전연구』 12; 金允濟, 1996 「朝鮮 前期 『心經』의 이해와 보급」 『한국문화』 18.

82) 『退溪集』 권7, 「洞規後敍」 "(前略) 且帝王之學, 其規矩禁防之具, 雖與凡學者有不能盡同者, 然本之彛倫, 而窮理力行, 以求得夫心法切要處, 未嘗不同也. 故弁獻是圖, 以備朝夕暬御之箴."

83) 『宣祖實錄』 권202, 宣祖 39년 8월 기미조; 같은 책, 권221 附錄 宣祖誌文.

『성학십도(聖學十圖)』로서 이는 그의 학문과 정치사상을 압축적으로 보여주는 것이다. 이황이 제시한 성학(聖學)은 주자성리학을 조선의 상황에서 새롭게 읽어내어 주체적으로 이해한 것으로 보아야 한다. 단지 주희(朱熹)의 성리학을 그대로 옮긴 것은 아니었다. 따라서 성학(聖學)이란 이런 당시 상황에서 15세기 성리학과 이단학문에 대한 대칭개념으로 우선 군주에게 적용하는 형태로 제시되었다. 이 과정에서 성리학의 이론체계에 대한 관심을 종합적으로 설명할 수 있는 『대학』의 이론과 밀접하게 관련을 가지게 되었던 것이다.

이황은 존왕과 수양에서 수양으로 국왕이 해야 할 일을 정리하고 수양의 관점에서 성학을 제시하였다. 물론 이 때의 수양을 통한 성학의 완성은 국왕에게 제시한 것이기는 하지만 사대부에게도 동일하게 적용되는 원칙이었음은 물론이다. 즉 이황은 성리학의 일반원칙을 제시하고, 이를 국왕에서부터 그의 교학체계와 향촌질서의 대상이었던 향촌의 사대부까지 일관되게 적용하려던 점에서 의미가 있었다.

(3) 이황 사상의 역사적 위치

이황은 명종 15년 도산서당이 준공된 후에 자신이 소장하고 있던 도서를 제자인 금난수(琴蘭秀)에게 정리시켰다. 도산서당과 계상주택(溪上住宅)에 소장된 도서는 모두 약 214종 1,700여 권이었는데, 그 가운데 중국의 경사자집에 해당하는 것이 159종이었으며, 조선의 역사, 지리, 법제, 문집 및 기타 잡록은 55종에 불과하였다. 이것은 이황의 학문적인 관심사를 보여주는 사실로서 이황의 관심은 중국의 주자성리학에 주로 모여졌음을 보여준다.[84]

이황의 관심이 중국의 학술에 모여졌고, 또 이황의 학문은 주자성리학으로 귀일하였다는 것이 그간의 연구에서 밝혀진 사실임에도 불구하고, 사실 이황의 학문에서 중국의 학술에 대한 이해에 관해서는 그다지 주목하지 않았다. 특히 이황은 거의 말년에 해당하는 63세 때에 『송계원명리학통록』을 완성하였다. 이황학문의 정리가 중국의 학술이라는 면에서는 이루어진 것이었다.

남송대의 도학(道學)과 유현(儒賢)에 대해서는 1345년에 완성된 『송사(宋史)』에서 언급된 것이 있지만 이황과 같이 500명에 가까운 유학자들을 정리한 경우는 이황보다 100여 년이 지나서 나온 황종희의 『송원학안(宋元學案)』이 있을 뿐이다. 따라서 조선에서 중국의 학술사에 대한 총체적인 접근이 이 시기에 이황에 의해 시도되었다는 점은 중국과 조선을 모두 놓고 보더라도 매우 중요한 업적이었다고 평가할 수 있다.[85)]

이황은 『통록』에서 남송 뿐만이 아니라 원나라나 명나라의 도학자까지 언급하였지만 그의 궁극적인 관심은 남송말에 집중되었다. 본집의 소재로 올린 이학자(理學者)의 대부분은 주희의 문인으로 그와 연관된 인물이고, 일부 사숙(私淑)문인을 포함하였다. 외집은 대체로 육구연의 심학에 영향을 받은 인물이거나 불교에 심취한 인물들을 다루었다. 이황의 이러한 착목은 곧 남송말에서 명나라까지의 이학사(理學史)에서 가장 주목해야 하는 시기가 어느 시기였는지, 또 이황이 선택한 학문이 무엇이었는지를 보여준다.

이황이 살았던 시대는 조선전기에서 중기로, 훈구(척신)세력에서 사림파로, 체제교학적인 성리학에서 새로운 성리학으로 이행되던 시기였다.

84) 이황은 중국에 사신으로 다녀온 사람들에게 편지를 보내 중국에 관한 사정을 하나라도 들으려고 노력하였다. 1557년 宋麒壽에게 보낸 편지에서도 중국에 다녀온 그에게 의리에 맞는 특별한 서적을 구하였으며, 『今獻彙言』이라는 책에 관해서도 묻고 있는 것을 확인할 수 있다. 『退溪全書』 4책, 「與宋台叟-丁巳」.

85) 주희 문인에 대한 연구사를 간략히 정리한 것으로는 陳榮捷, 1982 「朱門之特色及其意義」 『朱子門人』, 臺灣中華書局(臺灣 臺北市) 참조.

특히 명종대에는 중종대부터 중국의 명나라에서 유래한 양명학의 영향, 불교의 성행이 크나큰 문제로 제기되던 상황이었다. 또 사림들은 이러한 상황에서 이전과는 다른 성리학을 모색하였으며, 이 과정에서 이황은 남송말의 상황에 주목하였던 것이다. 주자가 그의 문인들과 끊임없이 대화하며, 소통하여 도학의 전통을 만들어 나갔고, 그것에 의해 주자학의 전파와 확산이 이루어졌음을 주목한 것으로 보인다.

이황은 구체적인 제도나 전장에 대한 관심보다 새로운 실천의 주체로서 사림을 자리매김하였다. 당대 유행하였던 양명학에서 제기된 주체의 철학은 심학(心學)으로 정리하여 이학(理學)의 틀 내에 자리매김함으로써 실천의 주체를 명확하게 제시하였다. 경(敬)에 집중된 그의 언설은 곧 실천의 주체가 행해야 할 현실적인 지향을 제시한 것으로서 사대부의 수양에서 핵심이 되는 것이었다.

심학과 경의 실천문제는 비단 사대부에게서만 실천하는 것이 아니라 당시 국왕이었던 선조에게도 제시되어 『성학십도』로 정리되었다. 국왕도 성리학의 실천자로서 수양의 대상이었음을 분명히 밝혔다. 이황(李滉)에 의해 제시된 이러한 성학론(聖學論)은 이이(李珥)에 의해 계승되어 사림들의 정치사상의 원형이 되었으며 사림정치의 밑받침이 되었다.

2장

퇴계 이황의 학파 형성과 역사적 위상의 정립과정

퇴계(退溪) 이황(李滉)에 대해서는 이미 너무나도 많은 연구성과가 제출되었다. 사상가 개인을 놓고 본다면 이황에 대한 연구는 한국에서도 가장 연구 실적이 많은 부분일 것이다. 특히 그의 철학에 대한 연구는 많은 수를 차지하여 사상에 대한 심층적인 이해를 하는 데 도움이 된다.

하지만 많은 연구에도 불구하고 이황이 역사적으로 어떻게 영남에서 주목이 되는 인물이 되었는가, 어떤 과정을 거치면서 전국적인 영향력을 가지는 사림의 대표적인 사상가로서 자리매김되었는지에 대해서는 충분히 해명되지 않은 면이 있다. 그의 사상에 대한 고찰만 있었지 그의 사상이 당대 조선의 현실에서 차지하는 위상에 대해서는 아직 조명해야 할 부분이 적지 않다.[86] 이러한 면은 개인 이황을 넘어서 이황의 학파가 퇴계

86) 종래 퇴계 이황에 관한 연구의 반성 속에서 『역사문화논총』 2, 2006, 역사문화연구소의 기획에서 시도한 이황에 대한 탐구는 이황의 사상이 갖는 사회사적 위상을 좀

학파 혹은 영남학파로서 조선후기 사상사, 정치사에서 매우 큰 비중을 차지함에도 불구하고 마찬가지로 충분히 조명되지 않았다는 점에서 공통적으로 간취되는 측면이다.

다만 최근의 연구에서 이황 개인에 대한 연구만이 아니라 학파로서 특징을 지니는 퇴계학파에 대한 연구가 제출되고 있다. 김성일이나 유성룡, 정구 등에 대한 연구도 본격화되었고,[87] 나아가 지역적으로도 이황의 문인들을 나누어 살핀 연구도 제시되었다.[88]

이러한 연구를 통해 기존의 연구에서 평면적으로 이황의 학파와 그의 역사적 위상이 이미 전제되었던 것처럼 보았던 시각이나, 혹은 20세기 초반이나 현재까지도 남아있는 유학파의 현실적 영향력에서 탈피하여, 이황과 그의 문인들이 16세기 중반의 역사적 현실에서 어떻게 학파를 꾸려나갔는지를 확인할 수 있게 되었다. 하지만 최근의 연구에서도 이황의 문인들이 어떻게 학파로 결집되어 나가는지에 대해서는 입체적인 설명이 부족해 보인다. 이미 전제되어 있는 사상을 제시하거나 지역적으로도 고정된 몇몇의 인물을 중심으로 살펴봄으로써 퇴계학파가 결집되어 가는 과정에 대해 어떤 역사적 계기가 작동하였는지에 대해서는 자세한 설명이 미흡하다.

또한 조선후기에 이황은 학파의 수장을 넘어서 정쟁의 한 가운데서 논쟁의 대상이 되기도 하였다. 따라서 이황의 역사적 위상이 어떻게 정립되었는지에 대한 문제도 해명이 필요한 문제라고 할 수 있다. 이러한 문

더 현실 속에서 주목한 연구라고 할 수 있다. 그의 역사학에 대한 입장, 서원에 대한 입장, 학술에 대한 입장, 혹은 예에 대한 견해 등에 대한 연구는 현실 속에서 이황의 갖는 위상을 보다 구체적으로 확인하려는 작업이었다.

87) 금장태, 1996『退溪學派의 思想 I』, 集文堂; 이성무 · 이태진 · 정만조 · 이헌창 엮음, 2008『류성룡의 학술과 경륜』, 태학사.

88) 퇴계연구소 편, 2004『퇴계학맥의 지역적 전개』, 보고사; 金鶴洙, 2007「17세기 嶺南學派 연구」韓國學中央硏究院 韓國學大學院 博士學位論文 참조.

제는 예를 들어 그의 문묘종사를 둘러싼 논란이나 과정에서 이해해 볼 수도 있겠다. 본장에서는 이러한 점을 염두에 두고 기존에 성리학설(性理學說)을 중심으로 학파를 분류하였던 문제점을 지적하고, 이어 간략하게나마 퇴계학파가 16세기 후반 이후 어떻게 역사적으로 형성되는가, 또 퇴계학파의 역사적 위상은 어떠한 과정을 거쳐서 정립되는가에 대해 살펴보고자 한다.

(1) 성리설을 중심으로 한 학파분류의 문제점

본래 학파란 특정한 인물을 중심으로 그 학설이 계승되면서 형성되는 학문적 집단으로 볼 수 있다. 이러한 학파가 존재하기 위해서는 우선 처음에 학설을 창안할 정도의 탁월한 학문적 업적을 지닌 학파의 종조가 필요하다. 동시에 새로운 학파가 다수로 등장하였다는 사실은 새로운 학파를 만들 수 있었던 탁월한 학자군(學者群)이 존재하였다는 사실을 반영한다. 이 사실은 곧 조선중기의 역사적 상황이 새로운 학파의 출현을 낳을 만큼 사상적 변화가 격심하였다는 것을 보여준다.

조선중기에 이전 시기, 조선전기까지는 볼 수 없었던 학파가 등장하였다는 사실은 한국사에서 매우 주목이 되는 현상이다. 특히 16세기에 형성된 학파는 이후 조선 중·후기의 역사전개에 큰 영향을 끼친 면에서 의미가 작지 않다. 이러한 현상에 대해 종래에는 16세기에 구체적으로 영남학파와 기호학파가 등장하였고, 이후 조선 중·후기에 학파적 대립이, 곧 정치의 대립으로까지 이어진다고 설명하였다. 그리고 그 가운데 영남학파의 핵심으로서 이황의 퇴계학파는 그 중심이 되었다고 보았다.

이러한 설명은 크게 보아서 사실과 다르지 않다. 그러나 기호학파와 영남학파의 대결이라는 구도는 종래 정치사에서 서인과 남인의 대결이라는 구도를 학파의 구도로 그대로 연장하여 설명한 것이다. 서인과 남인의 정치적 대결구도는 인조반정(1623) 이후의 정국을 설명하는 데는 유용하다. 그러나 16세기에 학파가 등장하고 있던 초기에는 아직 서인과 남인의 구도가 형성되지 않았듯이 기호학파와 영남학파의 대립구도는 역사적으로 보았을 때 시기에 맞지 않는 설명이다.

16세기의 학파는 15세기 성리학에서 보였던 체제교학적 특징에 대한 반성으로 새로운 사상을 모색하는 가운데 나타난 것으로 해석할 수 있다. 사림들이 기존의 학문에 대한 반성으로서 당시 중국에서 유행하였던 양명학이나 그 당시까지 영향을 미치고 있었던 불교, 북송성리학 등 여러 학문에 대한 최종적인 검토를 하는 가운데 성리학의 근본문제에 대한 토론이 일어날 수 있었다. 태극(太極)에 대한 논쟁, 사단칠정(四端七情)에 관한 논쟁, 이기심성론(理氣心性論)에 관한 논쟁은 모두 이러한 과정에서 나타난 빛나는 성과였다.[89]

이황에 관해서도 종래 퇴계학파에 대한 해설은 학봉(鶴峰) 김성일(金誠一), 서애(西厓) 유성룡(柳成龍), 한강(寒岡) 정구(鄭逑)와 같은 지명도가 높은 인물을 중심으로 설명되었다. 동시에 이들에 대한 설명은 성리설을 주축으로 어떤 차이가 있는가가 구분의 주요한 기준이 되었다. 즉 성리설을 중심으로 퇴계학파가 성립되는 계기를 파악하는 연구에서는 율곡계열의 성리학자들이 퇴계의 이기호발설(理氣互發說)을 비판하자 이에 대한 반박으로서 율곡의 기발일도설(氣發一途說)을 비판하면서 형성되어 갔다고 본다. 여기서 한걸음 나가 17세기 후반에 이현일(李玄逸)이 이이의 성리설을 전면적으로 비판하고 퇴계의 성리설을 옹호하는 체계적 이론을 전개하면서 영남학파의 성리학적 정통성(正統性)에 대한 인

89) 정재훈, 2005『조선전기 유교정치사상 연구』, 태학사 참조.

식이 확립되었다고 파악하고 있다.[90)]

퇴계학파에서 성리학을 둘러싼 논쟁은 대체로 율곡의 성리설을 비판함으로써 기호학파로부터 퇴계를 중심으로 하는 영남학파의 정통성을 확인하는 차원과, 퇴계학파 안에서 퇴계성리설의 전통적 계승에서 벗어난 다른 입장을 비판함으로써 퇴계학통의 순수성을 지키려는 두 차원에서 전개되었다고도 볼 수 있다.[91)]

그리하여 퇴계의 학파 내지 학맥을 지역적으로 나누어 살펴보면 안동(安東)권과 상주(尙州)권, 영남 중부의 인동(仁同), 성주(星州)권 등으로 파악하는 경향이 있다. 안동권은 김성일 → 장흥효(張興孝) → 이휘일(李徽逸) → 이현일(李玄逸) → 이재(李栽) → 이상정(李象靖) → 남한명(南漢明) → 유치명(柳致明)으로 이어진다. 상주권에서는 유성룡(柳成龍) → 정경세(鄭經世) → 유진(柳袗), 유원지(柳元之) 등으로 학맥이 이어진다고 설명한다.

그러나 이러한 파악방식 자체는 성리설을 중심으로 이해한 것이며, 성리설 이외에 퇴계와 문인과의 관계, 퇴계 사후 퇴계문인의 동향, 문집의 간행과정에서 문인들의 결집과정, 퇴계학파와 다른 학파와의 관계, 특히 남명 조식의 남명학파와의 관계 등까지 고려하여 실제 퇴계학파의 형성이 어떻게 되었는지를 파악하는 데는 한계가 있는 설명이라고 할 수 있다.

예를 들어 『선조실록』에 표현된 퇴계의 문인으로서 영수(領袖)에 해당하는 인물로는 유성룡, 김성일 외에도 조목을 들고 있는 기록[92)]이 있는데, 이 경우 성리설을 중심으로 이해할 경우 조목이 포착되지 않는 한계

---

90) 이러한 입장은 玄相允에서부터 시작하였고, 유명종의 경우 퇴계의 再傳門人인 金垓, 柳元之, 李榘 등에 의해 이이의 渾淪一邊說이 비판되었다고 보았다.

91) 금장태, 1996 『퇴계학맥의 사상 I』, 집문당 참조.

92) 『宣祖實錄』 권211, 선조 40년 5월 을해조(13일) “然退陶門下, 以此三人爲領袖.”

가 있다. 또 일반적으로 김성일, 유성룡, 정구, 이현일 등을 중심으로 퇴계학파를 이해하는 것은 그들이 조선 후기의 역사에서 차지하는 위상과 관련된 측면도 무시할 수 없는 원인이 되었던 것으로 볼 수 있다.

한편 퇴계의 문인에 대해 연구할 때 기본적으로 인용하는 자료인 『도산급문제현록(陶山及門諸賢錄)』의 경우에도 문제점이 적지 않다. 우선 이 자료의 경우 모두 309명의 퇴계 문인이 기록되어 있으며, 따라서 문인록적 성격이 강하다. 이를 통해 이황의 문하에서 수학하였던 인사들의 면면과 지역적 분포, 사제관계 등을 파악할 수 있다. 그런데 이러한 장점에도 불구하고, 문인들의 급문(及門)사실에 대한 사실성, 신뢰성, 정확성에서 문제가 되고 있다. 이 『도산급문제현록』은 1914년 간행될 때 권두경(權斗經, 1654~1726), 이수연(李守淵, 1693~1748), 이수항(李守恒, 1695~1768), 이야순(李野淳, 1755~1831)이 작성한 것을 토대로 하였다. 그리고 여기에 포함되지 않는 40여 명을 추가하는데, 이황의 후손 등이 자의적으로 작업한 측면이 있다.

『전고대방(典故大方)』의 경우에도 퇴계학파에 대한 인식은 비슷한데 퇴계의 제자로 정구, 김성일, 유성룡과 박광전(朴光前)을 들고 있다.[93] 이러한 인식은 『조선유현연원도(朝鮮儒賢淵源圖)』에도 그대로 이어진다.[94] 그런데 이러한 인식은 바로 이들 자료들이 편찬되던 20세기 초의 상황을 반영한다는 점이 주목된다. 즉 안동의 정재(定齋) 유치명(柳致明)학맥은 학봉 김성일을 계승하고, 성주의 계당(溪堂) 유주목(柳疇睦)학맥은 서애 유성룡을 계승하였으며, 한주(寒洲) 이진상(李震相)학맥은 학봉 김성일을 계승하였고, 김해의 성재(性齋) 허전(許傳)학맥과 상주의 공산(恭山) 송준필(宋浚弼)학맥, 창녕의 심재(深齋) 조긍섭(曺兢燮)학맥은 한강 정구를

93) 姜斅錫, 『典故大方』 참조.
94) 윤영선, 「朝鮮儒賢淵源傳統圖」 『朝鮮儒賢淵源圖』.

계승한다는 점을 염두에 둔 인식인 것이다. 여기에 박광전의 경우 호남의 대표적인 퇴계 적전(嫡傳)으로 평가되며, 임진왜란과 병자호란 때 대대로 이어진 의병활동이 평가된 결과로 이해할 수 있다.

다른 한편에서 동인과 서인으로 분류하여 퇴계문인을 파악할 때 동인으로서 유성룡, 정구, 허엽(許曄), 김효원(金孝元), 이호민(李好閔), 홍가신(洪可臣), 우성전(禹性傳), 김우옹(金宇顒), 김성일 등을 들고, 서인으로서 기대승(奇大升), 박순(朴淳), 심의겸(沈義謙), 구사맹(具思孟), 이이(李珥), 윤근수(尹根壽), 유근(柳根), 홍성민(洪聖民), 성혼(成渾), 조호익(曺好益), 정철(鄭澈) 등을 들어 모두 퇴계의 문인으로 보는 경향도 있었다. 그러나 이러한 경향은 퇴계 문인의 폭을 지나치게 넓게 규정함으로써 퇴계 문인의 정체성을 제대로 파악하지 못하게 하는 한계가 있다.

따라서 이런 점을 고려한다면 퇴계학파에 대한 이해는 조선 후기적인 인식, 혹은 후대의 학파에 대한 인식, 혹은 정치사적인 관점에서의 인식 때문에, 퇴계학파의 형성과정을 실제적으로 추적하는 부분에서는 기존의 연구에서 많은 한계가 있었다. 이런 점을 고려해서 퇴계학파의 형성과정을 추적할 때에는 우선 퇴계 생전에 문인들과의 수학과정이 우선 검토되어야 한다. 후대의 인식과는 달리 유성룡의 경우 퇴계 생전에 퇴계와의 교류는 매우 제한적이었던 사례 등에서 퇴계 생전의 문인들의 동향에 대해 살펴볼 필요가 있다. 퇴계의 사후에도 역시 문인들의 동향이 주목되는데, 퇴계의 사후 퇴계학파의 중심을 구성하였던 인물에 대해 검토할 필요가 있다. 또 퇴계의 문집을 간행하는 과정을 통해 문인들은 퇴계학파 내에서 자신의 입지를 정해나가게 된다. 이런 점에 대한 추적이 필요하다.

(2) 퇴계학파의 형성과정

이황을 중심으로 한 퇴계학파의 형성에는 퇴계가 생존하였을 당시부터 문인들과의 수학과정이 고려의 대상이 될 수 있다. 퇴계는 34세에 문과에 급제하여 승문원 부정자로부터 관직을 시작하여 58세에 공조참판에 이르기까지 관력을 거쳤다. 그 이후 특히 60세에 이르러 도산서당을 짓고 칩거하면서 저술과 강학활동에 열중하게 되는데, 이 시기에 평생 학문의 정리와 제자의 양성에 주력하였다. 이황의 대표적인 학술적인 저술은 대부분 이 기간에 이루어졌다.

그런데 퇴계가 최초로 가르쳐 문인으로 삼았던 사람들은 집안사람으로부터 출발하였다. 초기 퇴계의 문인들로 되었던 집안 사람들은 주로 조카나 조카사위 및 생질, 종질 등 후손에 해당하는 사람이 많았다. 퇴계의 위로 형이 다섯이나 있었는데, 다섯째 형을 제외하고는 모두 일찍 타계하였기 때문이다.

그러나 가학 이외에 이미 퇴계의 명성을 듣고 찾아온 제자도 적지 않았다. 월천(月川) 조목(趙穆)은 초기 제자의 대표적인 경우이다. 월천은 15세가 되던 중종 33년(1538), 퇴계 38세 때에 찾아와 제자가 되었다. 이후 월천은 경서를 연구하며 퇴계에게 의문 나는 점을 묻기도 하였으나 과거에 지원하는 등 관직을 포기하지도 않았다. 그러다 월천의 나이 39세(1562) 무렵부터는 본격적으로 『심경(心經)』에 관심을 기울이며, 퇴계와 함께 학문활동에 종사하는 데서도 알 수 있듯이 대체로 퇴계가 본격적으로 학문활동을 전개하는 데 동반자가 되었다.

조목의 경우 예안(禮安)을 대표하는 사족으로서 퇴계의 초기 제자였으며, 나중에 도산서원의 유일한 배식자(配食者)로서의 위상이 끝까지 흔들리지 않은 대표성을 지닌 인물이다. 조목의 근거지였던 예안 역시 퇴계의 향리이면서 평생의 근거지였기 때문에 비록 안동에 비해서는 읍세가 떨어졌지만 퇴계와의 관계를 놓고 본다면 가장 중요한 지역임에 틀림없다. 따라서 다른 지역에 비해 퇴계의 제자가 되었던 예안 출신들은 1510~1520년대 출생자가 많을 만큼 초기의 제자들이 많았다.[95] 조목 이외에도 김부필(金富弼, 1516~1577), 김부륜(金富倫, 1531~1598), 금응협(琴應夾, 1526~1596), 금응훈(琴應壎, 1540~1616), 이덕홍(李德弘, 1541~1596) 등이 대표적이다. 즉 퇴계의 30대 후반 내지 40대부터 문인으로 출입하였던 인물들이 적지 않다.[96] 금난수(琴蘭秀, 1530~1604)의 경우도 예안 출신으로 역시 같은 부류에 속한다.[97]

예안에 비해 안동은 읍세가 더욱 성하였고, 퇴계의 문인이 되었던 사람도 예안 다음으로 많았다. 안동의 퇴계문인을 대표하는 김성일은 19세가 되던 1556년부터 퇴계에게 나가 가르침을 구하였다. 이후 김성일 역시 퇴계의 만년에 학문활동이 활발해지던 때 그와 동행하며, 뜻에 부응하였다. 1557년에 『역학계몽전의(易學啓蒙傳疑)』를 완성한 퇴계에게서 이를 배운 김성일은 퇴계로부터 칭찬을 듣는 수준에까지 이르렀다.[98] 이후 김성일은 『심경』과 『대학』 등 경서를 공부하였고, 활발하게 토론하는 등 퇴계의 가르침을 적극적으로 수용하였다. 특히 1566년에 퇴계가 학봉에게 써주었던 '병명(屛銘)'은 요순 이래 주자까지 이어지는 도학(道學)의 심법(心法)을 적은 것으로 그가 퇴계의 도통을 이었다는 근거로도 제시되는 예이다. 그러나 김성일이 퇴계의 적전으로서 보다 확실하게 부각되었던 시기는 역사적으로 볼 때 17세기 후반에 갈암(葛庵) 이현일(李玄

95) 金鍾錫, 1998「『陶山及門諸賢錄』과 退溪 學統弟子의 범위」『韓國의 哲學』 26, 151~152쪽 참조. 이 연구에 따르면 예안 출신의 퇴계문인은 56명, 서울출신은 49명, 안동출신은 46명 등이다.

96) 정만조, 2004「월천 조목과 예안 지역의 퇴계학맥」『퇴계학맥의 지역적 전개』, 44~45쪽 참조.

97) 박현순, 2006「惺齋 琴蘭秀의 修學과 交遊」『역사문화논총』 2.

98) 『鶴峰集』,「附錄」권3, 言行錄.

逸)이 등장하여 영남학파의 주도세력이 된 이후이다. 이전까지 퇴계학파를 주도하였던 유성룡–정경세, 정구–장현광 계열이 서인들의 공세에 따라 정치적으로 이탈함에 따른 현상이었다.[99]

유성룡의 경우에도 퇴계에게 직접 찾아가 가르침을 청한 시기가 그의 나이 21세 때인 1562년이었다. 이때 유성룡은 퇴계로부터 『근사록(近思錄)』 등의 성리학을 배웠으며, 김성일과도 교유하였다. 유성룡 역시 퇴계의 60대 이후에 학문에 종사하였음을 알 수 있다. 그러나 유성룡의 경우에는 23세에 생진시에 합격하여 태학으로 들어가고, 25세에 문과에 급제한 후 관직생활을 지속하였으므로 퇴계에게 직접적으로 수학하였던 시간은 많지 않았다. 그럼에도 불구하고 퇴계의 사후 관직으로는 영의정까지 이르러서 퇴계 문하에서 관력이 높았던 까닭에 그에게는 출사(出仕)한 사람의 대표라는 인식이 따르게 되었다.

이밖에도 기왕의 연구에서 『도산급문제현록』을 분석한 연구에 따르면 퇴계 당대의 제자 309명 가운데, 그의 '학통(學統)'에 들어갈 수 있는 제자는 42명 정도로 추정된다.[100] 이들의 경우 대체로 서울을 제외하면 예안과 안동이 대부분을 차지하였고, 나머지 영천과 예천 이외에 성주나 선산, 풍기 등 주변 지역의 문인으로서 지역성을 크게 띠고 있었다.

이후 퇴계 문인이 학파로서 분기하게 되는 계기는 퇴계의 사후에 문집의 간행작업을 거치면서 시작되었다. 퇴계가 남긴 글에 대한 정리는 그가 몰한 직후인 1571년부터 시작되었다. 조목을 중심으로 문인들은 역동서원(易東書院)에 모여 유문을 정리하였고, 계속 원고를 모았다. 1차적으로 정리한 것을 바탕으로 1573년 선조가 유성룡의 요청에 따라 교서관에서 문집을 간행하라는 명까지 내렸으나 이 때 완성되지는 못했다. 이후

99) 金鶴洙, 2007 「17세기 嶺南學派 연구」 한국학중앙연구원 박사학위논문 참조.
100) 金鍾錫, 1998 앞 논문, 19~20쪽 참조.

금응훈(琴應壎), 금응협(琴應夾) 등의 도움을 받아 조목에 의해 다시 편집이 이루어지게 되는데, 이것에 대해 유성룡은 문집의 산절(刪節)을 요구하였다.

이 요구로부터 유성룡과 조목 사이에는 문집을 둘러싼 갈등이 있게 되었다.[101] 유성룡은 퇴계의 문집을 편찬하면서 중앙정계 내에서 자신의 학연성에 대한 공식적인 평가를 획득함으로써 사림정치에서 우위를 확보하려고 하였다. 따라서 왕도정치 실현의 토대로서 『퇴계집』을 부각시키려고 하였고, 이러한 측면을 반영하기 위해서는 문집편찬에 선별수록의 원칙을 적용하려고 하였다. 문집을 정치교과서 혹은 성리학의 보전(寶典)으로 자리매김하였던 것이다. 이에 비해 조목은 향촌사회 내에서 산림(山林)으로 활동하였다. 따라서 향촌사회 내의 구성원이 모두 참여함으로써 향촌의 결속을 도모하려고 하였다. 이를 실현하기 위해서는 문집의 편찬에서도 내용에 대한 선별보다는 모든 원고[全稿]를 수록하려는 원칙을 주장하였고, 향촌 지향의 문집 간행을 선호하였던 것이다.

의견 대립의 결과 처음에는 유성룡의 의견이 우세하였으나 결과적으로 광해군 대의 간행에서는 조목이 주도하게 되었다. 초간본의 경우 조목의 주관 하에 선조 33년(1600)년 도산(陶山)에서 간행하였는데, 북인의 지원을 받은 결과였다.[102] 이에 대해 유성룡은 초본이 자신의 편집 원칙이 무시된 채로 간행되자 이에 불만을 표현하지만 향촌에서의 그의 영향력은 이를 관철할 만한 힘을 가지지 못한 상태였기에 개간(改刊)은 가능하지 않았다.

101) 문집의 작성을 둘러싼 갈등 내용은 徐廷文, 2006 「朝鮮中期의 文集編刊과 門派形成」 국민대학교 박사학위논문 참조.

102) 북인이 지원하였던 배경에는 임진왜란으로 인해 파생된 민심의 분열을 책임질 사람이 필요하였고, 유성룡이 북인의 탄핵을 받은 사실과 조목이 유성룡을 비판하였던 사실이 어느 정도 연관된 것으로 추정된다. 이러한 추정은 徐廷文, 앞 논문, 39~45쪽 참조.

이후 안동, 예안 지역이 퇴계학파를 주도하였고, 조목과 유성룡의 위상은 1600년대 초반까지 유지된다. 그러나 1606년에 조목이, 1607년에 유성룡이 사망함으로써 퇴계학파의 구심력은 급격하게 약화되었다. 다만 조목의 경우 사후 도산서원(陶山書院)에 종향(從享)이 추진되었다. 조목의 고제인 김택룡(金澤龍)이 광해군 4년(1612)에 제기한 이 문제는 정구(鄭逑)의 지원과 회퇴변척(晦退辨斥) 이후 남인을 견제할 방법을 찾았던 북인(北人)의 용인으로 2년 뒤인 1614년에 해결되어 조목은 도산서원에 종향되었다.[103]

위와 같이 살펴보면 대체로 선조 말과 광해군 초반에는 대체로 퇴계학파의 경우 조목, 유성룡, 김성일이 고제가 되는 것을 크게 보아서는 인정되는 분위기라고 할 수 있다. 유성룡의 졸기(卒記)에서는 다음과 같이 기록하고 있다.

> "전 의정부 영의정 풍원 부원군(豊原府院君) 유성룡(柳成龍)이 졸하였다.
>
> 사신은 논한다. (중략) 성룡은 조목(趙穆)·김성일(金誠一)과 함께 퇴계(退溪)의 문하에서 배웠다. 성일은 강의(剛毅), 독실하여 풍도가 엄숙하고 단정하였으며 너무 곧아서 조정에 용납되지 못하였으나 대절(大節)이 드높아 사람들의 이의(異義)가 없었는데 나라 일에 진력하다가 군중(軍中)에서 죽었다. 조목은 종신토록 은거하면서 학문에 독실하고 자수(自修)하였으나, 나라에 어려운 일이 많게 되자 강개(慷慨)해 마지 않았는데 지난해 죽었다. 조목은 일찍이 성일을 낫게 생각하고 성룡을 못하게 여겼는데, 만년에는 성룡이 하는 일에 매우 분개하여 절교(絶交)하는 편지를 쓰기까지 하였다. 퇴계의 문하에서는 이 세 사람을 영수(領袖)로 삼는다.(후략)" [104]

---

103) 『光海君日記』 권84, 광해군 6년 11월 계유조(25일).
104) 『선조실록』 권211, 선조 40년 5월 을해조(13일).

대체로 여러 기록을 볼 때 선조 말까지는 조목, 기대승(奇大升), 유성룡, 김성일, 구봉령(具鳳齡) 등이 고제로 거론된 경우도 있다. 대표적인 고제로 주목되는 조목, 유성룡, 김성일 이외에도 기대승과 구봉령의 경우 비교적 초기에 지역이나 정치색이 크게 더해지지 않았던 상황을 반영하는 인물이다. 기대승의 경우 이황과 학문적인 토론을 통해 깊은 유대가 있었고, 이황의 사후에 묘갈(墓碣), 묘지명(墓誌銘) 등을 찬술하였음에 불구하고 호남이라는 지역적 기반 때문에 점차 멀어지게 되었다. 구봉령의 경우에도 이황으로부터 문학과 덕행을 인정받았으며, 여강서원(廬江書院)을 건립할 때도 주도적으로 일을 하는 등 위상이 높았다.105) 그럼에도 불구하고 구봉령은 서인으로 지목된 정치적 입장 때문에 배제되게 된 것으로 보인다.106)

조목, 김성일, 유성룡의 대표적인 고제들은 학문적 입장에서 이황과 기대승이 치열하게 토론한 사칠설(四七說)에는 그다지 관심이 많지 않았던 것으로 보인다. 이러한 경향은 대체로 갈암 이현일 단계까지 지속이 되는 공통적 특징으로 나타난다. 이황의 문인들은 성리논쟁의 경우 스승에 의해 거의 완성된 것으로 여긴 점도 고려되었다.107)

선조 말에 이황을 포함한 오현(김굉필 · 정여창 · 조광조 · 이언적 · 이황)의 문묘(文廟) 종사(從祀) 문제가 대두되어 영남에서는 다시 이황을 주목하는 경향이 대두되었다. 이에 따라 이황을 제향하는 서원이 활발하게 대두되었다. 그러나 전반적으로 예안, 안동권의 퇴계문인들은 학문적인 정체와 더불어 상대적으로 침체에 빠지게 되었다. 이러한 상황에 대해 이식은 다음과 같이 지적하고 있다.

105) 『선조수정실록』 권20, 선조 19년 7월 갑오조(1일).
106) 金鶴洙, 2007 앞 논문, 8~15쪽 참조.
107) 이동희, 2004 「조선전기 성리학자 · 퇴계학파연구의 현황과 과제」 『韓國人物史研究』 창간호 참조.

"영남의 경우 퇴계(退溪)와 남명(南冥)의 문파(門派)가 자못 다른 양상을 보이고 있다. 퇴계의 문하로는 서애 · 학봉 · 백담이 가장 유명하나 그들은 벼슬길에 출입하였고 학문을 가르치는 일은 하지 않았다. (중략) 조월천은 한가로이 물러나 수명을 오래 누렸으나 선비들이 마음으로 따르지 않아 역시 제자를 두지 못하였다. 남명의 고제로는 한강(寒岡, 정구)과 동강(東岡, 김우옹)이 가장 우수하였지만 (중략) 정인홍의 악행으로 말하면 주륙을 당해도 모자를 만큼 날로 드러났는데, 결국에는 그 문도(門徒)가 모두 흉악한 역사의 죄인으로 낙인이 찍히는 운명에 떨어지고 말았다. 이 때문에 영남의 하도에서도 더 이상 학자가 나오지 않게 된 가운데, 오직 한강(정구) 한 사람만이 완인(完人)이라고 할 수 있었다. 한강(정구)의 고제로 여헌(旅軒, 장현광)이 있었는데, 여헌이 죽고 난 뒤에는 또 학맥을 계승할 도제(徒弟)가 있지 않았다. 이렇게 해서 영남의 학문도 이쯤에서 멈춰지고 말았다."[108]

이식의 증언에 따르면 퇴계의 문하에서 조목조차도 인정을 받지 못한 것으로 설명하여 설득력이 떨어지기도 하지만 영남에서 한강 정구(鄭逑)가 부각된 사실을 전해준다. 특히 인조반정(1623) 이후 인조와 공신측에서는 당색을 넘어서 산림을 중용하려고 하였다. 이에 서인계의 김장생(金長生), 박지계(朴知誡) 뿐만이 아니라 영남에서 정경세(鄭經世), 정온(鄭蘊), 장현광(張顯光) 등이 징소되었다.[109] 이런 정황은 인조반정 이후에 영남권에서 학문적인 구심력이 안동과 예안을 중심으로 하던 것에서 정구와 장현광의 근거지였던 성주와 인동권, 정경세의 근거지였던 상주와 함창권 등으로 변하였던 것을 알게 해 준다.

108) 『澤堂別集』 권15, 「示兒代筆」.
109) 『인조실록』 권8, 인조 3년 3월 계유조(25일).

실제 조목의 문인들은 인척 관계에 있었던 사람들이 다수이며, 또 유성룡이나 정구의 문인과 중복되었던 인물이 많았다. 따라서 비록 적지 않은 제자가 있었으나 조목에 필적할 만큼 학문적 중심을 구축한 인물은 없었다. 그리하여 예안 지역의 경우 조목 이후 퇴계의 학맥은 도산서원을 중심으로 한 퇴계가문이나 예안 내에서도 조목에 동의하지 않았던 김령(金坽)과 같은 광산 김씨 일부 가문을 통해 전해질 만큼 힘을 잃게 된 것으로 보인다.[110]

김성일의 경우에도 제자들의 교육에 힘을 쓰긴 하였으나 제자들이 많은 것은 아니었다. 장흥효(張興孝), 신지제(申之悌), 최현(崔晛), 황여일(黃汝一) 등이 유명한데, 특히 선산 출신의 최현과 의성 출신의 신지제, 울진 출신의 황여일이 제자가 되면서 지역적으로도 확대된 양상을 띠었다. 그러나 장흥효의 경우 유성룡과 정구의 문하에 출입을 하였고, 학문적 성가에서도 정구나 장현광 혹은 정경세에 미치지 못하는 한계가 있었다.[111]

그에 비해 유성룡의 경우에는 문인이 매우 많았다. 유성룡은 잦은 사환(仕宦)으로 인해 문인을 양성할 시간은 부족하였지만 안동에서 김봉조(金奉祖), 김윤안(金允安), 상주에서 정경세(鄭經世), 이준(李埈), 이전(李㙉), 유진(柳袗) 등을 배출하였다. 상주에서는 목사로 재임하였을 때이다. 이들은 비교적 안동과 상주에서 활발하게 활동하였을 뿐만 아니라 중앙에서도 이름을 드러낸 경우도 있었다.[112] 그 가운데서도 유성룡의 뒤를

110) 정만조, 2004 「월천 조목과 예안 지역의 퇴계학맥」 『퇴계학맥의 지역적 전개』, 보고사 참조.

111) 이러한 한계에도 불구하고 안동지역에서 김성일의 학문은 퇴계를 잇는 것으로 인정될 만큼 조선 후기에는 영향을 미쳤다. 이현일 이후에 안동지역에서 김성일이 퇴계 학맥에서 차지하는 위치에 대해서는 권오영, 2004 「학봉 김성일과 안동 지역의 퇴계학맥」 『퇴계학맥의 지역적 전개』, 보고사 참조.

112) 김호종, 2004 「서애 유성룡과 안동 · 상주지역의 퇴계학맥」 『퇴계학맥의 지역적 전개』, 보고사 참조.

이어 상주의 정경세와 유진 등이 두각을 나타내었다. 이에 따라 안동지역의 사림들은 정경세의 문하로 상당수가 출입함으로써 상주권이 부각이 되게 되었다.

한편 이황의 사후에 조식과 이황 양 문하에 출입을 하였던 정구가 안동부사(1607)로 부임하게 되면서 안동지역에 변화가 있게 되었다. 8개월의 짧은 재임기간 동안 정구는 이황의 저술을 정리하고, 서책을 발간하며, 강회를 주관하는 등 학풍의 진작에 기여하였다. 특히 심학(心學)과 『심경(心經)』을 강조하여 문인이 20명에 이르게 되었다. 그런데 이들 문인들은 퇴계 문하의 대표적인 제자들을 포괄하였으니 조목 문하의 김중청, 김성일 문하의 장홍효, 유성룡 문하의 유진, 구봉령 문하의 권태일(權泰一) 등 대표적인 각 문파의 학자들이 정구에게 출입함으로써 정구의 학파가 만들어지게 되었다.[113] 이 결과 정구는 조목・유성룡・김성일과 함께 퇴계의 고제 반열로 인식되는 계기가 만들어졌다.

인조반정 이후 이미 사망한 정구의 문인 가운데서는 정구에게서 남명보다는 퇴계의 연원을 강조하는 경향이 나타났다. 이는 남명학파의 기반이 더 이상 유지될 수 없는 상황에 따른 변화였다. 또한 서인들이 추천한 산림에 정경세와 장현광이 들어간 것도 이러한 변화를 더욱 확고하게 만드는 계기가 되었다.

한편 장현광을 중심으로 한 학파와 정경세를 중심으로 한 학파는 17세기 중반에 들어서 점차 약화되는 과정을 걷게 된다. 장현광의 문인은 서울과 호서를 비롯하여 관서에 이르까지 20여 명을 배출되었으며, 기호학파의 주요인물과도 교유하며 학연을 넓혀 나갔다. 그러나 그가 사망한 후 5년 뒤인 1642년(인조 20)부터 임고서원(臨皐書院) 병배(並配) 논쟁이 일어났다. 임고서원에 정몽주와 함께 합향하려는 시도는 다른 유림으로부

113) 金鶴洙, 2007 앞 논문, 15~24쪽 참조.

터 지나치다는 비판을 받았다. 이러한 태도는 장현광이 공자의 제자가 되지 못했음을 애석히 여기고 공자 이후의 인물은 염두에 두지 않음으로써 공자 이후의 도통(道統)을 자신이 자임한 분위기와 관련이 있었다.[114)]

정경세의 경우에도 유성룡의 사후 인조반정 이후 중용됨으로써 정치적인 성장 뿐만이 아니라 1620~30년대 영남사론의 주재자가 될 정도로 비중이 있게 되었다. 그러나 정경세가 김장생과 학문적으로 교유하고, 송준길과 사제관계를 맺고 사위로 받아들일 만큼 서인과 유대관계를 맺은 것은 영남에서는 한계로 작용될 수 있었다.

이 결과 17세기 중반 이후에는 장현광과 정경세를 대체할 만한 새로운 구심점이 필요하였다. 숙종 대에 기사환국(1689)에서 정권을 차지하게 된 남인은 새로운 산림으로 갈암(葛庵) 이현일(李玄逸)을 선택하였다. 이현일은 퇴계-학봉으로 이어지는 학파의 계승자로서 영남에서 중망을 얻었기 때문이었다. 이현일이 주목받을 수 있었던 이유에는 그의 학문적 연원이 유성룡계나 정구계와는 달리 김성일 계열로서 퇴계의 학문을 충실하게 계승한 것도 이유가 되었다. 이러한 경향은 이후 17세기 후반에 장흥효의 외손인 이현일이 등장하기까지 지속되었다.

(3) 역사적 위상의 정립과정

앞에서 인조반정 이후 퇴계의 학파 내지 문인들이 어떻게 분화되는지, 또 그 구심점은 어떻게 변화하였는지를 살펴보았다. 인조반정은 서인이 주도하고 남인이 동조하여 대북을 기반으로 한 광해군 정권을 몰아낸 사건이었다. 따라서 서인이 정치적으로 주도하게 되면서 남인의 대표로서

114) 金鶴洙, 2007 앞 논문, 86~166, 248~274쪽 참조.

인식되었던 이황의 위상에도 상대적으로 변화가 있게 되었다.

종래 이황은 문묘에 종사된 오현(김굉필 · 조광조 · 정여창 · 이언적 · 이황)의 한 사람으로서 사림들에게는 학파와 당파를 초월하여 인정을 받은 면이 있었다. 문묘에 오현의 종사를 요청한 것은 선조 대부터이지만 선조 대에는 실현되지 못하였다. 광해군 2년(1610)에 오현이 종사된 것은 국왕으로서 정통성에 한계가 있었던 광해군이 오현의 종사를 통해 사림의 전반적인 지지를 끌어내려 했기 때문이다.[115)]

오현의 문묘종사에 조식이 제외된 것은 대북 정권 스스로 집권상의 한계를 드러낸 것이었다. 이를 만회하고자 비판적인 세력에 대한 공세를 강화하기도 하고, 폐모살제(廢母殺弟)의 여론에 대해서도 왜곡하는 등 무리한 일을 추진하였다. 이러한 파행적인 정국운영으로 말미암아 결국 반정을 자초하는 결과를 가져왔던 것이다.

인조반정의 성공으로 서인은 종래 자신들의 학문적 연원이 되었던 이이와 성혼의 학문에 대해 새롭게 조명하였고, 이를 바탕으로 하여 이들의 문묘종사운동을 전개하게 되었다. 인조 13년 관학 유생 송시형(宋時瑩) 등 2백70여 명은 다음과 같이 상소하였다.

> "도학(道學)은 국가의 원기(元氣)이고 선유(先儒)는 백대(百代)의 종사(宗師)입니다. 그러므로 예전의 제왕 가운데 사문(斯文)에 뜻을 둔 사람치고 선유를 숭장(崇奬)하여 도학을 흥기시킬 바탕으로 삼지 않은 이가 없습니다. 선성(先聖)과 선사(先師)를 문묘에 봉향하고부터 후세의 선비로서 사문에 공이 있는 자는 으레 동서무(東西廡)에 배향되었습니다. 우리 나라만 하더라도 신라에서는 최치원(崔致遠) · 설총(薛聰), 고려에서는 안유(安裕) · 정몽주(鄭夢周), 본조에서는 김굉필(金宏弼) · 정여창(鄭

115) 金永斗, 2006「朝鮮 前期 道統論의 展開와 文廟從祀」서강대학교 박사학위논문 참조.

汝昌) · 조광조(趙光祖) · 이언적(李彦迪) · 이황(李滉) 등 다섯 사람이 모두 그러한 사람입니다. 명종 · 선조의 시대에 와서는 을 뒤이어 유림의 종사(宗師)가 된 이가 두 사람이 있으니, 바로 문성공(文成公) 이이(李珥)와 문간공(文簡公) 성혼(成渾)입니다.(중략) 엎드려 바라건대 성명께서는 사문(斯文)의 지중함을 깊이 생각하고 많은 선비들의 정성을 굽어 살피시어 속히 유사에게 명하여 두 유신의 문묘종사를 의정케 하신다면 그 다행스러움을 이루 가누지 못하겠습니다." 하니, 답하기를,

"문성공 이이, 문간공 성혼은 비록 착한 사람이기는 하나 도덕이 높지 않고 하자가 있다는 비방을 받고 있으니, 막중한 문묘종사의 예전을 결코 가벼이 의논할 수 없다." 고 하였다."[116]

이와 같은 주장에서도 볼 수 있듯이 이이와 성혼을 이황을 이어 유림의 종사가 된 이로 파악함으로써 서인의 학문적 정통성을 확인하려고 하였다는 점이다. 물론 이러한 주장 자체가 이황의 역사적 위상을 부정하는 것은 아니었다. 그러나 이이와 성혼의 문묘종사를 받아들이는 것은 어느 정도 종래에 이황이 사림의 종장으로서 가졌던 위상에는 상처를 내는 것일 수 있었다. 그런데 인조 대에는 이미 국왕이 이들의 요구를 '도덕이 높지 않고 하자가 있다는 세상의 비방'을 이유로 거부하였다. 인조로서는 서인이 정국을 주도하는 것에 따른 정치적인 의사표시일 수 있었다.[117]

이이와 성혼의 문묘종사에 대한 논의는 인조 대에는 더 이상 이루어지지 않다가 효종 대에 다시 일어났다. 효종 즉위년(1649) 11월 태학생(太

116) 『인조실록』 권31, 인조 13년, 5월 경신조(11일).
117) 같은 기사에서 사신의 평에 '상의 하교에서 이른바 도이 높지 않고 하자가 있다는 비방을 받는다는 말도 선입견에서 나온 것이 아니라고 할 수 없다.' 고 하여 인조의 정치적 의도를 지적하는 내용이 있다.

學生) 홍위(洪葳) 등의 수백 명이 이이와 성혼의 종사를 청원하였다.[118] 이에 대해 효종은 이것은 막중한 전례(典禮)이어서 경솔하게 결정할 수 없다는 이유를 들어 거부하였다. 이후 다음해인 효종 원년(1650)에 경상도의 진사 유직(柳稷) 등 9백여 명의 유생은 두 사람의 출처와 도덕을 문제로 삼아 영남의 공론으로 문묘종사에 대해 정면 반대를 주장하였다.[119]

여기에서는 이이가 불교에 귀의하였던 사실과 성혼이 임진왜란 때 선조의 몽진 길에 참여하지 않은 사실을 지적하였고, 또 이이와 성혼의 이기설(理氣說)에 대해서도 비판적인 견해를 제시하였다. 비단 학문적인 비판 뿐만이 아니라 두 사람의 출처를 문제로 삼은 것은 서인의 정통성 자체를 부정하는 것이었다. 이에 따라 서인과 남인 사이에는 문묘종사를 둘러싸고 치열한 논쟁이 벌어지기에 이르렀다.

이러한 와중에 효종이 사망하면서 서인과 남인은 복상(服喪)논쟁에 빠지게 되었다. 복상논쟁은 이이와 성혼의 문묘종사 논란보다는 이황의 역사적 위상과 직접적으로 관련되는 면은 적었다. 그러나 이 논쟁 역시 서인과 남인의 정치사상에 대해 근본적인 면까지 파고 들어가 논쟁을 이어갔다는 측면에서 여전히 이황과 이이의 역사적인 위상과 관련되었다고 할 수 있다.

이 시기에 이황에 대해서는 기해년의 전례논쟁과 직접 관련되지는 않지만 1567년 인종비의 복제 논의와 관련하여 자주 언급된다. 명종에 대한 인종비의 복제를 처음 언급한 윤휴(尹鑴)나 허목(許穆)의 경우는 모두 이황이 참최(斬衰)이건 자최(齊衰)이건 모두 3년복을 주장하였다고 보았다.[120] 그에 비해 송시열(宋時烈)은 이황은 당시 기년복(期年服)을 주장

118) 『효종실록』 권2, 효종 즉위년, 11월 무인조(23일).
119) 『효종실록』 권3, 효종 1년, 2월 을사조(22일).
120) 『白湖全書』 권26, 「與李惟泰書」; 『記言』 拾遺, 권64, 「三疏 不上」.

하였다고 보았다. 이황이 기대승의 주장, 즉 어머니가 아들을 위한 복을 입어야 한다는 것을 인정했지만 그것은 계체(繼體)이나 기년복에 그친다고 보았으며, 이는 송시열과 같은 입장이라는 지적이었다.[121)]

이와 같이 복상과 관련된 전례논쟁에서 이황의 입장은 남인과 서인에 따라 자신의 관점에서 재해석되었다.[122)] 따라서 이이와 성혼의 문묘종사 논란에 이어 복상문제에 따른 전례논쟁에서도 이황의 주장은 당파에 따라 재해석되는 등 그의 역사적 위상에는 한계를 지니게 되는 측면이 있게 되었다. 전례논쟁에 이어서 정치적인 논란이 숙종대의 환국(換局)에 이르러서는 더욱 심각하게 되었다.

전례논쟁에 따른 예송의 경우 1차 예송인 기해예송(己亥禮訟, 1659)은 서인의 승리로 끝났지만 2차 예송인 갑인예송(甲寅禮訟, 1674)은 남인의 승리로 끝났다. 숙종의 즉위와 함께 2차 예송에서 승리한 남인은 그 후 7년 동안 정권을 잡게 된다. 또 잠시 서인에게 경신환국(庚申換局, 1680)으로 정권을 내주었다가 기사환국(己巳換局, 1689)으로 정권을 차지한다. 이 과정에서 이황학파로서도 매주 중요한 계기가 마련되었다. 퇴계-학봉으로 이어지는 학파의 계승자로서 이현일이 등장하여 영남에서 퇴계학파의 결집을 새롭게 주도하였던 것이다.

이현일은 외조부인 경당(敬堂) 장흥효(張興孝)를 통해 김성일의 학문에 맥이 닿아 있었다. 이현일의 형이었던 이휘일(李徽逸)의 증언에 따르면,

121) 『宋子大典』 권134, 「禮說」.

122) 실록에서도 각 당파에 따라 이황에 대한 해석과 입장이 다름을 확인할 수 있다. 이와 관련해서는 다음의 기록을 참조. 『현종실록』 권2, 현종 1년, 4월 병술조(2일); 『현종실록』 권2, 현종 1년, 4월 경자조(16일); 『현종실록』 권12, 현종 7년, 3월 계묘조(23일); 『현종실록』 권12, 현종 7년, 3월 을사조(25일).

"(경당 장흥효선생은) 학봉 김선생을 스승으로 섬겨 학문하는 방법을 배웠는데, 한결같이 이치를 밝히고 몸을 닦는 것으로써 요체를 삼았다. 그리하여 마침내 과거공부를 포기하고 『소학』과 『근사록』을 존신하고, 여러 경전을 널리 통하였으며, 정밀하게 사색하고 힘써 실천했으며, 분연히 일어나 과감하게 도를 구하는 것으로써 자신의 임무로 삼았다. 김선생이 자주 이르기를 "이 아이는 학문하는 데 힘을 쓸 것을 정했으니 훗날에 크게 성취함이 있을 것이다. 나의 후배 세대 가운데 얻은 사람은 바로 이 사람이다."고 하였다. 김선생이 돌아가심에 다시 서애 유선생을 좇아 공부하여 그 조예가 더욱 깊었다."[123]

고 하였다. 또 이현일 역시 자신이 직접, "우리 외조부 경당공은 어릴 적부터 학봉 문하에서 청소하면서 받들며 직접 친절한 가르침을 받았다."[124]고 말하고 있다. 이와 같이 김성일의 학문은 장흥효를 거쳐서 이현일에게로 직접 전달이 되었다.

이현일은 숙종 즉위 후부터 많은 관직이 내려지나 대부분 부임하지 않고 사직을 청원하기도 하였으며 실제 조정에 있었던 기간은 1년 남짓에 불과하였다. 그 결과 산림으로서 실제적으로 출사하는 때는 주로 기사환국 후인 숙종 15년(1689) 이후의 기간이다. 이후 6년여 동안 그는 이조참의, 이조판서, 대사헌, 병조판서 등 주요한 관직을 두루 거치게 된다.

이 기간에 이현일은 영남의 남인을 대표하는 산림으로서 자신의 학문적 기반이 되었던 김성일 계열만이 아니라 유성룡–정경세 계열과 정구–

123) 『存齋集』 권6, 「敬堂先生行狀」, "師事鶴峯金先生. 得聞爲學之方. 一以明理修身爲要. 遂棄擧子業. 尊信小學近思而博通乎諸經傳. 精思力踐. 奮勇直前. 慨然以求道爲己任. 金先生亟稱曰. 此子 爲學有定力. 他日大有所就. 吾於後生中得此人矣. 金先生旣歿. 復從西厓柳先生. 講磨旣久. 造詣益深."

124) 『葛庵集』 권21, 「書外大父敬堂張公遺集後」, "惟我外大父敬堂公自爲童子時. 衣供灑掃於鶴峯門下. 承提耳面命之勤."

장현광 계열까지 포괄하게 되었다.[125] 그의 문인 가운데 다양한 계열이 포진하였던 점은 그가 퇴계 이후 유성룡과 같이 관직으로도 가장 현달했던 점과 아울러 학문적 포괄성도 가장 광범위하였음을 보여준다. 또한 이현일의 문인에는 남명학파까지 포괄할 정도로 폭이 넓어져 그 범위가 영남의 전 지역을 망라하게 되었다.

이현일이 이와 같이 영남을 대표하는 산림으로 부각되게 되었던 데는 그의 학문적 입장이 중요한 근거가 되었다. 종래 이기설(理氣說)에서 서인의 설에 대해서 전면적인 비판을 가한 사람이 이현일이었다. 이전에도 서인, 특히 이이(李珥)의 학설에 대해 비판한 경우가 없지는 않았지만 이이의 학설에 대해 적극적으로 대응하고, 이황의 학설을 옹호한 것은 이현일에게서 두드러졌다. 그의 이러한 학설은 「율곡이씨론사단칠정서변(栗谷李氏論四端七情書辨)」에 잘 나타나 있다. 이현일은 이이의 사단칠정설에 대해 비판하게 된 이유에 대해 이황이 기대승과 사단칠정(四端七情)을 논변하여 결론을 보게 되었는데, 이이가 이황의 이론은 배척하고 기대승의 설을 따라 이황을 비판하였다고 보았다. 그리고 그 이론이 양호(兩湖) 사이에 퍼져서 이황의 지론인 '이기(理氣)는 서로 발한다' 고 하는 이론에 대해 발하지 않는다는 이론이 퍼지게 되었다고 보아 이를 비판하는 것임을 분명히 하고 있다.[126]

---

125) 金鶴洙, 2007 앞 논문, 348~376쪽 참조.

126) 『葛庵集』 권8, 「栗谷李氏論四端七情書辨」, "退陶李先生嘗與高峯奇氏有四端七情辨. 反復論難. 久乃歸一. 其後有栗谷李氏者出. 斥退陶之定論. 拾高峯之前說. 以爲高峯之說. 明白直截. 退溪之論. 義理不明. 肆加譏誚. 不少顧忌. 間或不能盡乎人言. 而勒加把持其說. 縱橫顚倒. 參錯重出. 足以眩夫未嘗學問之庸人. 而由知道者觀之. 適所以爲未嘗聞道之驗. 彼方且攘臂高談. 振而矜之. 以爲聖人復起. 不易吾言. 雖千萬雄辯之口. 不足以回鄙見. 侈然有自多之氣. 非特其說之流禍將酷. 只此氣像已先不好. 有以啓後生薄前賢好己勝之弊. 吁可畏哉. 今其說頗行於兩湖間. 以爲理氣無互發之論. 發前古所未發. 書契以來未嘗有. 公相傳道. 蔓延肆行. 學絶道衰. 世頗惑之. 故竊不自揆. 掇取其所與牛溪成氏書中所言尤害於理者. 輒敢逐條爲之辨. 欲以曉當世之

이현일의 이 글이 저술된 시기는 숙종 14년(1688)으로, 인조대부터 시작된 이이와 성혼의 문묘종사 문제가 해결되어 종사가 실현된 지(1680)도 10년이 다 되어가는 때였다. 따라서 이현일의 입장에서는 더 이상 이이의 사단칠정설이 유포되어서는 안된다는 절박한 심정 속에서 제출한 것이었다. 이 글에서 그는 이이가 성혼에게 답한 사칠논변서(四七論辨書)에 대해 19조에 걸쳐 자세하게 비판하였다.

이후 이현일은 68세에 유배된 다음 78세에 돌아갈 때까지 10년 동안 매우 왕성한 학문적 활동을 보였다. 특히 69세에 저술한 『추주관규록(愁州管窺錄)』에서 이이를 비롯하여 조식(曹植), 이수광(李睟光)을 포함하여 장현광(張顯光), 조호익(曺好益), 유성룡(柳成龍), 이덕홍(李德弘) 등 이황의 문인까지 성리설에 의문을 제기하고 비판적으로 검토하였다. 또 신안(新安) 진씨(陳氏), 임천(臨川) 오씨(吳氏), 정황돈(程篁墩), 경재(敬齋) 호씨(胡氏), 엄주(弇州) 왕씨(王氏) 등에 대해서도 주자와의 차이를 분석하여 비판하기도 하였다.

성리학에 대한 이현일의 입장은 이황의 이원론적 입장을 계승하면서 천리(天理)의 능동성을 인정한 데 있다. 이러한 입장은 기본적으로 '이기(理氣)는 결단코 두 가지 것(理氣決是二物)' 이라는 이원론에 선 것으로 사단(四端)이 이(理)를, 칠정(七情)이 기(氣)를 위주로 한다는 것이었다.[127] 또 이황의 이론과 같이 이기호발설(理氣互發說)에 입각하여 이와 기가 모두 발한다는 입장을 지지하였다. 이것은 천리를 적극적으로 인정하여 능동적 자발성을 지닌 것으로 보아 일상적인 현실 속에서도 의미를 지닌 것으로 이해하려는 태도였다.[128]

惑. 而但恐人微學淺. 言語不足以取信. 故凡所駁正. 不敢輒據己見. 率用先賢議論. 爲之按斷. 後之覽者. 有以考焉."

127) 『葛菴集』 권19, 「愁州管窺錄」.

128) 금장태, 1996 「葛菴 李玄逸의 인물과 사상」 『退溪學派의 思想 I』, 집문당 참조.

이현일은 이황의 학설을 적극적으로 변호하면서 특히 사칠론(四七論)에 대해서 말년까지 문인들과 치열하게 토론하였다. 그 결과 이이의 학파와는 다른 이황학파의 이론적 일관성을 구축하게 되었으며, 이는 학파로서 이황의 학파가 학문적 기준을 분명하게 확립하는 계기가 되었다. 또 이현일은 활발한 교육활동을 통해 많은 학문적 영향을 끼치게 되었으며 그의 문인록인 『금양급문록(錦陽及門錄)』에는 359명이나 수록될 정도로 많은 제자들이 있게 되었다.[129]

(4) 퇴계학파 형성의 의의

퇴계 이황의 학파는 어떻게 형성되었는가의 질문은 매우 광범위한 영역을 포괄하고 있다.

이황의 사후 그를 학문적 종조로 삼는 학파는 영남을 지역적 기반으로 하여 광범위하게 존재하였고, 나아가 전국적 영향력을 가지게 되었다. 그 과정에 대해서는 좀 더 세밀한 관찰과 설명이 필요하다.

이 과정에는 종래 학파의 기준으로 작용하였던 학설도 중요한 지표가 되었지만 정치적 사건과의 관련 역시 적지 않은 비중을 차지하였다. 위에서는 이황의 사후에 전개된 문인-제자들의 동향을 개괄적으로 검토하면서 이황의 문집편찬, 정치적 사건, 학설의 동이(同異) 등이 어떻게 이황의 학파 형성과 그의 역사적 위상과 관련되는지에 대해 살펴보았다. 조선후기의 전시기를 아우르지는 못하였지만 대체로 17세기 후반까지 이황의 학파가 어떻게 전국적인 영향력을 확보하는 대표적인 그룹으로 자리매김될 수 있는지에 대해 검토하였다. 이하에서는 그 내용을 간략하게

129) 李栽, 2001 『17세기 한 嶺南 道學者의 生涯 : 葛庵 李玄逸의 年譜 외』, 嶠文會.

요약하면서 글을 맺고자 한다.

퇴계 이황의 학파가 형성된 것은 이황이 살아 있을 당시에 시작되었다. 이황의 문인으로 처음에 되었던 인물들은 초기에는 조카나 조카사위 등 집안사람들인 후손들이 많았다. 그러나 가학 이외에 이황의 명성을 듣고 찾아온 사람도 적지 않았다. 초기부터 찾아와 그의 제자가 되었던 조목이나 유성룡, 김성일 이외에 기대승이나 구봉령도 이러한 예에 해당하며, 선조 말년까지 이들이 퇴계 문하의 대표적인 고제로 인식되었다. 그러나 기대승은 지역적인 기반의 차이로, 구봉령의 경우 정치적 입장의 차이로 점차 배제된 것으로 보인다.

일반적으로 알려진 바와 같이 이황의 문인으로 조목, 김성일, 유성룡이 주목이 되는데, 퇴계의 문인들이 학파로서 본격적으로 분기하게 된 것은 퇴계의 사후에 이루어진 문집의 간행과정이 계기가 되었다. 향촌사회 내에서 산림의 역할을 하였던 조목은 퇴계문집의 편찬을 향촌을 결속시키는 계기로 삼으려고 하였고, 이는 내용을 선별하기보다는 모두 다 싣는 방향으로 문집의 편집을 이끌었다. 이에 비해 유성룡은 문집을 편집함에 내용을 선별하여 수록함으로써 문집의 정제성을 높여 왕도정치 실현의 수단으로 삼으려고 하였다. 의견 대립의 결과 초기에는 유성룡의 의견이 우세하였으나 결과적으로 조목의 의견이 반영되었다. 이는 예안지역을 중심으로 한 퇴계의 문인들이 초기 퇴계학파를 주도하였음을 보여주는 사례이다.

선조 말에 오현의 문묘종사를 계기로 하여 이황이 영남에서 다시 주목되는 경향을 보이기도 하나 전반적으로 이황의 지역적 기반이었던 예안이나 안동권의 퇴계문인들은 학문적인 정체와 더불어 상대적으로 침체에 빠지게 되었다. 대표적인 고제였던 조목조차도 인정을 받지 못했던 분위기가 있었으며 영남에서 상대적으로 정구가 부각이 되기도 하였다. 조목의 문인들의 경우에는 인척 관계에 있었던 사람들이 많았으며, 또 유성룡이나 정구의 문인과 중복되었던 인물들도 적지 않았다. 김성일 문인의 경우에도 장흥효가 유명하였으나 학문적 성가에서는 정구나 정경세에 미치지 못했다. 그에 비해 유성룡 문인의 경우에는 상대적으로 적지 않은 수가 안동과 상주를 중심으로 활동하고 있었으며, 또 정경세와 같이 두각을 나타낸 인물도 있었다.

한편 이황과 조식의 양 문하에 출입하였던 정구가 안동부사가 된 것을 계기로 안동지역에 그의 문인들이 급격하게 증가하였으며, 조목이나 유성룡의 사후에 퇴계학파의 구심점 역할을 하게 되었다. 이 결과 정구는 조목, 김성일, 유성룡과 함께 퇴계의 고제 반열로 인식되게 되었다. 정구의 문인들은 조식보다는 이황에게서 보다 학파적 연원을 강조하였고, 이는 북인이 제거되는 정치적 상황과 연결된 현상이었다.

정구 이후 퇴계학파에서는 정구의 문인이었던 장현광과 유성룡의 문인이었던 정경세가 주목된다. 그러나 장현광의 문인들은 지나치게 장현광을 높임으로써 비판을 받았다. 또 정경세의 경우에도 1620~1630년대 영남 사론의 주재자가 될 정도로 비중이 있었지만 송준길과 사제관계를 맺는 등 서인과의 유대관계로 인해 영남에서의 주도권 행사에는 한계가 있었다. 17세기 중반 이후에 이들을 대체하면서 퇴계학파의 새로운 구심점으로 나타난 사람은 이현일이었다.

이현일의 등장에는 이황에 대한 역사적 평가의 변화가 배경이 되었다. 1623년의 인조반정으로 인해 이황의 위상에는 변화가 있게 되었다. 즉 문묘 오현의 하나로서 사림들에게는 학파와 당파를 초월하여 인정을 받았던 측면이 있었다. 그런데 이이와 성혼의 문묘종사 논의는 쉽게 받아들여지지는 않았지만 이황이 사림의 종장으로서 가졌던 위상에는 손상을 줄 수 있는 사안이었다. 인조대에서 효종대까지 치열한 논쟁이 이어졌고, 효종의 사망을 계기로 복상논쟁으로 이어졌다.

복상에 따른 전례논쟁에서 이황에 대해 남인과 서인은 각자의 입장에서 이황의 명종에 대한 인종비의 복제 주장을 재해석하기도 하였다. 이 역시 이황의 역사적 위상에는 상대화되는 한계를 드러내는 것이기도 했다. 전례논쟁의 결과 2차 예송인 갑인예송에서 남인이 정치적 승리를 거두자 남인을 대표하는 산림의 등장이 요구되었다.

이현일의 등장은 이미 한계를 드러낸 조목 계열이나 유성룡 계열을 대체하여 장흥효를 거친 김성일 계열의 부활을 의미하는 것이었다. 즉 이현일은 김성일 문인만이 아니라 유성룡-정경세, 정구-장현광으로 이어지는 문인을 포괄하였고, 나아가 남명학파까지 포함함으로써 영남 전 지역을 망라하게 되었다.

이현일이 이렇게 영남을 대표하는 산림의 위상을 갖게 되고, 이황의 학파를 대변하게 된 데에는 그가 이이의 학설을 전면적으로 비판한 것이 배경이 되었다. 이현일은 말년까지 이황의 학설을 적극적으로 변호하면서 이이의 사칠론에 대해 이이의 학파와는 다른 퇴계학파의 이론적 일관성을 구축하였으며, 이것이 이황의 학파가 학문적 기준을 확립하게 되는 계기가 되었다.

3장

조선중기 율곡학파(栗谷學派)의 형성

인물은 시대가 낳는다. '목릉성세(穆陵盛世)'로 일컬어지는 조선 중기의 선조대에는 수많은 인물들이 명멸하였다. 이황, 이이, 성혼, 송익필, 정철, 유성룡 등 후대에 조선성리학사, 혹은 조선사에서도 걸출하였던 인물들이 집중적으로 출현하였던 이 시기는 곧 역사에서도 새로운 전환기라는 사실을 반증해준다.[130] 시대의 도전에 응전하였던 각인의 노력 속에서 인물이 만들어지기 때문이다.

그러한 걸출한 인물 가운데서도 이이(李珥)가 차지하였던 역사적인 위상은 더욱 각별하였다. 우리에게 조선시대 대표적 성리학자로, 혹은 경세가(經世家)로 알려진 그에 대해서는 이미 여러 방면에서 연구가 이루어져 왔다. 이황(李滉)과 비교되어 이이(李珥)는 이기설(理氣說)에서 '이기지묘(理氣之妙)'를 주장하였고, 주로 기(氣)에 관심이 있어서 주기설(主

130) 선조년간의 전환기적 성격에 대해서는 鄭在薰, 2003「선조(宣祖)-목릉성세(穆陵盛世)의 중흥군주」『63인의 역사학사가 쓴 한국사인물열전 2』, 돌베개 참조.

氣說)에 가까웠던 그의 입장 때문에 현실세계에서의 실천을 중시하여 많은 경장론(更張論)을 비롯한 경세책(經世策)을 제시하였다고 평가되었다.

이이에 관한 연구를 대체로 살펴보면 주로 두 가지 방면으로 집중되었다. 우선 이기론(理氣論), 심성론(心性論)을 중심으로 철학(哲學) 방면에서의 연구가 상당수를 차지하였다. 이에 따라 이이의 철학적 입장은 비교적 선명하게 밝혀졌다고 볼 수 있다. 기존의 연구에서는 이황과의 비교연구[131]나 전후시대의 맥락에서 이이의 철학적 입장을 연구하였다. 그러나 철학방면에서의 그의 입장은 명나라의 성리학과 비교하여 검토의 소지가 있다. 최근에 주자(朱子)와의 비교연구[132]나 명나라의 나흠순의 영향을 검토한 연구[133]가 있었으나 좀 더 검토의 여지가 남아 있다. 특히 명나라의 성리학과의 영향관계나 비교는 반드시 필요하다고 할 수 있다.

다른 한 방면의 연구는 경장론을 중심으로 하여 이이의 경세책에 대한 연구이다. 구체적으로 향약(鄕約)이나 공납책(貢納策), 통치체제 개편론에 관련된 연구들이 제시되었다.[134] 하지만 경세책에 대한 이러한 연구들은 조선중기 당대의 문제점을 어떻게 개혁하려고 하였는지에 대해 명확하게 설명하지 못하고 있다. 이는 이이의 개혁론에 대해 동시대의 인물과의 비교고찰을 통해 좀 더 고구(考究)될 문제이다.

다른 한편으로 이이의 개혁론이 갖는 현실적 성격에 주목하여 이러한

131) 채무송, 2002『퇴계 · 율곡철학의 비교연구』, 성균관대출판부.

132) 洪軍, 2003『朱熹與栗谷哲學比較研究』中國社會科學出版社(北京).

133) 정원재, 2001「지각설(知覺說)에 입각한 이이(李珥) 철학의 해석」서울대철학과박사학위논문.

134) 李先敏, 1988「李珥의 更張論」『韓國史論』18 서울대학교 국사학과; 정만조, 2002「이이-시대의 변화를 읽은 점진적 개혁론자-」『한국사시민강좌』30, 일조각; 李東仁, 1994「栗谷의 身分觀과 身分制度改革論」『韓國學報』76, 일지사; 李東仁, 1997「栗谷의 經濟改革論」『韓國學報』87, 일지사; 李東仁, 1995「栗谷의 社會改革思想」『한국사상사학』7, 한국사상사학회.

경향을 조선후기의 실학(實學)과 연결하려는 경향도 적지 않다. 그러나 이이의 개혁론을 실학과 연결시키려는 시도는 시간의 간격이 지나치게 넓다는 점뿐만이 아니라 이이의 개혁론이 조선후기에 미친 영향이 서인 학자들에게 보다 컸다는 사실을 고려해 볼 때 무리가 있는 주장이다.[135]

이러한 문제점들은 사실 이이의 사상과 개혁론, 그 실천을 살피면서 지나치게 인물 위주의 연구에 치우치면서 나타난 현상이라고 할 수 있다. 이제까지의 연구경향에서 나타난 바와 같이 이이는 그 자신이 탁월한 성리학자였으면서 동시에 경세가였고, 나아가 조선후기의 서인학파의 학문적 구심으로서의 위상이 작지 않았다. 특히 인조반정 이후 서인과 남인들 사이의 붕당정치에서 이이의 경세론은 구체적인 실천의 무대에 설 기회를 가졌다. 이는 이이 개인의 연구도 필요하지만 이이를 중심으로 활동하였던 서인들을 학파로서 묶어서 살펴보는 것이 보다 의미가 있다는 점을 말해준다.

조선시대에서 학파는 정파의 기원이 된다는 점에서 학파의 분기원인과 차이를 살피는 것은 정파의 대립인 정쟁의 원인을 설명하는 기준이 될 수 있다. 또한 학파사이의 차이는 정치, 경제, 사회적 대책에서 차이가 나는 원인이 되었고, 이들 사이의 차이는 곧 정치적인 대립이 사상적 대립을 전제한다는 의미가 있었다.

그럼에도 불구하고 기존의 학파에 대한 연구는 이기설의 차이만 집중적으로 부각함으로써 인간이해에서의 차이를 밝히는 데는 기여하였으나 이들의 차이가 구체적 인간이 사회적인 맥락에서 어떤 사회적 차이를 지

135) 최근 이이의 개혁론을 실학으로 바로 연결하려는 시도는 크게 줄었다. 다만 金泰永의 연구(『실학의 국가개혁론』, 서울대출판부, 1998)에서도 이이의 王政論은 성리학에 근거한 개혁론으로 파악하였고, 유형원의 왕정론은 성리학보다는 실학에 근거한 것으로 이해하여 둘의 차이를 지적하기나 하나 이이와 유형원을 대비하면서 여전히 이이의 개혁론이 실학에 영향을 미쳤다고 이해한 것으로 보아 영향을 주었다는 전제가 완전히 해소된 것은 아니라고 할 수 있다.

니는지를 밝히지는 못했다. 따라서 『소학(小學)』의 수기적(修己的) 인간에 대한 연구는 『대학(大學)』의 치인적(治人的) 인간에 대한 고찰과 연관, 혹은 관련될 때만이 전체를 설명할 수 있게 될 것이다. 이제까지 이이와 관련된 학파에 대한 연구도 특히 이기설(理氣說)을 중심으로 이황학파(李滉學派)와의 갈등을 다루는 등 철학적인 방면에 치우쳐서 그의 경세론이 구체적으로 어떻게 집단적인 실천을 해왔는지의 연구가 부족하였다.

따라서 본장에서는 이이를 중심으로 조선후기에 율곡학파가 어떻게 형성되는지에 대해 기초적인 고찰을 시도하려고 한다. 이를 위해 특히 조선중기에 학파가 형성될 수 있었던 배경과 이이의 학파 내지 학통에 대한 인식, 이이와 교류하였던 동료학자, 그 문인(門人)들에 대해 고찰하기로 한다. 다만 문인들은 이이의 직계 제자이자 제1세대 문인이라고 할 수 있는 김장생(金長生)으로부터 송시열(宋時烈) 등 3세대 문인까지 살펴서 율곡학파의 형성과정을 확인하고자 한다.

(1) 이이와 학파를 둘러싼 논점

이제까지 이이에 대해서는 기호학파의 관점에 서서 그 중심인물로 파악하는 경향이 있었다. 기호학파는 조선후기에 서인계로 거의 흡수되기 때문에 자연 정치적으로는 서인, 지역적으로는 경기와 호서의 충청을 아우르며, 일부 호남의 전라도를 포괄하는 형태로 설명되었다. 그런데 기호학파와 영남학파로 대분하여 조선중기와 후기의 사상계의 동향을 설명하는 것은 선조에서 현종에 이르는 조선중기를 설명할 때는 부족함이 적지 않다. 왜냐하면 소위 기호학파나 영남학파의 내부에 아직 유력 선생을 중심으로 한 학파가 독자적인 의견을 지니고 활동하였고, 이들의 경향은 대분(大分)하여도 좋을 만큼 개성을 지니고 있었다.

따라서 조선중기의 학파를 설명할 때는 기호학파나 영남학파보다는 이황학파나 율곡학파, 조식학파, 서경덕학파와 같이 학파의 숭조(宗祖)로 지칭되는 인물을 인용하는 편이 보다 정확하리라고 판단된다. 이렇게 특정 인물을 중심으로 한 학파가 형성되었다는 역사적 사실은 대단히 의미가 있다고 할 수 있다.

본래 학파란 특정한 인물을 중심으로 그 학설이 계승되면서 형성되는 학문적 집단으로 볼 수 있다. 이러한 학파가 존재하기 위해서는 우선 처음에 학설을 창안할 정도의 탁월한 학문적 업적을 지닌 학파의 종조가 필요하다. 따라서 새로운 학파가 다수로 등장하였다는 사실은 새로운 학파를 만들 수 있었던 탁월한 학자군이 존재하였다는 사실을 반영한다. 이 사실은 곧 조선중기의 역사적 상황이 새로운 학파의 출현을 낳을 만큼 사상적 변화가 격심하였다는 것을 보여준다.[136)]

이에 해당하는 인물은 박영(朴英, 1471～1540), 이항(李恒, 1499～1576), 서경덕(徐敬德, 1489～1546), 이언적(李彦迪, 1491～1553), 성수침(成守琛, 1493～1564), 조식(曺植, 1501～1572), 이황(李滉, 1501～1570), 김인후(金麟厚, 1510～1560), 이중호(李仲虎, 1512～1554), 기대승(奇大升, 1527～1572), 송익필(宋翼弼, 1534～1599), 성혼(成渾, 1535～1598), 이이(李珥, 1536～1584), 정철(鄭澈, 1536～1593) 등이다. 이들은 각기 지방에서 자기의 기반을 다지면서 새로운 성리학을 주체적으로 이해하고 이를 중심으로 학파(學派)의 결성을 시도하여 일부는 성공하기도 하였다. 그 중에 대표적인 것으로는 개성(開城)을 중심으로 한 서경덕(徐敬

136) 여러 학파가 나타나서 자신의 주장을 펴는 것은 사상적 모색기에서 나타나는 현상이다. 흡사 백가쟁명의 춘추전국시대에서 다양한 학문이 출현하였듯이 성리학 내에서 다양한 요소의 학문을 내용으로 하는 학파가 출현한 것이다. 16세기에 다양한 학파의 출현에 대해서는 정재훈, 2005 『조선전기 유교정치사상연구』, 태학사 참조.

德)학파, 안동(安東)을 중심으로 한 이황(李滉)학파, 진주(晉州)를 중심으로 조식(曺植)학파, 호남(湖南)을 중심으로 한 호남(湖南)학파[137], 경기지방을 중심으로 한 이이(李珥)학파 등이 있었다.[138]

이 가운데 율곡학파에는 이이를 중심으로 성혼(成渾, 1535~1598)·정철(鄭澈, 1536~1593)·송익필(宋翼弼, 1534~1599) 등의 동년배와 김장생(金長生, 1548~1631)·조헌(趙憲, 1544~1592)·이귀(李貴, 1557~1632) 등이 포함되었다. 종래에 율곡학파는 기호학파의 일부로서 설명되었는데, 주로 성리설을 중심으로 이이가 제시한 '이기지묘(理氣之妙)'와 '이통기국(理通氣局)'의 이론을 계승한 것을 주요한 이론적 토대로 삼는다고 하였다. 또 다른 한편의 설명으로는 정치적 관점에서 이루어진 연구가 있다. 이 연구들은 학문적 관심보다는 정치적 사건 위주의 이해로서, 예를 들어 기축옥사(己丑獄事)로 인해 동인과 서인의 갈등이 어떻게 전개되었는가를 주로 살펴본다. 여기에는 당쟁적 시각에서 지나치게 갈등론을 부각하여 설명하는 예도 있다.[139] 또 후대의 기록을 통해 당쟁에 대해 설명하는 연구의 경우에도 변명 위주나 전대에 대해 폄하하는 관점의 연구가 적지 않다.

이에 비해 근래에 서인학파의 연원으로서 낙론계의 학풍을 검토하면서 17세기 서인들이, 특히 서울과 경기 지역의 서인들이 서경덕(徐敬德)의 학풍에 영향을 받았다고 파악한 연구가 있다.[140] 서경덕계열의 상수

137) 湖南학파에 관해서 특별한 중심인물을 설정하지 못한 이유는 중심이 될 만한 인물이 적절하지 않기 때문이다. 李恒(1499~1576)이나 金麟厚(1510~1560)가 비교적 주목되며, 奇大升(1527~1572)이 李滉과 논한 四七論辨은 의미가 있기는 하나 하나의 학파로 세울 만한 내용과 후대에의 영향이 보이지 않는다. 오히려 대체로 호남 출신의 학자들은 이이의 학파에 흡수되거나 정치적으로는 서인의 입장에 서게 되어 독자성이 약하다고 할 수 있다.

138) 이러한 구분은 김항수, 1994「조선전기의 성리학」『한국사』 8, 한길사; 고영진, 1996「성리학의 연구와 보급」『한국사』 28, 국사편찬위원회 참조.

139) 許捲洙, 1993『朝鮮後期 南人과 西人의 學問的 對立』, 法仁文化社.

학(象數學)의 영향과 심학(心學)풍의 영향으로 경세론에서도 조제론(調劑論)과 탕평론(蕩平論)을 내세우게 되었다는 것이다. 이에 비해 송시열을 비롯한 호서(湖西)지역의 서인들은 김장생(金長生)-송시열(宋時烈)로 이어지면서 이이 중심의 성리학 이해와 절의(節義)를 중심으로 하는 '주자 절대화' 경향을 보인다고 하였다. 그러나 이 연구의 경우 서울 경기 지역의 서인과 호서 지역의 서인들의 학문적 경향이 차이가 나기는 하지만 김장생이 인조반정 후에 이귀(李貴) 등 반정공신들의 정신적 지주 역할을 하면서 정국에 깊은 영향을 미친 사례에서도 볼 수 있듯이, 이이를 둘러싼 성혼이나 송익필과 같이 율곡학파라는 공동의 틀 안에서 이들을 설명하는 것이 필요하다. 흔히 이이의 적통에 해당하는 것으로 일컬어지는 김장생-송시열로 이어지는 흐름은 호서(湖西) 지역에서만 영향을 미친 것은 아니었다.

이러한 점을 염두에 두고 율곡학파가 어떻게 형성되었는지를 살펴보자.

(2) 이이의 학통인식

성리학에서 학통(學統)은 도통(道統)의 형태로 표현된다. 학통이 단순하게 학문의 전통, 혹은 정통을 계승한다는 의미를 넘어서 도(道)의 종통(宗統)을 계승하는 도통으로 표현되는 것은 송대의 전통과 관련된다. 송대의 성리학자들은 자신들이 공자(孔子)와 맹자(孟子) 이후 사라졌던 도통을 계승하였다는 자부심을 가졌다. 그러한 자부심은 사실 삼대 이후 왕통과 도통이 분리되어 이어지다가 자신들이 도통의 주도권을 회복하였다는 자신감에서 유래한 것이다.

140) 조성산, 2007 『조선후기 낙론계 학풍의 형성과 전개』, 지식산업사 참조.

본래 유학에서 이상적으로 삼는 삼대(三代)의 경우 왕통과 도통이 이상적으로 결합되었기에 이상사회라고 이해하였던 것이다. 그에 비해 삼대 이후 도통과 왕통이 분리되면서 모순이 발생하였으며, 이후 왕통과 도통의 조화 · 회복을 위해 공자와 맹자 단계에서 노력하였으나 해결되지 않았다는 것이다. 따라서 이 문제를 본격적으로 해결하려고 노력한 이들이 곧 송대의 자신들이라는 것이 송대 성리학자들이 자부심을 가지는 바탕이었다. 공자와 맹자 때에 끊긴 도통을 한유, 이고 및 북송(北宋) 오자(五子: 주돈이, 장재, 소옹, 정호, 정이)가 계승하였으며, 이를 주자가 완성하였다는 것이 바로 이러한 도통 인식의 구체적 표현이었다.

송대 성리학자들의 이와 같은 도통 인식은 곧 우리에게도 큰 영향을 미쳤다. 조선전기에는 도통의 담지자를 세종(世宗)과 같이 국왕으로 인식하는 경우[141]도 있기는 하였으나 조선의 유학자를 도통의 전수자로 자임하지는 못하였다.[142] 이에 비해 16세기에 사림이 진출하던 시기에는 사림 자신이 도통의 계승자가 되려고 시도하였음을 알 수 있다.

기묘사림인 조광조(趙光祖)의 경우 정몽주(鄭夢周)와 김굉필(金宏弼)의 문묘종사가 중종 12년에 문제가 되었을 때 김굉필의 문묘종사(文廟從祀)를 반대하였던 영의정 정광필(鄭光弼)에 대해 반대의견을 제시하는 것에서 그의 지향을 알 수 있다. 당시 검토관 기준(奇遵)도 우리나라의 도학(道學)이 밝혀진 것은 정몽주(鄭夢周)-김종직(金宗直)을 이은 김굉필 때문에 가능하다고 하여 도통을 정몽주-김종직-김굉필로 설정하였음을 알 수 있다.[143]

기대승의 경우도 요(堯) · 순(舜) · 우(禹) · 탕(湯) · 문(文) · 무(武) · 주

141) 『世宗實錄』 권95, 世宗 24년 6월 辛亥. 성균생원 金寅亮 등의 상소 참조.

142) 『成宗實錄』 권181, 成宗 16년 7월 戊午. 최치원, 설총, 안유를 大成殿에 配祀하는 문제에 대한 논의에서 이들을 주렴계나 程朱에 비길 수가 없다는 점이 지적되었다.

143) 『中宗實錄』 권29, 中宗 12년 8월 辛亥.

공(周公)·공자(孔子)로 도통이 이어지고 공자 이후로는 안자·증자·자사·맹자로 이어졌으며, 맹자 이후에 천여 년 끊겼던 도통은 주돈이(周敦頤)·이정(二程)·주희(朱熹)로 이어진다고 파악하였다. 이후 그 도는 정몽주(鄭夢周)에게로 전해져서 '고려말에 정몽주(鄭夢周)는 충효대절(忠孝大節)이 있어서 정주(程朱)의 학문을 닦아 동방(東方) 이학(理學)의 시조가 되었지만 불행하게도 고려가 망할 무렵에 살신성인하였다.'[144]라고 평가할 정도로 정몽주를 조선 도통의 시조로 삼았다.

이이(李珥) 역시 조광조나 기대승과 같이 사림 일반의 도통론과 크게 다르지는 않다. 즉 요순에서 시작된 도통이 공자와 맹자까지 이어졌고, 이후 주자(周子)와 정자(程子)·장자(張子)가 끊어진 학통을 이었으며, 주자(朱子)에 이르러 비로소 환하게 드러났다고 하였다.[145] 다만 이이는 우리나라의 도통인 도학에 관해

> 전조(前朝)의 말엽부터 (우리나라의 학문이) 시작되었다. 그러나 권근(權近)의 『입학도(설)(入學圖)(說)』는 말이 어긋난다. 포은(圃隱) 정몽주(鄭夢周)를 이학(理學)의 시조라고 여기는데, 내가 보기에는 사직(社稷)을 안정시킨 신하이지 (진정한) 유자(儒者)는 아니다. 그렇다면 도학(道學)은 정암(靜菴) 조광조(趙光祖)로부터 비로소 일어난 것이다. 退溪先生에 이르러서 유자(儒者)의 모양은 이루어졌다. 그러나 퇴계(退溪)는 성현(聖賢)의 말씀을 준행(遵行)한 분이지 자신의 주장을 보이지는 못했다. 화담(花潭) 서경덕(徐敬德)은 자신의 주장이 있으나 한쪽에 치우쳤다.[146]

라고 하여 정몽주를 시조로 삼는 것을 비판하고, 권근의 경우도 문제점

144) 『鄭圃隱先生研究關聯資料集7』(포은사상연구원, 1992), 3쪽.
145) 『栗谷全書』 권26, 『聖學輯要』 「聖賢道統」 참조.
146) 『鄭圃隱先生研究關聯資料集 7』(포은사상연구원, 1992), 34쪽.

을 지적하면서 조광조를 이학(理學), 곧 도학(道學)이나 도통(道統)의 출발점으로 인정하였다. 하지만 이이가 조광조의 학문을 모두 인정한 것은 아니었다. 오히려 이이는 조광조의 학문이 미진(未盡)한 바가 있지만 입조(入朝)하여 도(道)를 행하는 것을 임무로 삼아 삼대(三代)의 도(道)가 아니면 함부로 임금 앞에서 진언하지 않았다고 하였다.[147]

도학(道學)의 관점에서 뿐만이 아니라 이이는 백인걸(白仁傑, 1497~1579)을 통해 조광조의 학문과 실생활을 간접적으로나마 가까이 접할 수 있었다. 조광조의 으뜸가는 문인이었던 백인걸은 명종 초 을사사화로 인해 피화(被禍)되었다가 귀양에서 풀려나와 파주에 살고 있었다. 이이는 바로 백인걸과 사돈의 사이(이이의 장조카 며느리가 백인걸의 외손녀)이었기에 그와 밀접한 관계를 가질 수 있었다.[148] 나중에 백인걸이 동(東)·서(西)의 분당(分黨)에 관해 올린 상소에 대해 이이가 대술(代述)하였다는 의심을 받을 정도로 이이와 백인걸의 사이는 의견이 통하는 사이였으므로 조광조의 학문과 업적은 그대로 이이에게 전수될 수 있었던 것이다.[149]

조광조에 비해 이황(李滉)에 대한 이이의 평가는 제한적이다. 성현의 말씀을 준행하였다는 평가는 단적으로 이황이 독창성이 부족하다는 말의 다름 아니다. 이런 관점은 이황이 회재(晦齋) 이언적(李彦迪)의 학문을 높게 평가한 것과는 달리 이이는 '회재(晦齋)가 박학능문(博學能文)하

147) 『栗谷全書』 권28, 「經筵日記」 선조 즉위년 10월, "우리나라에 理學의 전통이 없었는데, 전 왕조(高麗)의 鄭夢周가 처음 발단시켰으나 법도가 정밀치 못하였고, 우리 왕조에 金宏弼이 그 단서를 이어 받았으나 아직 크게 드러나지 못했다가 (조)광조가 道를 주창함에 미쳐서 배우는 이들이 모두 함께 그를 추존하였다. 지금 性理學이 있는 줄을 알게 된 것은 (조)광조의 힘이다."

148) 鄭萬祚, 2002 「이이(李珥)」 『한국사시민강좌』 30, 일조각, 101쪽.

149) 『宣祖實錄』 권13, 宣祖 12년 6월 壬寅; 같은 책, 宣祖 12년 7월 乙巳; 같은 책, 宣祖 12년 7월 丙午; 『宣祖修正實錄』 권13, 宣祖 12년 7월 乙巳.

고 저술이 풍부하고 조예(造詣)가 깊으나 경제(經濟)의 대재(大才)가 없고 출처(出處)에 있어서도 을사사화 때에 사류(士類)를 위하여 직언(直言)·광구(匡救)하지 못하고 도리어 권간(權奸)의 강박에 의하여 재판관이 되어 착한 선비들을 고문하기까지 하였다.' 150)고 하여 이언적의 한계 역시 이황과 비슷하게 지적하였다. 곧 학문은 학문으로만 그치는 것이 아니라 경세(經世)와 연결되며, 곧 의리의 실천까지 겸비될 때만이 온전해진다는 것이 이이의 입장이었다.

서경덕의 경우에는 이기설(理氣說)에 대한 평가에서 명(明)의 정암(整菴) 나흠순(羅欽順)과 같이 자득(自得)의 맛이 많다고 높게 평가하였다. 전체적으로는 나흠순, 이황, 서경덕의 순으로 학설의 순서를 정할 정도로 호평하지만 서경덕의 태도에 대해서는 중후하지 못하거나 자신의 주관이 많은 점 등을 비판하기도 하였다.[151] 그럼에도 불구하고 서경덕에 대해 '자득(自得)의 미(味)는 타인(他人)의 독서의양(讀書依樣)에 비할 바가 아니라' 고 한 이이의 지적처럼 서경덕의 영향은 적지 않았다고 볼 수 있다.

하지만 이이는 서경덕보다는 이황을 학문적 도통의 승계자로 여겼다. 이이는 조광조 이후로 비록 이황이 재주와 국량(局量)이 그에 미치지는 못했으나 의리(義理)를 깊이 연구하여 정미한 지경에 이른 것은 조광조도 따르지 못할 정도였다고 일면 평가하였다.[152] 해주(海州)에 은병정사(隱屛精舍)를 세워 이황과 조광조를 배향하려고 시도하였던 것에서 이이가 생각하였던 도통, 학통은 결국 조광조와 이황을 근거로서 삼았음을 알 수 있다.

---

150) 『栗谷全書』 권28, 「經筵日記」 선조 즉위년 10월.
151) 『栗谷全書』 권10, 「答成浩原書」.
152) 『栗谷全書』 권28, 「經筵日記」.

(3) 이이와 동시대인 사이의 교류

이이와 동시대를 살면서 교류를 나누며 직·간접적으로 관여하였던 학자들로는 성혼(成渾, 1535～1598), 송익필(宋翼弼, 1534～1599), 정철(鄭澈, 1536～1593), 최립(崔岦, 1539～1612) 등을 들 수 있다. 이 가운데서 이이를 중심으로 하여 학파가 형성되는 데에 깊은 관련이 있는 인물은 성혼과 송익필이다. 성혼은 일찍부터 동향인 파주(坡州) 출신인 이이와 함께 평생 막역한 교유관계를 유지하였다. 특히 비슷한 연배이면서 38세부터 6년간 9차례에 걸쳐 이이와 서한토론을 하며 사칠이기(四七理氣)에 관한 논쟁을 펼친 것으로 유명하다. 이이는 성혼을 유일(遺逸)로 선조에게 추천하였고, 선조 역시 이를 받아들여 등용하기도 하였다. 또 선조는 이이와 성혼을 일체로 인식하여 이들을 비판하는 상소가 잇따르자 이들의 당에 들어가고 싶다고 할 정도로 이이와 성혼을 높이 평가하였다. 이이가 일찍 세상을 떠남에 따라 이이의 많은 제자들이 성혼에게 가서 배울 정도로 학문적 유사성이 있었던 것으로 보인다.

하지만 성혼의 학문적 태도나 입장은 반드시 이이와 일치하였던 것은 아니다. 이런 점은 후대 이이의 직계 문인들 사이에서 의심을 불러일으키기도 하고, 소론계로 분파될 때 일정하게 특징적인 면모로 드러나기도 한다.

송익필은 성혼과 함께 이이의 학파에 가장 큰 영향을 주었던 인물이다. 그는 출신이 미천하다는 한계가 있었으나 학문이나 문장, 식견 등에서 탁월하여 당대에 주목을 받았던 인물이다. 그는 이이, 성혼, 정철 등과 깊은 교분을 맺었는데, 특히 이이와는 30년 동안 편지를 왕복하면서 토론을 하였다고 할 정도였다.[153] 이이는 '성리학을 토론할 만한 사람은

153) 『栗谷全書』 권37 「부록」 「祭文(宋翼弼)」.

오직 송익필(宋翼弼)·송한필(宋翰弼) 형제 뿐'이라고 지적할 만큼 송익필을 인정하였다. 송익필 또한 이이에 대해 서로 도체(道體)에 대해 본 바가 있다고 허여하는 사이였고, 만년에는 자주 논변하여 견해에서도 서로 다름이 없게 되었다고 할 정도로 학문적 차이도 크지 않았다.[154] 송익필은 이이 외에도 이지함(李之菡)이나 홍가신(洪可臣), 서기(徐起) 등과도 친밀하게 지냈는데, 이들은 모두 화담(花潭) 서경덕(徐敬德)의 연원에 속하는 인물들이므로 이로부터 받은 영향이 있었으리라고 짐작된다.

이이와 관련하여 송익필이 특히 주목되는 점은 그의 제자가 이이의 문인(門人)과 상당수 중복된다는 점이다. 김장생(金長生), 김집(金集), 정엽(鄭曄), 서성(徐省), 정홍명(鄭弘溟), 강찬(姜燦), 김반(金槃), 송이창(宋爾昌), 허우(許雨) 등 송익필의 문인은 대부분 다음 세대에 서인의 학문적, 정치적 구심으로 활동하였던 인물들이다. 송익필은 특히 예학(禮學)에 관심을 가져 그의 예학은 김장생과 김집에 의해 크게 발전하기도 하였다. 그럼에도 불구하고 그의 문인들은 송익필의 학통을 계승한 사실을 드러내지 않고 이이의 문인으로 자임(自任)하는 경우가 적지 않았다. 이는 송익필의 출신상의 한계(祖母가 婢妾의 소생)와 더불어 중종대 신사옥(辛巳獄: 1521, 중종 16)으로 사림에게 공이 있었던 외가를 고변한 부친 송사련(宋祀連)의 행위 때문에 사족 일반에게 부정시 되었던 것 때문이라고 할 수 있다.

그는 시와 문장에 모두 뛰어나 이산해(李山海)·최경창(崔慶昌)·백광훈(白光勳)·최립(崔岦)·이순인(李純仁)·윤탁연(尹卓然)·하응림(河應臨) 등과 함께 선조대의 팔문장으로 불렸다. 시문이 탁월하였던 또 하나의 인물은 정철(鄭澈)이었다. 정철 역시 이이나 성혼, 송익필과 깊은 교

154) 하지만 송익필의 학문과 이이의 학문상의 차이는 좀 더 비교해야 할 문제이다. 이들만이 아니라 성혼이나 이황 또는 기대승과의 비교도 필요하다. 금장태, 1997「龜峰 宋翼弼의 性理學과 禮學」『朝鮮 前期의 儒學思想』, 서울대출판부.

분을 나누었는데, 10대 후반에서 10여 년 담양의 창평에서 거주하며 기대승에게 배우면서부터 이들과의 사귐을 시작하였던 것이다. 조선한문학의 선구를 이루었던 최립도 이이의 문집에 발문을 부탁받아 적고,[155] 이이에 대해 자신을 가장 잘 알아주는 상대로 여길 만큼 가까웠다. 이런 특징들은 곧 이이를 중심으로 한 일련의 새로운 기풍의 문풍(文風)이 형성됨을 의미하는 것이다.

이이를 적극 추천하였던 박순(朴淳)의 경우에도 이이 · 성혼과 함께 '세 사람은 모양은 다르나 마음은 하나다' 라는 말을 들을 정도였는데, 그 문인인 최경창(崔慶昌), 백광훈(白光勳), 이달(李達)은 삼당시인(三唐詩人)으로 불릴 만큼 시(詩)에 능했다. 이들은 한(漢) · 당(唐)의 시풍(詩風)을 따랐다고 평가된다.

이밖에도 이이를 종유하였던 인물로서 『동유사우록(東儒師友錄)』에 인용되는 이들은 안민학(安敏學, 1542~1601), 유빈(柳贇, 1520~1591), 성윤해(成允諧, 1520~1586), 박광옥(朴光玉, 1526~1593), 박사종(朴嗣宗), 김현성(金玄成, 1542~1621) 등이다. 이 가운데 안민학은 처음에 박순과 사제관계를 맺었고, 이이와 교유하였으며, 1580년(선조 13)에 이이의 추천으로 희릉참봉(禧陵參奉)이 되기도 하였다.[156] 유빈은 역학(易學)에 조예가 깊었으며, 성혼(成渾, 1497~1579)의 조카였던 성윤해는 이이로부터 성혼 · 정구와 함께 추천을 받을 정도로 뛰어난 유일(遺逸)임을 인정받았던 인물이다.[157] 박광옥은 광주(光州)를 기반으로 성리학의 연구 및 교육과 향약보급 활동을 하였다. 또 김현성은 시 · 서 · 화에 두루 능하였는데, 그림보다는 송설체(松雪體)의 글씨에 뛰어나 자

155) 『簡易集』 권9, 「栗谷文集跋」.

156) 안민학에 대해서 『宣祖修正實錄』에서는 이이의 문도라고 파악하기도 하였다. 『宣祖修正實錄』 권15, 宣祖 14년 8월 壬辰.

157) 『宣祖修正實錄』 권17, 宣祖 16년 3월 癸未.

득(自得)한 바가 있다고 평가받았으며, 선조(宣祖)의 지문(誌文)을 쓸 정도였다.

이들을 살펴보면 관직에 나간 경우도 있지만 대체로 유빈과 성윤해와 같이 유일로서 학문을 하여 높게 평가받은 인물이 이이와 함께 교유하였던 것을 알 수 있다. 또 김현성이 조선전기부터 유행한 서체(書體)인 송설체의 글씨에 뛰어났다고 하는데, 이러한 경향 이외에도 이미 16세기 중반에는 사림(士林)들의 서체가 어느 정도 형성되고 있었다. 기묘사림(己卯士林)들은 이미 송설체에서 탈피하여 단정한 왕희지체(王羲之體)를 따라 쓰는 경향이 짙어졌으니 대표적인 서체가 김구(金絿, 1488~1534)의 인수체(仁壽體)였다. 이의 영향을 받아 또 성혼(成渾)의 부친인 성수침(成守琛, 1493~1564) 또한 비슷한 글씨체를 구사하였으니 이러한 분위기에서 한호(韓濩, 1543~1605)의 석봉체(石峯體)가 나오게 되었던 것이다. 따라서 김현성이 송설체에 뛰어났다는 평가는 사림들의 서체가 형성되는 과정에서 이전의 서체였던 송설체에도 능하였다는 것이었고, 김구나 성수침, 한호 등에 의해 새로운 서체가 등장하고 있었으며 이 역시 율곡학파와 무관하지 않았다고 할 수 있다.

(4) 이이의 문인과 후대에의 영향

이이를 중심으로 한 학파는 그와 동시대에 교류한 학자들뿐만이 아니라 문인과 제자들에 의해 형성되었다. 그 과정에서 앞에서 살펴본 바와 같이, 특히 성혼과 송익필의 역할은 매우 지대하였고, 그들의 문인들은 이이의 문하에도 출입하여 더러는 이이의 적통(嫡統)이 되었던 제자들도 적지 않다.

이이가 서울의 대사동(大寺洞)에서 돌아간 후 은병정사(隱屏精舍)의 유생들은 모두 가마(加麻)[158]를 하고 번갈아 청계당(淸溪堂)에서 묵으면서 3년상을 치루었다. 또 이후 동문계(同門契)를 만들어 봄과 가을에 서원에 모여 이이가 제시한 향약의 절목을 따라 하였다고 한다.[159] 이들은 이이의 가장 직접적인 제자들로서 황해도의 석담(石潭)에서 이이를 따라 공부하였던 사람들이다.

하지만 이이의 영향은 그의 사후 석담에서 길러낸 제자뿐만이 아니라 광범위하게 전파되어 그에게 직접적인 가르침을 받은 제자 외에도 하나의 학파를 형성할 만큼 다수에게 전파되었다. 그의 문인과 제자들을 직접 배운 여부와 상관없이 일단 이후 3세대 정도(金長生~宋時烈)로 정리해보면 다음과 같다.[160]

제1세대는 이이에게 직접 배운 세대로서 김장생(金長生), 조헌(趙憲), 정엽(鄭曄), 이귀(李貴) 등이 대표적이다. 이이의 제자에 해당되는 인물이 실린 대표적인 기록으로는 『동유사우록(東儒師友錄)』과 『율곡전서(栗谷全書)』의 「문인록(門人錄)」이 있는데, 수록된 인물을 비교하면 다음과 같다.(〔표1〕이이(李珥)의 문인(門人) 비교 참조)

『동유사우록』과 『율곡전서』에 수록된 문인들은 각각 59명과 84명 가운데 52명이 공통되는 인물이며, 나머지의 인물은 각각의 책에서만 확인된다.

---

158) 선생이나 존경하는 知舊의 喪事에 외가닥 삼[麻]을 비비꼬아서 首絰을 만들어 머리 위에 쓰는 것을 말한다.

159) 『栗谷全書』 권34, 부록 「年譜」.

160) 이이의 학파를 일단 송시열까지 3세대로 나누어 살피는 까닭은 이이의 학파가 16세기 후반 형성되어 17세기에 급격하게 확대되는 과정을 거치면서 조선시대 학파 가운데에서도 가장 영향력있는 학파로 변화하기 때문이다. 16세기와 17세기의 학파별 인물 분포를 조사한 한 연구에 의하면 16세기에 율곡학파가 23%, 퇴계학파가 42%였던 것에서 17세기에는 율곡학파 58%, 퇴계학파 32%로 급격하게 변하면서 17세기 조선에서 가장 큰 학파가 되었다고 파악하였다. 장숙필 · 김경호, 2004 「조선시대 학맥의 형성과 전개 양상-DB 분석연구-」 『조선시대 전자문화지도 개발과 문화연구』(서울, 고려대학교 민족문화연구원 국제학술회의 발표문).

제2세대는 이이에게 직접 배우지 않고, 제1세대의 문인들에게 배워 이이의 학문을 다음세대에 전수한 세대로서 김집(金集)이 대표적이다. 제3세대는 송시열(宋時烈)로 대표되는데, 이이의 학문을 토대로 학문적으로나 정치적으로나 실천에 매진하였던 세대이다. 김장생의 문인으로 송시열(宋時烈)·송준길(宋浚吉)·이유태(李惟泰)·강석기(姜碩期)·장유(張維)·정홍명(鄭弘溟)·김경여(金慶餘)·이후원(李厚源)·조익(趙翼)·이시직(李時稷)·윤순거(尹舜擧)·이담(李埏)·윤원거(尹元擧)·최명길(崔鳴吉)·이상형(李尙馨)·송시영(宋時榮)·송국택(宋國澤)·이덕수(李德洙)·이경직(李景稷)·임의백(任義伯) 등이 이에 해당한다. 김집의 문인으로는 윤선거(尹宣擧) 등이 있다.

이이의 직제자들인 제1세대 문인 가운데 그 대다수는 파주와 해주를 중심으로 형성되었다. 이는 이이의 본가가 파주(坡州) 율곡리(栗谷里)에 있었고, 처가가 해주(海州)에 있기 때문에 두 지역이 중심지가 되었던 것이다. 그 가운데 파주는 서울에서 관직생활이 단속(斷續)됨에 따라 관직에서 물러나 있을 때 거처하였던 곳으로 40세까지의 활동기반이 되었다. 그래서 이이의 제자 가운데 파주 출신이 있기는 하나 이 시기에는 본격적인 제자교육이 이루어지지는 않았던 것으로 보인다.

그에 비해 황해도 해주는 이이가 41세 되던 10월에 석담(石潭)으로 돌아가 이후 그의 학파를 이루는 데에 중요한 역할을 하였던 곳이다. 이후에도 관직을 제수 받아 서울로 와서 생활하기도 하였고, 파주가 생활의 기반을 제공하는 역할을 하기도 하였지만 생활의 중심지로서, 교육의 터전으로서 해주의 석담은 중요한 근거가 되었다. 이이는 이곳에 청계당(淸溪堂)을 비롯하여 살림과 교육에 필요한 건물을 지었는데, 42세 때 건립한 은병정사(隱屛精舍)도 그 가운데 하나였다.

이곳에서 이이는 강학활동도 활발하였던 것으로 보여지는데, 이는 이이의 문인 가운데 다수가 석담(石潭)의 문인이라고 기록된 것으로 알 수 있다(〔표2〕이이(李珥)의 문인(『율곡전서(栗谷全書)』 所收) 참조). 석담에서의 강학은 은병정사(隱屛精舍)에서 이루어졌는데, 은병정사의 이름은 곧 주자(朱子)의 무이구곡(武夷九谷)에서 가장 아름다운 제5곡의 산봉우리 이름인 은병(隱屛)에서 따온 것이다. 곧 이이가 주자를 인정하고 따랐던 분위기를 반영한 것이다. 이이는 이곳에서 학규(學規)를 만들고, 다른 지역보다 비교적 규모를 갖추어 문인을 길러내게 되었다.

또 이이의 문인 가운데 송익필과 성혼의 문인이 차지하는 비중이 적지 않은 점도 고려해야 될 사항이다. 석담에서 배운 제자 가운데 이후 정계나 학계에 큰 영향을 미친 사람을 찾는 것은 쉽지 않다.[161] 김장생(金長生), 조헌(趙憲), 정엽(鄭曄), 이귀(李貴), 황신(黃愼) 등 『율곡전서』 「문인록(門人錄)」의 앞부분에 기록된 이이의 대표적인 문인들은 오히려 성혼이나 송익필의 제자 가운데 이이에게 찾아온 인물들이다. 『동유사우록(東儒師友錄)』에서 『율곡전서(栗谷全書)』에 수록된 이이의 제자 가운데 비중이 큰 인물들인 조헌(趙憲), 이귀(李貴), 황신(黃愼), 윤방(尹昉) 등의 성혼(成渾) 문인(門人)과 김장생(金長生), 정엽(鄭曄) 등의 송익필(宋翼弼) 문인(門人)이 제외된 것은 이이의 원래 문인 가운데 뚜렷한 인물이 많지 않았음을 알려준다.[162]

이러한 사실은 다른 한편으로 송익필과 성혼이 이후 정파(政派)로서 서인의 중심을 형성할 수 있었던 추동력이 약했던 현실을 반영하는 것이었다. 송익필은 파주의 귀봉(龜峰)을 중심으로 많은 제자들을 양성하

161) 石潭의 隱屛精舍에서 강학한 인물 가운데 이이의 학파 내에서 영향을 미쳤던 사람은 朴汝龍을 들 수 있다. 박여룡은 이이의 각별한 신임을 받았고, 그를 따라 석담의 松崖 溪上에서 살면서 이이가 거처하였던 聽溪堂과 불과 언덕 사이에 있게 되었다. 그는 은병정사를 건립하는데, 이이의 區劃에 따라 지음으로써 큰 공을 세웠다. 또 이이의 사후 그의 문집을 간행하는데도 주도적 역할을 하였다. 朴汝龍, 『松崖集』 권3, 「年譜」 참조.

162) 成渾의 門人 가운데 『東儒師友錄』에 수록된 인물은 黃愼과 尹昉이다. 趙憲과 李貴는 『牛溪先生年譜補遺』(규장각 소장〈奎7154〉)에 수록된 門人에 실려 있다.

나 그의 신분에서 문제가 되었으므로 사대부 사회의 정신적인 지도자 역할을 하는 데는 많은 한계가 있었다. 또 성혼의 경우에는 이이와 더불어 학문적으로 나름의 역할을 하였다고 할 수 있으나 기축옥사에서의 역할, 임란 때 선조(宣祖)의 호종(扈從) 논란, 임진란 가운데 화친론을 제기한 사실[163] 등의 문제로 인해 적극적으로 내세워지기에는 곤란한 점이 있었다.

이이의 문인과 제자들을 중심으로 이이의 학파가 형성되는 데는 크게 두 가지 요소가 고려되어야 한다. 하나는 학파의 성립요건 가운데 가장 중요한 것으로 볼 수 있는 학설이며, 다른 하나는 그러한 학설이 집중되어 있는 문집이 정리되는 과정이다. 조선시대 문집은 후배나 문인 제자들에 의해 유문(遺文)이 정리되는 과정을 거치면서 저자의 주장에 대한 토론이 오가게 되고, 또 저자의 위상에 대해서도 여러 가지 평가가 내려지게 되어 있었다.

기왕의 연구에서는 이이를 기호학파의 일원으로 이해하여 그의 성리설이 학파의 주요이론으로 전승되는 과정을 주로 살펴보았다.[164] 이러한 과정은 이이(李珥)-김장생(金長生)-김집(金集)-송시열(宋時烈)-권상하(權尙夏)로 이어진다고 파악하였다. 대체로 이러한 이해는 도통(道統)의 전승과정과 일치하기도 하지만 이이의 주장과 그의 학파가 현실에서 어떠한 설득력을 지녔는지를 설명하지는 못했다. 학파(學派)가 곧 정파(政派)로 연결되면서 학파의 주장이 정파의 주장으로 발전되는 과정에 대한 설명이 부족하였다고 할 수 있다.

이이의 성리설(性理說)을 비롯한 이론이 현실적인 실천력을 확보할 수 있었던 계기는 이이의 문인들이 다수 참여하였고, 남인과의 협조 아래 시

163) 『宣祖實錄』 권51, 宣祖 27년 5월 癸卯.
164) 대표적인 연구로는 충남대학교 유학연구소 편저, 1995 『기호학파의 철학사상』, 예문서원; 李相益, 1998 『畿湖性理學研究』, 한울 등이 있다.

도된 인조반정으로 서인과 남인이 현실적인 정치세력으로 의미를 가지게 되면서부터이다. 그것은 비단 이기설(理氣說)을 비롯한 성리설의 영역에서만 그친 것은 아니었다. 오히려 그의 정치경제적 개혁론, 경장론이 보다 적극적으로 실천의 대상이 되었다고 할 수 있다. 그의 개혁론이 유형원을 거쳐 실학에 영향을 주기 이전에 집권 서인들에게 보다 구체적인 영향을 끼친 점을 고려해야 한다. 그의 경세론에 관한 주장을 요약하면 공안(貢案)의 개정(改定), 방납(防納)의 시정(是正), 족징(族徵)·인징(隣徵)의 금지, 군적(軍籍)의 정비, 군민(軍民)의 양성, 낭비의 절약, 진황전(陳荒田)의 기경(起耕), 재정(財政)의 정리(整理), 주현(州縣)의 합병, 감사의 구임제(久任制), 방수(防戍) 혹은 납속(納粟)에 의한 서얼(庶孼)의 등용 및 공사천(公私賤)의 방량(放良) 등을 꼽을 수 있다.

이러한 이이의 주장은 '중쇠기(中衰期)' 라고 여겨졌던 중종, 명종대를 거치면서 쇠약해지는 조선왕조를 중흥시킬 수 있는 구체적인 대안이었다. 이이는 3년 만 자신의 정책을 실행하면 의미 있는 결과가 나올 것을 자신하고 있었다.[165] 그러나 이 주장들은 당대에는 선조에 의해 채용되지 않았다. 대신 인조반정 이후 서인들의 개혁론이 되어 점진적으로 실천의 대상이 되었다.

그 가운데 이이의 문인이었던 조헌(趙憲)은 이이의 개혁론을 가장 적극적으로 계승하였다. 그는 이지함(李之菡)의 추천으로 이이와 송익필, 성혼 등을 스승으로 삼았는데, 그 가운데서도 송익필과 이이의 영향이 컸고, 그의 호까지 후율(後栗)로 정할 만큼 이이를 존숭하였다. 그는 이이의 『성학집요(聖學輯要)』를 '경론(經論)의 지(志)', '광제(匡濟)의 규(規)'가 갖추어진 책이라고 높이 평가하여 스스로 이 책을 요약하기도 하였다.[166] 또 주학(州學)의 제독관(提督官)으로 올린 상소에서도 '폐단을 제

165) 『栗谷全書』 권7, 「陳時事疏」; 『宣祖修正實錄』 권17, 宣祖 16년 4월 壬子.
166) 『重峰集』 권9, 「答朴汝翼書」.

거하여 백성의 고통을 없애려 한 뜻은 『동호문답(東湖問答)』에 갖추어졌으며, 몸을 닦고 정치를 하는 도는 『성학집요』에 자세하게 기술' 되어 있다고 하여 이이의 저술을 적극적으로 평가하였고, 이 책들을 향교에서 펴내서 계수관들에게 반포할 것을 청하기도 하였다.[167]

이이의 저술을 적극 평가한 조헌은 이이의 정치사상도 계승하였는데, 국왕을 적극적으로 계도하여 성학(聖學)으로 이끄는 방법을 지지하였다. 경연(經筵)을 중요시하거나 국왕에게 수성(修省)할 것을 청하거나 납간(納諫)을 적극적으로 받아들이라고 요구한 것은 모두 이이의 『성학집요』에서 제시한 틀에서 벗어나지 않은 내용들이다. 후대에 서인의 정치사상 가운데 중요한 틀인 '왕자례부동사서(王者禮不同士庶)'의 입장은 사대부의 질서를 국왕에게까지 연장하여 적용하려던 이이의 정치사상에서 연원하였는 바 조헌은 이를 적극 전파하는 데에 앞장 섰다고 할 수 있다.[168]

이외에도 조헌이 관리 임용에서도 서얼(庶孼)이나 재가녀(再嫁女)의 자(子)나 천족(賤族)이라도 학행이 뛰어난 사람을 등용하자고 주장한 점, 서리(胥吏)들의 폐단을 제거하기 위해 실질적인 급료를 지급할 것을 주장한 점, 진상(進上)이나 공물(貢物)의 개혁이나 부역(賦役)의 개혁을 주장한 점 등은 모두 이이의 개혁론을 발전시킨 점이 많았다.[169] 이외에도 조헌은 지방관에 오래 재직하면서 경험하였던 군제(軍制)의 모순점에 대해서도 구체적인 방안을 다수 제시하였다.

조헌이 경장론의 관점에서 이이의 개혁론을 확대·발전시킨 인물인데

167) 『宣祖修正實錄』 권20, 宣祖 19년 10월 壬戌.

168) 이이와 조헌을 묶어서 경세사상이 공통되는 점에 착안하여, 이들의 학문이 유형원이나 이익의 '실학' 에 영향을 주었다고 파악하는 견해가 있다. 이이와 조헌이 '廣義의 實學派' 로서 18세기 실학자들의 선구를 이루었다는 견해이다.(김용덕, 1977 『조선후기사상사연구』, 을유문화사)인데, 앞서 지적한 바와 같이 이들의 개혁론이 西人들에 의해 구체적인 실천을 갖는다는 점을 간과한 평가이다.

169) 『重峰集』 권3, 「質正官回還後先上八條疏」; 같은 책 권4, 「擬上十六條疏」.

비해 김장생은 이이의 고제(高弟)가 된 인물로서 예학을 계승한 인물로 평가된다. 김장생은 초기에는 송익필로부터 사서(四書)와 『근사록(近思錄)』 등을 배웠고, 20세 무렵에 이이의 문하에 들어갔다. 성혼의 영향을 받기도 하였지만 김장생의 예학은 주로 송익필에게 영향을 많이 받았다.

김장생은 인조반정 이후 서인들이 남인과 함께 정국을 이끌게 되자, 서인들의 정신적인 지도자 역할을 하였다. 그는 인조반정 이후 75세의 나이에 장령으로 조정에 나갔으나, 곧 이어 사업(司業)으로 옮겨 원자보도(元子輔導)의 임무를 겸하다가 병으로 다시 낙향했다. 이후 몇 차례 관직에 등용이 되나 조정에 나가지 않고 줄곧 향리에 머물면서 학문과 교육에 전념하였다.

주로 충청도 연산에 머물면서 김장생은 아들인 김집을 비롯하여 송시열, 송준길, 이유태 등 이후 율곡학파이면서 동시에 서인세력의 핵심적인 인물들을 양성하는 데에 많은 정성을 기울였다. 이에 따라 파주와 해주, 곧 경기도와 황해도 일대를 중심으로 형성되었던 율곡학파의 학문적 영향력은 충청도까지 파급되게 되었다.

김장생은 늦은 나이에 벼슬을 시작하고 과거를 거치지 않아 요직이 많지 않았지만, 인조반정 이후로는 서인의 영수격으로 영향력이 매우 컸다. 김장생은 예학 분야뿐만이 아니라 국정 전반에 대한 조언을 아끼지 않았다. 반정 초기 김장생이 공신들에게 보낸 편지에는 민심수습을 위한 대책이 풍부하게 제시되어 있었다.[170] 또 당시 좌상(左相)인 신흠(申欽)과 우상(右相)인 오윤겸(吳允謙), 김류(金瑬) 등에게 호패법(號牌法)의 신중

170) 『沙溪全書』 권2, 「與李玉汝金冠玉張持國崔子謙」. 이 편지에서 김장생은 李貴, 金瑬, 張維, 崔鳴吉에게 주의해야 할 일을 당부하였다. 임금에게 매일 格言과 至論을 말할 것, 弊政과 雜稅는 모두 蠲減하고 貢案을 개정할 것, 廢世子의 목숨을 보존해 줄 것, 역적에 대한 형벌은 刑書를 기준할 것, 관직은 사적인 통로를 쓰지 말고 인재를 등용하여 쓸 것, 기강을 세울 것, 張維·崔鳴吉을 중용할 것 등을 지적하였다. 이 편지를 이귀가 仁祖에게 올리자 인조는 김장생을 재촉하여 불렀다.

한 시행을 당부하는 편지 등은 그의 글에서 자주 볼 수 있는 것으로 김장생의 역할을 보여준다.[171)]

특히 김장생은 동인과 서인이 갈라지게 되는 정치적 분기점이었던 기축옥사에서 문제가 된 인물인 정철(鄭澈)에 대해 그가 오해받고 있는 점을 풀어주려고 노력함으로써 동인과 화해하려고 시도하였다. 김장생은 결국 이이의 사후 이이와 송익필 문인들이 율곡학파로 결집하는 데에 역할을 하였고, 그 자신이 노둔하다고 평가하는 만큼 학파의 형성에 일정한 지렛대의 역할을 감당하였다.

송익필의 문하였다가 이이의 문하로 온 사람 가운데 인조 초반에 역할을 하였던 인물은 정엽(鄭曄)이다. 그 역시 이지함의 주선으로 송익필에게 수업하고 성혼과 이이의 문하에 출입하였다. 정엽은 이미 광해군대부터 『율곡집』을 참조할 것을 국왕에게 건의하였고, 인조반정 이후에는 성균관 대사성(大司成)에 동지경연(同知經筵)·원자사부(元子師傅)를 역임하여 사유(師儒)의 역할을 감당하여 김장생의 역할을 대신하였다.

인조 초 경연에서 사우(師友)의 도(道)에 대한 다음 대화는 이이에 대한 정엽의 입장을 잘 보여준다.

> 상이 조강에 문정전에서 『논어』를 강하였다. 우의정 윤방(尹昉)이 아뢰기를,
>
> "사우(師友)의 도(道)가 끊어진 지 오래되었습니다. 지난 선조(先祖) 때에 이황(李滉)과 이이(李珥)가 유풍(儒風)을 홍기시켜 스승의 도가 크게 융성했었는데, 그 후로 차츰 시들해지게 되었습니다. 새롭게 정치를 펼치는 청명한 이때에 관학(館學)의 많은 선비들이 모두 홍기하려 하는데, 정엽(鄭曄)이 바야흐로 사장(師長)이 되었으니 반드시 마음을 다하여 교도

171) 『沙溪全書』 권3, 「與左右相申敬叔吳汝益及金冠玉」.

할 것입니다."

하니, 상이 이르기를,

"사우의 도가 어째서 이와 같이 끊어졌는가?"

하자, 지사 정엽이 아뢰기를,

"이이(李珥)는 세상에 이름을 떨친 대유로서 한 시대의 사표가 되어 후학을 인도하는 것을 자신의 책임으로 삼았습니다. 그러나 조정에 있은 지 얼마 안 되어 성혼(成渾)과 함께 모두 시배(時輩)에게 배척을 당하였습니다. 이로부터 풍습이 크게 변하여 사우의 도가 끝내 끊어지기에 이르렀으며, 간흉(奸兇)이 정권을 잡게 되자 세상은 거의 금수의 지경에 빠져버리고 말았습니다. 지금은 사기(士氣)가 조금 진작되어 모두들 수칙(修飭)하기를 생각하니, 이는 대체로 성상께서 처음 정사를 베풀면서 기구(耆舊)를 초빙하여 유학을 높이 장려하셨기 때문에 그런 것입니다."[172]

정엽은 또한 『근사록석의(近思錄釋疑)』를 지어서 『근사록』의 이해 수준을 한 단계 높였는데, 이 책은 김장생이 시작한 작업을 더욱 체계적으로 연구, 정리한 것이다.

조헌, 김장생, 정엽 이외에도 이이 사후 문인 1세대에 해당하는 인물로는 이귀(李貴)가 있다. 이귀는 인조반정에 참여하였던 반정공신으로 처음에 이이와 성혼의 문하에서 수학해 문명을 떨쳤으며, 1582년(선조 15) 생원이 되었다. 이듬 해 일부 문신들이 이이와 성혼을 공박, 모함해 처지를 위태롭게 만들자 여러 선비들과 함께 논변하는 글을 올려 스승을 구원할 정도였다.

선조대 후반에 이이 사후 서인의 학문적 지주 역할을 하던 성혼과 송익필이 1598년과 1599년에 잇따라 사망함에 따라 서인들은 학문적 구심

172) 『仁祖實錄』 권2, 仁祖 1년 7월 甲午.

점을 잃게 되었다. 또 선조대 후반 북인들이 점차 정권을 잡게 되고, 광해군대에 북인들이 자신의 학문적 지주였던 조식(曺植)을 문묘에 종사하려는 시도가 나타나는 등 서인들의 입장에서는 불리한 상황에 놓이게 되었다. 이 과정에서 이이의 문집을 간행하려는 시도가 있었다. 원래 이이의 문집은 성혼에 의해 1586년부터 초고의 정리가 시도되어 왔었다.[173] 이 때 성혼과 함께 김장생, 권벽(權擘), 고경명(高敬命), 박지화(朴枝華)도 편집에 참여하였는데, 어느 정도 편차가 완성되기는 하였으나 완전히 끝내지는 못한 채 성혼은 세상을 떠났다. 이후 이이의 문인인 박여룡(朴汝龍)에 주도 아래 편찬과 간행이 이루어졌다.[174] 이 때는 이이의 사후 27년 뒤인 광해군 3년(1611)으로 해주(海州)의 소현서원(紹賢書院)에서 박여룡 등에 의해 11권의 목판으로 간행되었다.

인조반정에 의해 정권을 장악하게 된 서인은 이이와 성혼을 추숭하며, 학통을 정비하려는 시도를 하게 되었다. 인조 즉위 후에 문묘에 이이와 성혼을 종사하라는 의견이 끊임없이 제출되었던 것은 바로 이러한 서인, 율곡학파의 자기정립 노력과 관련되었다. 한편 임진왜란 과정에서 새로 성장하였던 문장사대가(文章四大家)들인 신흠(1566~1628), 이정구(1564~1635), 이식(1584~1647), 장유(1587~1638)의 경우에도 서인계의 일원으로 이이와 많은 관련이 있었다. 이식은 본관이 덕수(德水)로 이이와 종친이었다. 신흠은 특히 이이를 추숭하였는데, 이이를 공격하던 자신의 외숙 송응개(宋應漑)에게 이이에 대한 비판이 잘못되었다고 지적하면서 정치에 입문할 정도였다. 또 이정구도 정치적 활동을 시작한 계기가 성혼이 지방으로 내려가는 것을 만류하는 일에서 시작되었다.[175]

173) 『牛溪集』 권6, 「年譜」 1591년조 참조.

174) 『南溪集』 권68, 「跋栗谷先生續集」.

175) 李喜中, 1996 「조선 중기 서인계 '문장가'의 활동과 고문론의 전개」 『韓國史論』 35, 서울대학교 國史學科; 吳世炫, 2005 「월사(月沙) 이정구(李廷龜, 1564~1635)의 문한(文翰) 활동과 학통 의식」 『한국사론』 51, 서울대 국사학과.

(5) 율곡학파 형성의 의의

이상에서 이이를 중심으로 하여 조선중기에 형성된 율곡학파에 대해 몇 가지 기본적인 사실을 중심으로 고찰하여 보았다. 이전까지 조선시대 학파에 대한 연구는 빈곤을 면하지 못하였다. 조선 중후기를 포괄하여 이황을 중심으로 한 영남학파와 이이를 중심으로 기호학파의 대결구도로 설명하는 틀에서 크게 벗어나지 않았다. 이러한 이해 방식은 조선후기의 당쟁이 서인과 남인을 중심으로 전개되었고, 이들 정파의 학문적 연원인 학파가 지역적으로 영남과 기호지방을 중심으로, 또 학문적 종조(宗祖)로서 이황과 이이를 높이게 되면서 자연스럽게 형성된 인식이다.

하지만 조선중기에 학파가 형성되었던 현상은 조선시대사를 통틀어서 매우 중요한 대목이다. 조선전기에는 존재하지 않았던 학파가 형성된다는 것은 결국 특정한 인물을 중심으로 한 학설이 존재하고 이를 학문적으로 지지하는 집단이 형성됨을 의미한다. 곧 새로운 학설을 다수 제출할 수 있을 만큼의 새로운 사상적 환경이 조성되었던 것인데, 이는 곧 조선전기적 질서를 마감하고 사림 중심의 새로운 사회를 모색하는 과정에서 나타났던 불가피한 현상이었다.

이이는 바로 이러한 학파가 형성되던 시기의 인물로서 조광조 이래 사림들이 추구하였던 새로운 성리학을 모색하는 데에 앞장섰던 인물이다. 이이에 앞서 서경덕이나 이언적, 성수침, 이황 등 여러 인물들이 있었으나 그 가운데 서경덕과 이황이 비교적 자립할 수 있는 이론을 제시하였다. 이러한 분위기에서 이이는 주자 이래 조선에서 인정할 수 있는 학통으로 조광조와 이황을 인정하고 이를 자신의 배경으로 삼는다. 한편 서경덕의 학설도 직·간접적으로 이이에게 많은 영향을 주었다.

이기설에서 나름의 독자적인 설을 완성한 이이는 경장론을 포함한 경세사상에서도 어느 누구보다도 광범위하고 치밀한 이론을 제시하였다. 이러한 이론의 형성과정에는 이이와 동년배로서 막역하게 친분을 나누었던 성혼과 송익필의 영향이 적지 않았다. 이들은 직접 만나거나 편지 등으로 학문적 토론을 이어나갔고, 특히 이들 문하의 제자들은 선생을 넘나들며 학문적 전승을 거듭하였다. 이이가 비교적 일찍 세상을 떠난 후 성혼과 송익필은 율곡학파의 구심점으로 기능하였다.

그러나 송익필은 신분상의 한계 때문에 역할에 한계가 있었다. 또 성혼은 그 역할을 수행하였으나 기축옥사와의 관련, 임란 초 선조의 호가(扈駕)를 하지 못한 점, 임란 중 화친론을 처음 제기한 사실 등으로 인해 선조의 신임을 잃고 정치적인 공격을 받는 약점이 있었다. 더불어 학문에서도 이이와 일치하지 않는 측면이 있었기에 학문적 중심을 구축해 가는 데에 한계가 있었다.

율곡학파의 다음세대인 김장생의 경우 충청도 연산에 내려가 강학에 힘쓰며 김집을 비롯하여 송시열, 송준길, 이유태 등 젊은 학자들을 양성하는 데에 힘썼다. 그의 활동으로 인해 경기와 황해도 일대에 구축되어 있던 이이와 성혼계열의 학파는 충청도까지 그 학문적인 영향력을 넓히게 되었다.

이상과 같이 살펴보면 율곡학파는 이이 당대에는 경기도와 황해도를 중심으로 한 성혼과 송익필 등 이이와 동류의식을 지녔던 이들에게서 출발하였고, 이후 자연스럽게 이이를 구심점으로 문인들이 학파를 형성하게 되었다. 이이의 경세론은 조헌에게로 이어졌으며, 현실적인 실천은 이귀나 김류와 같은 인조반정공신들에 의해 가능하게 되었다. 김장생은 이러한 반정공신들의 정신적 지주가 되면서 학문적인 뒷받침을 하며, 다음세대 율곡학파의 문인들을 양성하였다. 또 경학의 면에서는 정엽이 『근사록(近思錄)』에 대한 연구를 깊이 한 것에서도 알 수 있듯이 성리학 연구의 수준을 한 단계 끌어올리는 역할을 하였다. 이러한 노력들은 인조대 이후 학계와 중앙 정계에서 이이를 중심으로 한 학파와 정파로서 서인의 역할을 확고하게 만드는 계기가 되었다.

〔표1〕 이이(李珥)의 문인(門人) 비교

『東儒師友錄』 소재 栗谷先生門人(59人)	『栗谷全書』 소재 門人錄(84人)
趙德容(別坐), 李愼孝(子能), 李師善, 許克諶(實夫), 尹耆獻(長貧子), 宋爾昌(靜坐窩), 崔湑(秋浦), 崔濬(察訪), 崔澳(彦深), 洪龜祥(郡守), 洪致祥(進士), 申葆(參軍), 沈友明(參議), 許昕(正), 尹起三(監察), 金光佑(邦輔), 奉聖民(監察), 姜宗胤(縣監), 姜德胤(參奉), 安琠(蟠松), 安興宗, 安光宗(生員), 兪瀣(直長), 趙光瑗(進士), 許昭(生員), 李璧(參奉), 李軫(牧使), 金屹(士昂), 尹興(伯起), 李質純(參奉), 尹東老(水心), 吳興門(生員), 吳禧年(仲老), 姜愊(都事), 尹旭(景明), 金截, 李康濟, 李櫓(判官), 吳夢男(應祥), 李德元, 沈友恭, 金光運(希健), 洪千景(松磵), 姜海(汝容), 金景一, 李成春, 李通(郡守), 李景震(參奉), 李景恒(參奉), 李瑾(津守), 李琮(津守), 尹聃(監察), 盧孝蕃(副正), 許雨(直長), 姜燦(參議), 徐渻(忠肅公), 李希參, 李廷麒(竹友堂), 金洛瑞(進士)	金長生, 趙憲, 鄭曄, 李貴, 黃愼, 安天瑞, 沈禮謙, 李廷立, 李岐, 李嶸, 邊以中, 尹昉, 韓嶠, 成灠, 吳希舜, 朴汝龍, 趙光玹, 趙光瑗, 金興宇, 洪錫胤, 趙嶙, 李有慶, 李培達, 禹思仁, 李通, 李景震, 李景恒, 金振綱, 金義貞, 趙德容, 李愼孝, 李師善, 許克諶, 許克誠, 韓汝復, 吳潔, 任鐸, 尹耆獻, 宋爾昌, 崔洛, 崔澱, 崔湑, 崔濬, 崔澳, 洪龜祥, 洪致祥, 申葆, 沈友明, 許昕, 辛慶晉, 尹起三, 金光佑, 姜宗胤, 姜德胤, 安琠, 安興宗, 安光宗, 兪瀣, 許昭, 李璧, 李軫, 金屹, 尹興, 李質純, 尹東老, 吳興門, 吳禧年, 姜愊, 尹旭, 金截, 李康濟, 李櫓, 吳夢男, 李德元, 沈友恭, 金光運, 洪千璟, 金景一, 李成春, 李瑾(津守), 李琮(津守), 尹聃, 盧孝蕃

* 밑줄 친 인물은 한쪽의 기록에만 나오는 인물임.

〔표2〕 李珥의 문인(『栗谷全書』 所收)

姓名	字	號	官職	이이와의 관계	성혼·송익필과의 관계	기타
金長生	希元	沙溪	형조참판	이이의 학통전수	송익필 문인	
趙憲	汝式	重峯	증이조판서		성혼 문인	
鄭曄	時晦	守夢	참찬		송익필 문인	
李貴	玉汝	默齋	좌찬성	석담 제자(15세)	성혼 문인	
黃愼	思淑	秋浦	판서		성혼 문인	
安天瑞	應休					이이가 四七理氣書에 답함
沈禮謙	文叔		부사			
李廷立	子政	溪隱	참판			
李岐	伯高					아우 嶸과 함께 이이에게 수학
李嶸	仲高		奉敎			어려서 수학, 23세에 죽음
邊以中	彦時	望菴	寺正			
尹昉	可晦	穉川	領議政		성혼 문인	
成濩		聽竹	縣監			
吳希舜	孝元		直長			
朴汝龍	舜卿	松崖	正郎	석담 제자(석담정사 낙성에 기여)		이이 사후 문집간행 주도, 傍賢書院 배향
趙光玹	季珍		縣令			박여룡과 함께 傍賢書院 배향
趙光瑗	時獻		進士			
金興宇	善慶		參奉			
洪錫胤	善應			누님의 아들		
趙嶙	士鎭			누님의 아들		
李有慶	天休		牧使			
李培達	達夫		郡守			奉祭·接賓 등을 주관하게 함
禹思仁	隱翁		參奉			
李通	天衢		郡守	再從族弟		1515~1580
李景震	誠甫	臨湖		伯兄의 아들	성혼 문인	
李景恒	常甫		參奉	伯兄의 아들, 석담 제자		1565년생
金振綱	子張		判官			

姓名	字	號	官職	이이와의 관계	성혼·송익필과의 관계	기타
金義貞	公直					隱屛精舍 창립시 有司
趙德容	汝潤	別坐		형의 사위		1564년생
李愼孝	子能			파산 제자		
李師善				석담 제자		이이의 逸詩를 모아 책을 만듬
許克諶	實夫				성혼 문인	
許克誠	信夫					
韓汝復	士初		靖社功臣			
吳潔	聖與		參奉			이이에게 8세에 『小學』 수학
任鐸	士振		直長			太學의 掌議로 이이 변호
尹耆獻	元翁		少尹			
宋爾昌	福汝	長貧子	郡守		송익필 문인	1561~1627
崔洛	學源	靜坐窩				
崔澱	彦沈	楊浦				
崔滑	秋浦					1550~1585
崔濬	彦洞		察訪		성혼 문인	정철의 사위
崔澳	彦深					
洪龜祥			郡守	再從表弟		
洪致祥	應和		進士	再從表弟		
申葆			參軍		성혼 문인	
沈友明			參議	누님의 사위		
許昕	景晦		寺正			癸未三竄 때 이이 변호
辛慶晋	用錫	Y湖	參判			
尹起三			縣監		성혼 문인	1562~1636
金光佑	邦輔			석담 제자		
姜宗胤	伯承		縣監	同壻		
姜德胤	敬承		參奉	석담 제자		박여룡과 함께 上舍 同補
安琠	君珍	蟠松	判官	석담 제자		1513년생
安興宗	士顯			석담 제자		安琠의 아들, 1554년생
安光宗	汝顯		生員	석담 제자		安琠의 아들, 1558년생

姓名	字	號	官職	이이와의 관계	성혼·송익필과의 관계	기타
兪瀅	淑夫		直長		성혼 문인	1542~1630
許昭	晟甫		生員	석담 제자		이이의 逸詩를 모아 책을 만듬
						임란 때 박여룡·조광현 등과 함께 御駕 호종, 원종공신
李軫	景任		牧使			임란 때 군량운반, 원종공신
金屹	士仰		通政(優老)			1525~1607
尹興	白起		通政(優老)			1535~1623
李質純	景一		參奉	석담 제자		1556~1621
尹東老	期仲	水心堂	同知中樞			
吳興門	起夫				성혼 문인	1557~1621
吳禧年	仲老					1543년생
姜悀	而進		都事			姜宗胤의 아들. 1567년생
尹旭	景明					『小學』을 배움. 1564~1628
						尹興 등 8인과 함께 이이의 喪에 감
李康濟						成渾으로부터 賞讚받음
李櫓			判官			
吳夢男	夢祥					
李德元						
沈友恭						
金光運	希健			석담 제자		호남에서 와서 배움
洪千璟	君玉	松磵	察訪	석담 제자		호남에서 와서 배움
姜海	汝容			석담 제자		호남에서 와서 배움
金景一						
李成春						
李瑾	士懷			석담 제자		李德源都正의 아들, 1569년생
李琮	士溫			석담 제자		1573~1624
尹聃	季叟		監察	姊氏의 아들		
盧孝蕃	永錫		副正	장인 盧慶麟 庶子		1557~1613

4장

사계(沙溪) 김장생(金長生)의 학문과 경세사상

김장생은 주지하다시피 율곡학파, 기호학파 혹은 호서서인의 한 사람으로 특히 율곡 이이를 이어 우암 송시열로 이어지는 서인계열의 전수자로 평가된다. 율곡 이이의 고제(高弟)로서 그의 역할은 학파와 정파 어느 쪽에서도 매우 중요한 역할을 하였다는 것이 일반적인 인식이다.

그러나 한편으로 그의 역사적 위치가 학파와 정파의 연계선상에서만 이해되어 정작 김장생의 역할이 무엇인지가 분명하지 않은 점이 있다. 실록의 졸기에서는 김장생의 역할에 대해 『상례비요(喪禮備要)』와 인조(仁祖)의 사친(私親)인 정원군의 추숭에서 반대의론을 제기한 것을 주목하여 서술하였다.[176] 곧 예론(禮論)에서 김장생의 영향이 지대했음을 평가

176) 『인조실록』 권25 인조 9년 8월 경술조(9일) "(前略)일찍이 신의경(申義慶)이 편집한 상제서(喪制書)를 정리하고 절충하여 『상례비요(喪禮備要)』라고 이름하였는데, 세상에 유행하였다. (中略) 이때 상이 바야흐로 사묘(私廟)에 직접 제사를 지내려 하는데, 예관(禮官)이 '상이 친손자로서 할아버지의 왕통을 이은 이상 본생(本生)

한 것이다.

하지만 김장생에 대한 역사적 평가는 예론과 예학의 분야로만 국한되는 것은 아니다. 그는 이이에서 송시열로 연결되는 선상의 인물만이 아니었다. 그는 서인학파와 정파에서 고유한 역할이 있었고 그것을 가능하게 한 학문적인 성과가 있었다. 사실 서인학파나 정파에서만이 아니라 조선사상계에서 매우 중요한 역할을 감당하였던 인물이었다는 점에서 재평가의 소지가 있다고 할 수 있다.

이 장에서는 그 사이 쌓인 연구를 기반으로 하여 김장생의 생애와 학풍을 그의 저술과 연결시켜 경학, 예학, 정치·사회 사상을 두루 살피겠다. 여기에서 몇 가지 중요하게 다룰 지점은 다음과 같다.

우선 학통상의 인식에서 그를 서인정파 내지 학파에서 이이의 후계자로서 송시열로 이어지는 학통의 적전(嫡傳)으로 보는 관점이다. 이후 이러한 인식이 보편화되므로 크게 틀리지는 않으나, 문제는 송익필과의 관계에 대해 좀 더 주목해야 한다는 점을 지적한다. 이는 서인학파 내부에서 송익필의 위상과 관련된 문제이기도 하다.

둘째는 그의 생애와 저술과의 관계를 통합적으로 살펴본다.

셋째는 그의 경학(經學)에 대한 입장을 살핀다. 대표적인 저술인 『경서변의(經書辨疑)』의 특징을 살펴서 그의 경학사상에서 간취되는 특징을 지적한다. 특히 『효경(孝經)』보다 『소학(小學)』에 주목하여 경학에서 사대부 중심의 보편성을 발견하려는 특징을 지적한다. 또한 김장생은 『근사록(近思錄)』에 대해 각별한 애정을 보였다. 그 결과 『근사록석의(近思錄釋疑)』를 만들게 되는데, 이 책이 갖는 의의에 대해 살펴보겠다.

의 어버이에 대해 두 아버지를 모신다는 혐의가 없으니 축사(祝辭)에 의당 아버지[考]로 일컫고 아들로 일컬어야 한다.' 고 하였다. 이에 장생이 수천 마디의 말로 상소를 올려 그 설을 공격하여 깨뜨렸는데, 이는 모두 선유(先儒)의 정론(定論)에 근거한 것이었다. 그러다가 추숭(追崇)하자는 의논이 일어나자 장생이 여러 차례 소를 올려 옳지 않음을 힘껏 말하였으나 끝내 쓰이지 않았다.(後略)"

넷째는 그의 예학이 지니는 특징이 무엇인지 예서(禮書)를 통해 살핀다. 특히 김장생의 예학(禮學)이 경학에 대한 그의 학문적 입장과도 밀접하게 연관된다는 점을 지적한다.

다섯째, 김장생의 경학과 예학 등에 대한 입장은 그의 정치사상 혹은 사회사상과도 연계되어 대동법(大同法), 호패법(號牌法)에 대한 입장과도 연관되므로 그 의미가 무엇인지 살핀다.

인조초 대표적인 산림으로서 활동하였던 김장생의 역할은 이러한 종합적인 검토 위에서 파악될 수 있다. 이런 검토를 통해 김장생이 이이에서 송시열로 이어지는 선상의 인물만이 아니라, 경학과 예학 모두에서 주자의 사상을 조선의 현실에 깊게 착목하여 연결시켰던 의미가 있었음을 밝히려고 한다. 그 점이 곧 김장생의 고유한 역할이었다고 판단된다.

(1) 김장생의 학문

1) 생애와 저술

김장생은 부친 황강(黃岡) 김계휘(金繼輝, 1526~1582)와 모친 평산(平山) 신씨(申氏) 사이에 외아들로 태어났다.[177] 본관은 광산(光山)이며, 자(字)는 희원(希元), 호(號)는 사계(沙溪), 시호(詩號)는 문원(文元)이다. 그의 가계는 조선 건국 이래로 고위 관직을 역임하였던 명문 가문이었다. 8대조 김약채(金若采)는 대사헌을 지냈고, 5대조 김국광(金國光, 1415~

177) 김장생의 생애에 관해서는 다음의 글이 참고된다. 金成俊, 1975「沙溪 金長生의 生涯」『百濟硏究』6, 충남대 백제연구소; 鄭玉子, 1990「17세기 전반 禮書의 성립과정: 金長生을 중심으로」『韓國文化』11; 金容傑, 1992「沙溪 金長生의 生涯와 師友關係」『沙溪思想硏究』; 우경섭, 2001「金長生의 經學思想」『韓國學報』103.

1480)은 세조-성종 연간에 적개(敵愾)·좌리공신(佐理功臣)이며 좌의정까지 오르는 등 현달하였다. 또 고조부 김극뉴(金克忸)는 대사간을 지냈고, 증조인 김종윤(金宗胤)은 진산군수(珍山郡守)를 지내는 등 여러 대에 걸쳐 관직을 이어갔다.

조부인 김호(金鎬)는 늦게서야 관직에 나가 지례(知禮)현감 등 말직을 전전하지만 사단칠정 논쟁의 발단이 된 『천명도설(天命圖說)』의 저자인 추만(秋巒) 정지운(鄭之雲, 1509~1561)과 『주역(周易)』에 대해 활발한 토론을 하는 등 학문적 교유를 쌓을 만큼 성리학적 소양이 풍부하였다. 김계휘 역시 이런 부친의 영향 아래 20대에 이미 과거에 연이어 급제하여 임금으로부터 전시(殿試)와 독서당(讀書堂)에 초배(超拜)하라는 명을 받을 정도로 문명을 떨쳤다. 이후 김계휘는 명종-선조 초반에 홍문관·예문관·성균관 및 이조·병조낭관 등 청요직을 두로 거쳐 대사헌까지 올랐다. 그는 이이·성혼·기대승 등과의 교류 속에서 성리학의 새로운 조류에 민감하였고, 경연에서도 군심(君心)을 바로잡는 일을 위주로 하였음에서 도학적(道學的) 성향도 있었음을 짐작할 수 있다. 한편 김계휘는 중국측의 사정에도 밝아 선조 당시 최대의 외교현안이었던 종계변무(宗系辨誣)의 해결을 위해 1572년(선조 5)과 1581년(선조 14) 두 차례나 명에 다녀왔다. 이 과정에서 그는 조선의 관료 가운데 중국의 사정에 가장 해박한 사람으로 인정받았고, 또 사행과정에서 적지 않은 중국측의 자료를 볼 수 있었음에 분명하다.

부친이었던 김계휘의 이런 영향 아래에서 김장생은 1548년(명종 3)에 서울 황화방(皇華坊) 정릉동(貞陵洞)에서 태어났다. 이후 김장생의 생애는 크게, 31세까지의 수학기간과 66세까지의 출사기간, 계축옥사(癸丑獄事)로 물러나 76세까지 은거하는 기간, 인조반정을 계기로 다시 출사하여 84세로 세상을 떠나기까지의 기간 등으로 크게 나눌 수 있다.

김장생은 유년기에 구봉 송익필에게 나아가 수학하였다. 13세부터 배우기 시작하여 20세에 이이의 문하에 들어가지 전까지 송익필에게서 성리학의 기본적인 소양을 쌓았다. 이 점은 김장생의 생애에 매우 큰 영향을 미쳤다. 이이의 문하에 들어간 이후에도 송익필의 문하를 떠난 것은 아니었고 두 선생을 모두 모셨다.

그런데 김장생을 평가하면서 그를 이이의 적전(嫡傳)으로 보아 송익필의 영향을 간과하는 면이 적지 않다. 다음의 몇 가지 측면에서 이러한 영향관계를 검토해 보자. 우선 김장생은 독서하는 차례에 대해 이이와는 약간 견해를 달리한다. 이이는 『소학』 → 『대학』 → 『논어』 → 『맹자』 → 『중용』 → 오경(五經) → 성리서(性理書: 『近思錄』·『家禮』·『心經』·『二程全書』) 등의 순으로 독서의 순서를 정하였다. 이에 비해 김장생은 『소학』과 『주자가례』를 첫 번째로 놓았다. 이러한 점은 송익필이나 이황의 독서 순서와 유사하다. 송시열(宋時烈)은 선현들의 독서에 대해 설명하면서 김굉필은 『소학』, 조광조는 『근사록』, 이황은 『심경』, 이이는 사서(四書)를 중시하였다고 보면서 김장생에 대해서는 『소학』과 『주자가례』를 중시하였다고 평가하였다.[178] 이런 점은 송익필에게서 받은 예학의 영향으로 볼 수 있겠다.

김장생은 이기설에서 이이의 기발이승일도설(氣發理乘一途說)과 칠포사설(七包四說)을 충실히 수용하여 이기혼융무간설(理氣混融無間說)을 주장함으로써 이황의 이기호발설(理氣互發說)과 이원론(二元論)을 반대하는 입장을 취하기도 한다.[179] 하지만 김장생은 이와 기를 혼융무간으로 보면서 이(理)를 소이연(所以然)의 면보다 당위성으로 발현시키는 준칙성으로 보았다. 즉 김장생의 이기무간의 철학은 이(理)를 준칙으로 삼고, 그것을 바탕으로 기질 변화를 통해 이를 올바로 발현시키려는 것으

178) 『宋子大全』 7책, 권15 「어록」 "我東儒賢, 寒暄堂尊小學, 靜庵尊近思錄, 退溪尊心經, 栗谷尊四書, 沙溪尊小學家禮, 門人問先生所尊信, 先生曰鄙意則恐當從沙溪."

179) 尹用男, 1991 「沙溪 金長生의 哲學思想」 『沙溪思想硏究』.

로 이가 가지는 소이연으로 인(因)인 체(體)와 소당위지칙(所當爲之則)인 용(用)을 일원화하여 선(善)으로 구체화시키는 것이다. 그런데 이를 위한 과정이 『예기(禮記)』 옥조(玉藻)에서 제시한 구용(九容)인데, 이이가 이것을 기(氣)로 인식한 것에 비해 송익필과 정철 등은 이(理)로 간주하였다. 김장생은 이런 송익필의 입장을 받아들여 구용에 대해서 기적(氣的)인 면보다는 이(理)의 용(用)으로 파악한 것이었다. 이러한 관점은 대체는 이이를 따르지만 세부적인 면에서는 송익필에게 보다 근접한 이론이다.[180] 이이에 대해서 박문(博文)하지만 약례(約禮)에서 부족한 바가 있다고 본 것 역시 같은 맥락에서 학문상에서 차이가 있었던 점을 지적한 언급이다.[181]

또 김장생은 경전에 대한 태도에서도 선현의 설(說)을 묵수하는 것이 아니라 비판을 통해 주체적으로 이해할 것을 강조하였다. 『경서변의(經書辨疑)』의 서문(序文)에서

> 어떤 사람이 묻기를, "선정(先正)의 가르침을 후학으로서 마땅히 받들고 믿어야 할 것인데, 감히 논의하는 것은 옳지 못한 일이 아닌가?" 하기에 내가 말하기를, "의리를 강론하는 것은 천하의 공공(公共)의 일로서 선현도 또한 허락한 것이다. 대개 『중용혹문(中庸或問)』과 『대학혹문(大學或問)』에서도 볼 수가 있으니 어찌 감히 이것으로 선정보다 많은 것을 구하는 것이겠는가? 다만 여러분들과 더불어 토론하여 그 시비(是非)를 바로잡고자 할 뿐이니 무엇이 해롭겠는가?"(『沙溪全書』 권5 「經書辨疑序」)

라고 하여 자유로운 비판태도를 중시하였다.

예학의 방면에서 이이의 영향을 강조하는 기록이 있다. 김장생의 『연

180) 裵尙賢, 2000 「국역 사계전서 해제」 『국역사계전서』, 민족문화추진회, 참조.
181) 『沙溪全書』 권45, 「어록」, '宋時烈錄'.

보(年譜)』에서는 김장생이 본격적으로 학문에 정진하게 된 것을 이이의 문하에서 수업한 이후라고 지적하고 있다.

율곡선생의 문하에서 수업하게 되었다. 이때로부터 성학(聖學)의 심오함을 갖추어 듣고 마음을 가라앉혀 힘써 공부하면서 자임(自任)함이 매우 무거웠다. 이선생이 해주(海州)로 돌아감에 따라 문하에 머물면서 구학(舊學)을 심온(燖溫)하고 새롭게 얻은 것을 탁마하면서 더욱 예학(禮學)에 정진하여 절목이 다 갖추어져 크고 작은 것을 다 이루었다. 이선생이 항상 특별하게 생각하여 그 기대가 매우 컸다.(『沙溪年譜』 20歲時)

하지만 이러한 지적이 예학의 방면에서 송익필의 영향을 부정하는 것으로 볼 수는 없다. 오히려 이런 지적은 송익필보다는 이이의 영향을 예학의 방면까지 확대하려고 했던 후대의 지향과 관련시켜 설명할 수 있다.

김장생 자신은 예학을 탐구하게 된 과정을 설명하면서, "내가 어려서부터 『주자가례』를 배우면서 그 뜻이 잘 이해되지 않는 것을 병통으로 여겨왔다. 그러다가 벗인 신의경(申義慶, 1557~1647)과 함께 여러 해 동안 토론하고, 또 사문(師門)을 찾아가 바로잡음으로써 마침내 그 줄거리를 대강 알게 되었다."[182]고 고백하였다. 여기에서 사문이 정확하게 누구인지, 송익필과 이이 가운데 누구를 가르키는 것인지 분명하지 않다. 송시열은 그의 예학이 이이에게서 나온 것임을 강조하고 있다.[183] 그에 비해 박세채(朴世采, 1631~1695)는 그가 송익필의 예학을 실마리로 『의례문해(疑禮問解)』를 저술하였다고 주장하였다.[184]

182) 『沙溪全書』 권5, 「家禮輯覽序」 "余自幼受讀家禮, 嘗病其未能通曉, 旣而從友人申生義慶, 與之講論, 積有年紀. 又就正于師門, 遂粗得其梗槩."

183) 『沙溪全書』 권50, 「家禮輯覽後序」.

184) 『南溪集』 권69, 「書喪禮通載後」.

이런 여러 점들을 고려한다면 김장생이 학문적으로 기초를 닦았던 감수성이 가장 예민하였던 시기인 10대의 중·후반에 송익필에게서 공부하였던 사실은 그의 일생에서 매우 중요한 영향을 미쳤다고 할 수 있다. 송익필의 신분적 한계, 이이의 명망과 학문, 부친과의 관계 등의 이유로 그의 적전(嫡傳) 대상은 이이로 정리되었지만 학문적인 내용에서는 송익필의 영향을 충분히 고려하여야 한다.

김장생은 일찍부터 과거에의 뜻을 포기하고 학문에만 전념하였으나 학행으로 천거를 받아 참봉으로 31세에 출사(出仕)한 후 주로 지방관직을 역임하였다. 인조반정으로 다시 출사하기 전까지 정산현감(定山縣監), 안성군수(安城郡守), 철원부사(鐵原府使) 등을 지냈고 청백리에 선발되기도 하였다. 이 기간 중 그는 최초의 예서(禮書)인 『상례비요(喪禮備要)』(36세)와 그의 대표적인 예서인 『가례집람(家禮輯覽)』(52세)을 완성하였다. 『상례비요』는 부친 김계휘가 1583년(선조 16) 세상을 떠난 것을 계기로 친우였던 신의경(申義慶, 1557~1647)의 유고를 보충하여 완성한 것이다. 이후 동서(東西) 간의 당쟁의 격화로 스승이었던 이이와 송익필, 성혼과 정철 및 김계휘까지 무고를 당하게 되자 1586년(선조 19)에 연산(連山)으로 귀향하여 학문활동에 몰두하였다. 이때 가장 관심을 기울인 것은 예학으로 그 성과가 『주자가례』의 미진한 점을 보완한 역작 『가례집람』으로 나타났다.

이밖에도 김장생은 『근사록(近思錄)』에 대한 조선에서의 연구 성과를 종합한 『근사록석의(近思錄釋疑)』를 저술하였으며, 『주역(周易)』의 구결사업에도 참여하였다. 이후 66세가 되던 1615년(광해군 5)에 그의 서제(庶弟)들이 연루된 계축옥사(癸丑獄事)가 일어남으로써 그나마 소극적으로 응하였던 관직생활도 완전히 거두고 낙향하여 이후 10여 년간 두문불출하며 성리학의 연구에 침잠하였다. 경서연구(經書硏究)에서 대표적 업적인 『경서변의(經書辨疑)』는 이 기간 중에 이루어진 것으로서 예학에 이어 경학에 대한 본격적인 정리가 이루어졌음을 뜻하는 것이었다. 이는 『가례집람』을 낸 이후 약 20년 간에 걸쳐 연구한 결과로서 경학연구의 결정판이었다. 이 책을 저술하는 과정에서 김장생은 정경세(鄭經世, 1563~1633)를 비롯하여 정엽(鄭曄, 1563~1625), 한교(韓嶠, 1556~1627) 등 동학(同學)을 포함하여 호서(湖西)지역의 여러 문제(門弟)들과 토론하여 완성하였다. 따라서 이러한 과정은 호서지역에서 김장생의 위상을 굳건히 하는 계기가 되었다.

1623년의 인조반정(75세)은 그의 생애에서 매우 중요한 전기이다. 반정의 주역이 대개 그의 문인 또는 지우였다. 정사공신(靖社功臣)에 녹훈된 53인 가운데 1등공신 김류(金瑬)·신경진(申景禛)·최명길(崔鳴吉) 등을 비롯하여 이시백(李時白)·장유(張維)·구인후(具仁垕)·이후원(李厚源)·박정(朴炡) 등 11명이 그의 문인이었으며, 이귀(李貴)와는 더구나 이이의 문하에서 동문수학한 사이였다. 반정의 명분을 실현하기 위해 무엇보다도 산림지사(山林之士)의 초빙이 필요할 때 누구보다도 김장생은 우선적인 대상이 될 수 있었다. 당시 장현광, 정경세, 정온, 박지계 등은 모두 이런 맥락에서 중요하게 파악된 인물이었다.[185)]

그 가운데서도 김장생의 위상은 각별한 의미가 있었는데, 반정 초반 사림들의 향배(向背)가 정해지지 않은 상황에서 그가 등용되자 민심이 안정을 찾게 되었다는 말까지 나오게 되었던 것이다. 김장생은 이귀나 김유·장유·최명길 등 당시 권력의 핵심에 있던 사람들에게 지속적으로 편지를 보내 국정 전반에 걸친 시무책을 제시하였다.[186)]

김장생이 지은 『전례문답(典禮問答)』은 바로 이 시기에 논의된 것이다. 정국이 어느 정도 진정되자 인조의 생부(生父)인 정원군(定遠君)에 대

185) 『인조실록』 권8, 인조 3년, 3월 계유조(25일); 『인조실록』 부록(附錄), 「仁祖大王行狀」 참조.

186) 『沙溪全書』 권2와 권3에 걸쳐 있는 여러 편의 편지가 모두 이에 해당한다.

한 전례문제가 제기되었다. 1623년(인조 1) 5월 정원군의 축문(祝文)에서 호칭이 문제가 되었는데, 사친(私親)의 의리를 앞세운 정경세·박지계 등은 '고(考)' 라고 주장한 것에 대해 김장생은 임금과 신하의 관계는 부자(父子)의 의리를 지녔음을 주장하였다. 3년 뒤에 인조의 생모(生母)인 계운궁(啓運宮)의 복제(服制) 문제가 제기되었을 때도 김장생은 인조가 입승대통(入承代統)하였으므로 1년상이 맞다고 주장하여, 인조를 대변하여 3년상을 주장한 이귀 등과 갈등하였다. 바로 이 과정에서 왕실의 복제문제에 관해 학자들과 주고받은 문답을 정리한 『전례문답』이 완성되었던 것이다. 이후에도 김장생은 예학에 대한 열의를 지속하여 만년에 이르기까지 『가례집람』과 『의례문해(疑禮問解)』의 수정과 보완을 멈추지 않았다.

2) 경학사상

그러면 김장생은 이전의 학통을 어떻게 이해하였을까. 분명하게 지적을 하지는 않았지만 대체로 『소학』을 중시하였던 그의 학문적 경향으로 볼 때 기묘사림이었던 조광조의 영향을 생각하지 않을 수 없다. 계보로 뚜렷하게 밝히지는 않았지만 정몽주로부터 이어지는 도통 내지 학통을 존중하였으며, 김굉필을 거쳐 조광조로 이어지는 것으로 이해한 듯하다. 또 조광조 이후로는 이이뿐만이 아니라 『경서변의』에서 보인 이황의 학문을 수용한 면 등으로 볼 때 이황의 학문적 영향도 어느 정도 받았던 것으로 보인다.

김장생의 경학사상을 대표하는 책은 『경서변의(經書辨疑)』이다. 이 책은 그사이 김장생의 예학에 가리워져 그다지 주목을 받지는 못하였다. 하지만 최근에 이루어진 연구에서 경학사(經學史)의 관점에서 주목한 내용들을 검토하여 보면 김장생의 사상을 이해하는 데에 매우 큰 의미가 있

는 부분임을 알 수 있다.[187)]

김장생은 스스로 몸가짐이 침중한 사람으로 스스로 노둔하다는 표현을 여러차례 하였다. 특히 그의 스승이었던 송익필이나 이이가 대단히 명민하였던 것에 비한다면 김장생이 수학과정에서 적지 않은 어려움을 겪었던 것을 예상할 수 있다.[188)] 대체로 김장생은 끈기있는 노력으로 이러한 어려움을 극복하였던 것으로 보인다. 그 스스로도 자기처럼 독서에 근로한 사람을 본 적이 없다고 할 정도였다. 경학에서도 52세에 『가례집람』을 편찬한 이후 약 20년 간의 노력 끝에 마침내 『경서변의』를 완성하였다.

연보에서 김장생은 『소학』과 『가례』로써 몸의 수행과 화민성속(化民成俗)의 문호로 삼고, 『심경』과 『근사록』을 통해 마음을 다스리고 학문의 넓이와 깊이를 다졌고, 『대학』·『논어』·『맹자』·『중용』에 이어 오경(五經)을 순독하였으며 밤낮으로 『대학』과 『중용』을 기천번 독송하였고, 『심경』을 읽기도 하였다고 하였다.[189)] 이 때문에 심지어 제자서(諸子書)를 읽을 겨를이 없다고 고백하기도 하였다. 김장생은 이와 같은 독서를 통해 의심나는 곳은 선유(先儒)의 설을 애써 따르지 않고 그때마다 변별하고 기록하여 남겼는데, 이것이 바로 『경서변의』 6권이다. 여기에는 『소학』, 사서(四書), 『서전(書傳)』, 『주역(周易)』, 『예기(禮記)』 등의 순서로

---

187) 吳錫源, 1989 「沙溪 金長生의 經學思想-經書辨疑를 중심으로」 『東洋哲學研究』 10; 우경섭, 2001 앞 논문.

188) 『沙溪全書』 권43, 연보, "선생이 일찍이 문인 宋文正 時烈에게 말하길, '나는 근사록을 구봉에게서 배웠는데, 구봉은 매우 영매하여 글을 보면 막힘이 없어 남도 자기와 같은 줄 알고, 한번 읽고 지나면 전혀 해설해 주지 않았다. 나는 처음에는 정신이 아득하여 배우지 아니한 것 같더니 물러나 정좌하여 보고 또 본 것을 다시 보면서 辛苦하였으며, 읽고 생각하며 생각하며 읽기를 밤낮으로 계속하였더니 점점 깨달은 바가 있었으나, 천 백번 생각하여도 마침내 깨닫지 못한 것은 묻기를 청하였으니 글 읽기를 나같이 부지런히 한 사람도 없을 것이다' 하였다."

189) 『沙溪全書』 권43, 「연보」, '經書辨疑成'.

포함되어 있고 오경 가운데 『시경(詩經)』과 『춘추(春秋)』는 제외되었다.

그 구성을 자세히 보면 『소학』(386장 중 53장 70조목), 『대학』과 『대학혹문』(1경 10장 59조목 14조항), 『논어』(20편 521장 중 36조항), 『맹자』(7편 261장 중 38장 53조목), 『중용』(33장 중 7장 46조목, 혹문 59조목 등 합 105조목), 『서경』(58편 중 37편 107조목), 『주역』(64괘 10익 중 49괘 114조목), 『예기』(48편 중 26편 228조목) 등을 다루었다. 그 과정에서 김장생은 뜻에 대해 변의하였으며, 그 사상을 밝히고, 『설문해자(說文解字)』, 『운회(韻會)』, 『이아(爾雅)』 등 옛 자전(字典)을 활용하여 문자(文字)의 이동(異同)과 자의(字義)를 설명하였다. 거론된 조항 수를 기준으로 본다면 원문의 분량에 비해 대체로 『소학』과 『대학』, 『중용』, 『예기』 등이 중점적으로 다루어졌음을 알 수 있다.

이 과정에서 경서를 변의하면서 인용된 인물은 우리나라 사람이 모두 28명이었다. 인용된 횟수는 권근 2회, 이황 49회, 이이 42회, 정경세 33회, 장유 15회, 신흠 11회, 최립 5회, 임숙영 5회, 최명룡 4회, 송익필 4회, 정엽 2회, 이항복 2회, 박형(朴泂) 2회, 정홍명 2회, 윤두수 2회, 정철 1회이다. 중국측은 총 37명이 인용되었고, 그 횟수는 쌍봉요씨(雙峰饒氏) 11회, 신안진씨(新安陳氏) 12회, 운봉호씨(雲峰胡氏) 8회, 옥계노씨(玉溪盧氏) 7회, 북계진씨(北溪陳氏) 2회, 임은정씨(林隱程氏) 1회, 이름미상의 오씨(吳氏) 5회, 진씨(陳氏) 4회, 여씨(呂氏) 2회이다.

김장생은 『경서변의』의 서문에서 '읽었던 경전 가운데 이해하지 못한 곳이 많았고 또한 여러 노선생들의 설(說)이 때때로 의심스러운 곳이 있으므로 감히 억지로 따르지 않고, 의심되는 족족 모두 적어 두었다가 살펴볼 수 있는 자료로 삼았다' 고 하였다.[190] 이때 노선생으로 지목된 이들이 바로 위에 인용된 중국과 조선의 학자들이다. 중국의 학자들은 송에

190) 『沙溪全書』 권5, 「經書辨疑序」.

서 원, 명나라까지 포괄되었고, 조선의 학자들은 권근을 제외하고는 이황과 이이, 송익필과 같이 스승에 해당하는 학자와 나머지 연하의 후배 학자들이 망라되었다.

조선전기에는 주지하다시피 성리학에 대한 본격적인 연구가 시도되지 않았다. 성리학에 근거하여 국가를 운영하였고, 이에 따라 문물제도를 정비하기도 하였지만, 대체로 여기에 동원된 성리학은 송대 이후 원나라에서 관학화(官學化)된 체제교학적 성리학이었다. 중국에서 명나라도 대체로 이러한 틀에서 벗어나지 못하였으며, 사서오경(四書五經)에서도 『사서대전(四書大全)』과 『오경대전(五經大全)』 혹은 『성리대전(性理大全)』을 만들어서 국가적인 차원에서 성리학을 정리하였으며, 이러한 분위기가 그대로 조선에 전달되었다. 조선전기에 성리학은 명나라와 비슷한 분위기에서 발전하였으며, 체제교학으로서의 성리학은 곧 이의 이해와 실천이 문제였지 성리학의 본격적인 탐구와 분석은 그리 필요한 일이 아니었다.[191]

경학에서도 이러한 분위기 때문에 사서(四書)나 오경(五經)에 대한 자세한 분석은 조선전기에는 찾기가 힘들다. 조선초에는 권근의 『사서오경구결(四書五經口訣)』이 있었다고 하나 전해지지 않고, 태조대의 경우 『사서절요(四書節要)』를 찬술한 예가 있다. 이 책은 당시 좌정승 조준(趙浚), 정당문학 하륜(河崙), 중추원학사 이첨(李詹), 좌간의대부 조용(趙庸) 등이 군주가 정치를 함에 심학(心學)이 중요하고 이를 실행할 수 있는 내용이 사서에 갖추어져 있기에 이를 찬술하여 바친다고 하였다.[192] 그만큼 임금에게도 절실하게 공부해야 하는 대상으로 사서를 들고 있는데, 이 기사에서 사서를 절요(節要)의 형태로 요약하였다는 점과 사서의 핵심을

191) 정재훈, 2005 『조선전기 유교정치사상연구』, 태학사 참조.
192) 『太祖實錄』 권15, 태조 7년 12월 기미조.

군주의 심학에 연결시킨 점은 이 시기 사서에 대한 인식을 보여주는 좋은 예라고 할 수 있다.[193)]

16세기에 들어와서야 이황의 『삼경사서석의(三經四書釋義)』나 제자인 이덕홍(李德弘)의 『사서질의(四書質疑)』, 이이의 『사서언해(四書諺解)』 등 경학연구에서 주목할 만한 책이 나타났다. 그러나 이러한 책들조차 경서의 본문을 대상으로 다양한 해석과 주석을 비교 · 분석하는 내용을 담은 것은 아니었다. 이황의 『삼경사서석의』는 문제가 되는 구절에만 우리말 토를 붙인 부분적인 언해였다. 이덕홍의 『사서질의』 역시 사서를 종합적으로 묶은 점에서 의미가 있으나 대부분 이황에게 질의하여 답변을 실은 이황의 해설이라고 할 수 있다. 이에 비해 이이의 『사서언해』는 사서의 본문 전체를 언해의 대상으로 삼았다는 점에서 본격적인 해석작업이라고 할 수 있다. 그러나 이 책 역시 주자의 주석에 의거하여 언해를 목적으로 한 것이기에 정확한 이해가 일차적인 목적이라고 할 수 있으며, 본문에 대한 다양한 해석과 주석에는 미치지 못한 한계가 있었다.

『경서변의』의 경우에도 사서삼경의 모든 본문을 대상으로 하지는 못하였다. 그러나 최초로 사서삼경에 대한 주자(朱子)의 주석을 전면적으로 검토했다는 점, 주자의 주석을 토대로 원 · 명대 학자들의 제설(諸說)을 비판의 대상으로 삼았다는 점, 조선의 유학자들의 견해를 인용하여 비

193) 『文淵閣四庫全書』를 살펴보면 四書類에서 처음으로 등장하는 것은 朱熹의 『大學章句論語集註孟子集註中庸章句』이다. 이후 남송에서는 『四書惑問』(朱熹) · 『四書集編』(眞德秀) · 『四書纂疏』(趙順孫) 등이 있기는 하나 『大學』 · 『論語』 · 『孟子』 · 『中庸』의 각각에 대한 연구를 한 저술들이 주류를 차지했다. 이에 비해 元에서는 『四書集義精要』(劉因) · 『四書辨疑』 · 『讀四書叢說』(許謙) · 『四書通』(胡炳文) · 『四書通證』(張存中) · 『四書疑節』(袁俊翁) · 『四書經疑貫通』(王充耘) · 『四書纂箋』(詹道傳) · 『四書通旨』(朱公遷) · 『四書管窺』(史伯璿) 등 四書 자체를 제목으로 삼아 사서를 정리하거나 요약하는 형태의 저술들이 많다. 이렇게 요약하거나 정리한 형식의 책은 곧 자세한 분석이라고 보기는 어려운 점이 있다. 『文淵閣四庫全書』 197~204책(經191~198) 참조. 이러한 책들의 내용에 대한 간략한 소개는 佐野公治, 1988 『四書學史の研究』, 創文社(東京)의 제4장 四書註釋書の歷史 참조.

교, 검토함으로써 조선에서 이루어진 경학의 성과를 활용하였다는 점에서 경학사의 관점에서 볼 때 커다란 진전을 이루는 의미를 지녔다. 이런 점은 곧 조선전기의 국가교학으로 형해화된 성리학을 비판하면서 조선의 틀에서 새로운 사상을 만들어내려던 사림의 전통을 창조적으로 계승한 것이라 할 수 있다.

『경서변의』에서 주목한 경서 가운데서도 『소학』에 대한 강조는 각별한 의미가 있다.[194] 대체로 『경서변의』에서는 『소학』, 『대학』, 『중용』에 대한 주해가 주목이 되는데, 『소학』이 주목되었던 시기는 이미 사림이 등장하던 때부터이다. 사림의 『소학』에 대한 관심은 조선전기의 성리학에서 벗어나 성리학을 근본에서부터 다시 접근하는 가운데 실천적인 의미를 지닌 것이었다. 이이의 경우에는 이런 실천성에서 한 걸음 나가 『소학』의 주석서까지 분석하여 자신의 입장에서 재정리하여 『소학집주』를 저술하기도 하였다. 김장생 역시 이이의 견해를 이어 『소학』에 대한 각별한 관심을 기울였다. 한교(韓嶠)가 지은 『소학속편(小學續編)』을 높이 평가하는 서문(序文)을 지어주기도 하고, 이이의 『소학집주』의 내용을 교정한 16조의 「소학집주고정(小學集註攷訂)」을 남기고 있다. 또 경연에서도 『소학』을 우선할 것을 주문하기도 하였고, 인조 초에 올린 13조의 힘써야 할 일 가운데도 『소학』의 진강을 청할 정도였다.

김장생이 이렇게 『소학』을 강조한 것은 17세기에서 『효경(孝經)』을 주목하였던 경향과 비교해 보면 그 차이를 짐작할 수 있다. 김장생은 『효경』에 대해서는 거의 언급을 하지 않는다. 『효경』은 주자를 비롯한 주자학파들에게 비판을 집중적으로 받았는데, 이는 『효경』에서 다루어지는 효(孝)가 인간의 보편적인 효를 강조하기보다는 효의 당위성을 통해 국가적인 충(忠)을 유도하는 내용을 담보하였기 때문이다. 이에 비해 김장생

194) 우경섭, 2001 「金長生의 經學思想」 『韓國學報』 103, 169~175쪽 참조.

은 주자의 견해를 이어 『소학』을 보편적인 인간의 도리를 설명하는 책으로 이해하였다. 이러한 관점은 나중에 정원군(定遠君)의 전례논쟁이 있을 때 김장생이 예론이 어떠한 지향과 연결될 지 충분히 예상하게 만드는 지점이라고 할 수 있다.

『소학』에 대한 강조와 더불어 김장생은 『대학』과 『중용』에 대해서도 충분히 주목하였다. 김장생은 특히 『대학』, 『중용』과 관련하여 『대학혹문(大學或問)』과 『중용혹문(中庸或問)』을 본격적으로 검토하였다. 이를 통해 『대학』과 『중용』에 대해 분석적인 경향의 해석에 치중했던 흐름을 비판하고 천리를 구현해내는 의리론(義理論)에 입각하여 경학연구를 할 수 있는 기반을 마련하였다.[195)]

다음으로 김장생의 경학사상과 관련하여 언급하지 않을 수 없는 것은 『근사록석의(近思錄釋疑)』이다. 『근사록(近思錄)』은 주지하다시피 주자와 여조겸(呂祖謙)이 함께 지은 책으로 북송의 성리학자인 주돈이(周敦頤)·정호(程顥)·정이(程頤)·장재(張載)의 언설을 모아놓은 것이다. 주자는 성리학의 입문서로서 이 책의 중요성을 강조하여 "『근사록』은 모두 여러 선생들의 가장 핵심이 되고 긴요한 말을 간추려 모은 것으로 후학들이 덕에 들어가는 문을 보여주는 것이며, 수권(首卷)은 도체(道體)의 소재(所在)를 보여준다."[196)]고 하였고, 또 "사서(四書)는 육경(六經)의 계제(階梯)이고, 근사록은 사서의 계제이다."[197)]라고 하였다.

이러한 『근사록』은 이미 고려말부터 수입되어 있었던 것으로 보인다.[198)]

195) 우경섭, 앞 논문 참조.

196) 『朱子大全』 권61, 「答嚴時亨第二書」 "近思錄一書, 皆是刪取諸先生精要之語, 以示後學入德之門戶, 而首卷又是示人以道體所在."

197) 『近思錄集解』 「序」, "朱子曰, 四子六經之階梯, 近思錄四子之階梯."

198) 도현철, 1993 「高麗後期 朱子學 受容과 朱子書 普及」 『동방학지』 77·78·79합집; 宋喜準, 1998 「『近思錄』의 도입과 이해」 『韓國學論集』 25(대구 계명대학교 한국학연구원).

조선에서는 본격적으로 활용되어 세종 때의 경연(經筵)에서 강의의 대상이 되기도 하여 국가적 차원에서 이해와 관심의 대상이 되기도 하였다. 이후 세종대에는 허조(許稠)가 『근사록』의 반포를 청하기도 하였고, 문종(文宗) 때의 김종서(金宗瑞)나 성종(成宗) 때의 김종직(金宗直)이 그 내용에 대해 경연에서 강론하기도 하였다.[199]

그런데 누구보다도 『근사록』에 관심을 기울였던 사람들은 조광조(趙光祖)를 비롯한 기묘(己卯)사림들이었다. 이들은 『심경』과 『근사록』을 매우 존신(尊信)하여 이 책들은 심지어 그들을 상징하는 서적으로까지 인식되었다.[200] 따라서 기묘사화 이후에는 『근사록』과 『심경』이 금서의 대상이 되었음은 자명한 사실이었다. 이후 사림들이 정치적으로 점차 복권되면서 다시 『근사록』에 대한 관심은 지속되어 권벌(權橃)·김정국(金正國)·이자(李耔) 등이 주목하였다. 특히 조식(曹植)은 그가 지은 『학기유편(學記類編)』의 경우 각 편의 이름을 모두 『근사록』에서 따왔을 정도로 깊은 영향을 받았다.[201]

그런데 『근사록』에 대한 정치적인 논란까지도 있었음에도 불구하고 이 책에 대한 학문적인 분석은 쉽게 이루어지지 않았다. 조선에서 『근사록』에 대한 본격적인 분석이 행해진 것은 권벌(1478~1548)과 안민학(安敏學, 1542~1601) 정도로 손꼽을 수 있다. 권벌의 그것은 「근사록고의(近思錄考疑)」라는 제목으로 그의 문집에 실려 있는데, 실제의 내용은 오자나 탈자를 바로잡은 9개의 조항에 불과한 것이다.[202] 이것도 『근사록』만을 분석하기 위한 것이라기보다는 그 앞뒤의 「성리군서고의(性理群書考

199) 宋喜準, 1998 앞 논문 참조.

200) 이러한 상황에 대한 설명은 金恒洙, 1981 「16세기 士林의 性理學 理解-書籍의 刊行·編纂중심으로-」『韓國史論』 7(서울대학교 국사학과)에 자세하다.

201) 『南冥先生學記類編』(奎6593) 道之體統, 爲學之要, 致知, 存養, 力行, 齊家, 出處, 臨政處事, 教人, 戒謹, 辨異端, 聖賢相傳 등.

202) 『沖齋集』 권2, 「近思錄考疑」.

疑)」나 「주자대전고의(朱子大全考疑)」를 보았을 때 여러 책을 읽으며 의문이 드는 것을 적어 놓은 것에 불과하다고 할 수 있다.

안민학의 경우는 「근사록설문(近思錄設問)」이라는 제목으로 비교적 내용에서 의문이 드는 것에 대해 나름의 해석을 하고 있다.[203] 모두 21개 조항에 해당하는 내용에 대해 안민학은 주자의 논의나 『근사록집해(近思錄集解)』를 지은 섭채(葉采)의 논의를 인용하면서 의문점에 나름의 대답을 제시하였다. 이런 정도의 분석과 해석은 이전까지는 시도되지 않았던 것으로 최초의 본격적인 분석이라고 할 수 있다. 이황(李滉)의 경우에도 제자의 질문에 대답한 편지는 있지만 본격적인 분석이라고 말하기에는 어려운 측면이 있었다.[204]

이에 비해 김장생은 『근사록』의 전체적인 내용을 대상으로 하여 본격적으로 분석한 최초의 책으로서 『근사록석의』를 저술한 것이다. 물론 김장생은 이 책에 대해 『근사록』을 읽으면서 이해하기 어려운 부분을 해설하기 위해 여러 학설과 자신의 의견을 밝혔다고 겸손하게 표현하였다.[205] 하지만 본격적 분석 역시 이해하기 어려운 부분에서 출발할 수밖에 없다.

『근사록석의』는 현재 두 가지 본이 남아 있다. 일반적으로는 정엽(鄭曄)이 지은 것이 알려져 있는데, 사실 김장생이 정엽의 책에 써준 서문을 보면, 『근사록석의』의 본래 출발은 바로 김장생의 책에서 유래하였음을 알 수 있다. 김장생이 자신이 지은 『근사록석의』를 정엽에게 주어 교정해 줄 것을 청했다가 나중에 나만갑(羅萬甲)을 통해 이 책을 다시 얻어 보

203) 『楓崖集』 권2, 「近思錄設問」.

204) 『退溪全書』 권20, 「答黃仲擧問目-近思錄」 참조. 이황은 이 편지에서 黃俊良이 『근사록』에서 의문이 드는 점에 대해 간단하게 설명하고 있다. 따라서 편지의 형식을 고려해 볼 때 본격적인 분석이라고 여기기에는 부족한 부분이 없지 않다.

205) 『沙溪全書』 권5, 「鄭時晦近思錄釋疑序」 "(전략) 曩余讀近思錄, 到難會處, 引諸儒諸說, 間附以己見, 錄作一册."

게 되었기 때문이다.[206] 그러나 이 두 책은 모두 현전하여 비교하여 보면 약간의 차이가 있다. 곧 김장생이 애초에 저술한 것과 나중에 정엽이 수정한 것에서 이러한 차이가 나왔던 것이다.

김장생은 『근사록석의』에서 특히 주자의 말과 『주자어류(朱子語類)』, 그리고 이황(李滉)의 말을 많이 인용하였다. 그의 스승이었던 이이와 송익필의 말도 인용하고 있지만 앞의 경우에 비교해 본다면 매우 적게 인용되었음이 확인된다. 이 점은 김장생이 적어도 『근사록석의』의 분석에서는 스승의 견해에만 매몰되었던 것이 아니라 이황의 의견까지도 폭넓게 인용하였다는 사실을 알 수 있게 해 준다. 따라서 『근사록석의』는 『근사록』에 관해서는 당대까지 최고 수준으로 주석을 집대성하여 본격적인 분석을 시도한 점에서 매우 중요한 위치를 차지한다고 할 수 있다. 이 점은 곧 김장생이 사림이 중시하였던 서적인 『근사록』에 대한 최초의 본격적인 탐구자라는 점을 말해 준다.

(2) 김장생의 경세사상

1) 예학사상

김장생의 예학은 이미 당대에서부터 높은 평가를 받았다. 그의 저술은 경학에 관련된 대표적인 저서인 『경서변의』를 제외하고는 예학에 관련된 저술이 많다. 양적인 면에서만이 아니라, 김장생의 예학에 관련된 주요 저작은 당대와 이후에 많은 영향을 미쳤다는 점에서 큰 의미가 있다. 김장생이 문묘(文廟)에 종사되는 과정에서도 송시열은 주희와 황간

206) 위의 서문 참조.

에게는 미진하게 남겨진 예론의 탐구를 계승하여 대성시킨 점으로 종사의 이유를 설명한 데[207]에서도 예학에서 그가 차지하는 위치를 알 수 있다.

김장생이 남긴 주요한 예서의 형성과정을 살펴서 그의 예학이 지니는 특징을 살펴보자. 우선 편찬된 시기를 순서대로 살펴보면 가장 먼저 저술된 『상례비요(喪禮備要)』(36세)와 『가례집람(家禮輯覽)』(52세)이 편찬되었고, 나중에 『전례문답(典禮問答)』(77세)이 완성되었다. 그리고 『의례문해(疑禮問解)』가 있는데 이는 전 생애에 걸쳐 저술된 것으로 보인다. 예서의 성립과정을 보더라도 김장생의 관심이 가례(家禮)에 중점을 두었다가 나중에 국가 전례로까지 관심이 확대되었음을 알 수 있다.

『상례비요』는 신의경이 엮은 책이었는데, 김장생이 반복하여 정정하고 더하고 빼서 미진한 곳을 첨삭하여 새롭게 한 책이다.[208] 특히 이 작업의 계기가 되었던 것은 부친인 김계휘의 죽음이었다. 아버지의 상을 치르는 과정에서 상례를 구체적으로 실행하여 본 체험이 바탕이 되었다. 김장생은 스승인 송익필과 의논하여 1583년 보완작업을 거쳐 이 책을 완성하였다. 그러나 곧바로 간행하지는 않았고, 1620년에 서문(序文)을 썼으며, 1648년에서야 김집이 간행하였다. 이 책의 내용은 사례(四禮) 중에서도 상례(喪禮)에 관심을 집중시켜서 구체적인 실행에 도움을 주었다. 관·혼·상·제의 사례 가운데서도 그 핵심이 되는 것은 상례이다. 김장생은 "살아계시는 분을 봉양하는 것은 큰일이라 할 수 없고, 오직 죽은 분을

207) 『宋子大全』 권17, 「論文廟從事疏」.

208) 『喪禮備要』에 대해서는 『가례집람』과 함께 모두 신의경의 저술로 보는 견해도 있다. 이에 대해서는 고영진, 1995 『조선중기 예학사상사』의 제3장 16세기 말 예제의 회복과 사례서 편의 주 171) 참조. 하지만 김장생이 이 책들의 교정 등에 참여하여 어떻게든 자신의 의견을 제시한 것으로 보이므로 김장생의 예설이 반영된 것으로 보아도 좋으며, 더구나 후대에 김장생의 저술로 이해된 것은 이러한 사정을 반영한 것으로 보아야 한다.

잘 보내는 것만이 큰일이라 할 수 있다.(중략) 미리 익혀 두지 않으면 성심껏 하여 사랑과 공경을 다할 수 없을 것이다."[209]고 하여 상례의 중요성을 강조하였다.

『상례비요』는 대체로 『주자가례』를 범본(範本)으로 삼아서 서술에서도 『주자가례』의 본문은 한 줄로 썼고, 이를 설명한 내용은 모두 두 줄로 하였다. 구체적인 내용에서 단순히 『주자가례』를 그대로 인용한 것은 아니었고, 『의례』나 『예기』 혹은 정현(鄭玄)의 설을 따르거나 명나라 구준(丘濬)의 『가례의절(家禮儀節)』을 첨입하기도 하였다.[210] 이를 통해 김장생은 가례를 실생활에서 완벽하게 실천하는 탐구를 하였다.

사실 『주자가례』의 보급과 이에 기반한 실천은 조선전기부터 계속 문제가 된 일이지만 본격적으로 이를 재검토하여 실천하려던 경향은 16세기의 사림이 등장한 이후부터이다. 즉 조선전기에는 공(公)·사(私)의 양방면에서 『국조오례의(國朝五禮儀)』와 『주자가례(朱子家禮)』가 실천의 지침이 되기는 하나 향촌사회의 차원과 개인의 차원에서 본격적으로 가례의 실천이 문제가 되었던 것은 사림들이 『주자가례』의 철저한 실천을 주장하면서 시작되었다. 이황이 제자들과 『주자가례』를 강론하여 『가례강록(家禮講錄)』을 남겼고, 김장생의 스승인 송익필은 『가례주설(家禮注說)』이라는 주석서를 남겼다. 이러한 흐름 속에서 김장생은 가례에서 가장 문제가 되는 상례(喪禮)를 본격적으로 검토하였던 것이다.

김장생은 이러한 검토를 통해, 가례의 표준적 양식에 대해 『주자가례』를 중심으로 고례(古禮)의 종법적 원칙과 이념을 회복하여 보완하는 방식으로 접근하였다.[211] 장례에 필요한 물품인 상구(喪具)에 대한 설명이

209) 『沙溪全書』 권50, 「喪禮備要跋」.
210) 盧仁淑, 1991 「沙溪禮學考」 『沙溪思想硏究』, 沙溪·愼獨齋兩先生紀念事業會 참조.
211) 이봉규, 1998 「金長生·金集의 禮學과 元宗追崇論爭의 철학사적 의미」 『韓國思想史學』 11.

자세하여 실행에 많은 참고가 된다는 점과 상복이 조선의 실정에 맞추어 변통됨으로써 조선화하고 『주자가례』에 없는 조항이 고례에 의해 보충되었던 점은 『상례비요』의 특징을 잘 보여준다고 할 수 있다.[212] 이런 점 때문에 『상례비요』는 예서 가운데 실용성을 높이 평가받아 지역과 학파 또는 당색을 가리지않고 두루 활용되었다.

『가례집람』은 김장생의 가례연구에서 가장 중요한 기점을 이루는 저작이다. 그는 이전에 상례(喪禮)와 제례(祭禮)에서 출발하여 가례(家禮) 전반에까지 관심을 확대하여 기존의 논의를 정리하는 의미에서 이 책을 짓게 되었다. 송시열은 이 책의 후서(後序)에서 주자가 만년에 뜻을 다한 것은 예서(禮書) 뿐이므로 후학들이 여기에 마음을 다해야 한다고 하면서 김장생이 『상례비요』와 『의례문해』를 지어 상변(喪變)에 대비하였다고 하였다. 이어 김장생이 『주자가례』에 문제가 있다고 보아 이를 조목조목 해석하고 장구(章句)를 구별하고 빠지거나 소략한 내용을 보완하고 잘못된 것은 바로 잡았으며, 의심나는 것은 빼버렸다고 평가하였다.[213]

『가례집람』에는 국내학자들의 예설에 대한 성과를 풍부하게 인용하였다. 인용된 횟수를 보면 이황(32회)이 가장 많고, 이언적(7회), 김인후(8회), 송인(宋寅, 7회), 송익필(5회), 정구(4회), 정경세(2회), 이이, 신식, 한백겸, 심수경(沈守慶), 정렴(鄭磏) 등이 인용되었다. 이로써 송대에 미비했던 가례를 조선에서 완비하게 되었던 것이다. 결국 『가례집람』은 『주자가례』에 대한 조선식의 학술적인 증보판이었던 것이다. 『가례집람』에 대해 '『주자가례』를 미완성으로 간주하고 여러 예가(禮家)의 설을 모아 조목별로 해석 · 보충하였다'[214]는 연보의 평가는 바로 이런 점에서 나온 것이다. 송시열이 『가례집람』을 황간의 『가례속편(家禮續編)』에 비

212) 鄭玉子, 1990 「17세기 전반 禮書의 성립과정 ; 金長生을 중심으로」 『한국문화』 11.
213) 『沙溪全書』 권50, 「家禮輯覽後序」.
214) 『沙溪全書』 권43~44, 「年譜」.

한 것은 주자에게서 발원한 예학의 적통이 이이와 김장생을 거치면서 김집을 통해 자신에게 이어진 점을 말한 것으로 역시 주자의 예학을 완성한 것에 초점을 두었던 지적이다.

『전례문답』은 가례, 곧 사가례(私家禮)에 초점을 두었던 이전 예서와는 달리 왕례(王禮)를 대상으로 한 것이다. 『전례문답』은 단행본으로 간행되지는 않았다. 상 · 하 두 편으로 나눌 수 있는 이 책은 상권에는 당시 전례문제를 둘러싼 관리들의 편지를 모은 것이며, 하권은 이 문제에 대한 고증(考證)을 실었다. 반정이란 수단을 통해 왕위에 오른 인조는 광해군을 통서(統緖)에서 제외시키고 조부인 선조의 통서를 잇게 되었다. 선왕(先王)과 사친(私親)인 정원군(定遠君), 생모인 계운궁(啓運宮) 구씨(具氏)에 대한 호칭과 주사(主祀) 문제 등 위상(位相) 정립을 둘러싼 논쟁이 일어나자, 김장생은 일원적인 왕통의 확립을 위해 승계를 부자 관계로 정립하고 사친을 방계로 하여 문제를 해결하려 하였다.

『전례문답』에서 김장생은 한(漢)나라의 선제(宣帝), 송(宋)의 영종(英宗), 명(明)의 세종(世宗) 등 역사에서 방통(傍統)으로 인한 문제에 대한 사례와 칭호를 전거로 제시하여 자신의 학설을 증명하고 있다. 그 결과 선왕을 고위(考位), 사친을 숙항(叔行)으로 정리하였다. 김장생의 이러한 결론은 종법(宗法)을 바탕으로 하여 왕통(王統)을 확립하는데는 기여하였으나 반대로 인조로서는 혈통상 조위(祖位)에 있는 선조를 승계함으로써 고위(考位)가 없다는 반론을 제기할 수 있는 상황을 만든 것이었다. 결국 인조의 의견을 반영하는 이귀, 박지계 등의 반대를 극복하지 못하고 김장생의 주장은 받아들여지지 않았다.[215]

215) 이 전례논쟁에 대해서는 이미 여러 편의 연구논문이 제시되어 있다. 李迎春, 1991 「沙溪 禮學과 國家典禮-典禮問答을 중심으로」『沙溪思想硏究』; 李俸珪, 1998 앞 논문; 박종천, 1998「仁祖代 典禮論爭(1623~1635)에 대한 宗敎學的 再評價」『宗敎學硏究』17, 서울대학교 宗敎學연구회; 李賢珍, 2000「仁祖代 元宗追崇論의 推移와 性格」『北岳史論』7, 北岳史學會.

그러나 김장생의 이론은 이후 전례논쟁으로까지 발전한 예송논쟁의 중요한 단서가 되었다는 점에서 의미가 있다. 곧 『전례문답』에서 김장생의 문제의식은 『주자가례』의 실천, 주자가 못 이룬 예학의 완성과 그 실천과 연결되어 있다. 이는 왕례와 사례, 모두 같은 원리를 적용하는 데에 초점이 놓여져 있었던 것이다. 『상례비요』, 『가례집람』, 『의례문해』를 통해 일관된 가례적 질서는 곧 왕례에서도 예외가 아니었던 것이다. 곧 왕례의 특수성을 고려할 경우에도 사례의 보편성이 전제된 위에서 왕례가 의미를 지닌다는 점을 주장함으로써 사대부 예의 보편성을 왕례보다 우선하였던 것이다.[216]

예설에서 이와 같은 기준을 김장생이 취할 수 있었던 것은 그의 스승이었던 이이의 영향이 컸던 것으로 보인다. 『주자가례』를 학술적으로, 실천적으로 보완하려는 예학적 의도 속에는 경학에서 이이가 보인 사대부의 세계로 국왕을 인도하려던 '성학(聖學)'의 관점이 배어 있다고 할 수 있다. 이이는 그의 대표적인 경학 저술인 『성학집요(聖學輯要)』에서 일관되게 왕의 학문이 따로 있는 것이 아니라 사대부의 성리학을 사대부가 공부하듯이 그대로 따라 할 것을 주문하였다. 정치에서도 이는 곧 반영되어 국왕은 신하를 통치의 대상으로 삼기보다는 자신의 정치권력을 위임(委任)해서 함께 통치해야 하는 대상으로 보았으며, 이를 위한 성리학 공부를 강조하기도 하였다.[217] 이렇게 왕권의 독자성이나 변별성보다는

216) 이영춘은 1991 앞의 논문에서 김장생을 왕례와 사서례가 같지 않은 입장으로, 파악하였고, 이와 반대로 박지계는 왕례와 사서례가 같은 경우로 이해하였다. 즉 김장생이 제왕의 가문은 승통만을 위주로 한다〔帝王之家只以承統爲主〕라고 한 입장을 대종과 소종의 구분으로 보았고, 왕가의 종묘에 사가인 인조의 생친을 부묘할 것을 주장하는 박지계의 입장이 이와 반대된다고 파악한 것이다. 그러나 당시 사림들에게 王家는 公家로서 넓은 의미의 私家로 같은 원리가 적용되었다고 이해한다면 김장생의 승통을 위주로 한다는 입장은 종법을 엄격하게 지켜야 한다는 보편적인 의미로 받아들여져야 한다. 이에 대한 자세한 논의는 오항녕, 1992 「17세기 전반 서인산림의 사상–김장생·김상헌을 중심으로–」『역사와현실』 8 참조..

사대부의 보편성을 강조하는 논리를 편 스승을 따라 그 논리대로 예설을 펼치는 것은 김장생의 입장에서는 자연스러운 일일 수 있었다. 상례(喪禮)를 중심으로 한 학문과 실천의 양쪽에서 모두 정통하였던 예학의 대가 김장생으로서는 사친이라고 하더라도 혈연(血緣)을 강조하여 왕통을 넘어설 수는 없는 것이었다.

『의례문해』는 김장생이 제자, 문인, 동료들과 질의 응답한 내용을 김집이 수집하여 엮은 책이다. 이 책은 김집이 1643년 김장생의 구고(舊稿)를 교정하고 분류하여 4권 4책으로 1646년에 간행하였다. 문답이므로 김장생 평생에 걸쳐 이루어진 것으로 보인다. 이때 이식(李植)과 신익성(申翊聖), 김상헌(金尙憲)의 서문을 받았으나 이곳에는 수록하지 않았다. 이 책은 대체로 예를 실행하는 데 의문이 있는 내용을 문답(問答) 형식으로 서술하였기에 문답의 조항이 넓고 번잡하며, 중복되는 염려가 있어서 『주자가례』의 분류방식에 따라 배열하여 제목까지 붙여서 보기에 편하도록 하였다. 그러나 이는 편의를 위해 취한 방법일 뿐 내용상에서는 예를 실생활에서 적용하는 데서 생겨나는 여러 문제점과 변칙적인 사례 등 변례(變禮)문제의 처리방법을 다양하게 모색한 것이 대부분이었다.

질문자는 황종해(黃宗海), 오윤해(吳允諧), 신식(申湜), 송준길(宋浚吉), 조희일(趙希逸), 강석기(姜碩期), 이유태(李惟泰), 송시열(宋時烈), 홍방(洪滂), 이이순(李以恂), 정홍명(鄭弘溟), 이경여(李敬輿), 이상형(李尙馨) 등으로 모두 542항목이나 되었다. 내용별로는 상례(喪禮) 385건, 통례(通禮) 68건, 제례(祭禮) 63건, 혼례(婚禮) 12건, 가례(家禮) 8건, 관례(冠禮) 6건으로 상례가 대부분을 차지하였다. 특히 가장 많은 질의를 한 송준길은 이황의 예학을 이은 정경세(鄭經世)의 사위로 김장생은 송준길의 질의를 통해 영남의 예학을 접하게 되었으며, 이를 절충함으로써 새로운 방

217) 이에 관해서는 정재훈, 2005 앞의 책 참조.

향을 모색하게 되었다.

김장생은 이황의 예학에 대한 고증이 미흡하다고 여겼다. 공주목사(公主牧使)로 있던 정구(鄭逑)가 이황이 평소 제자들과 문답한 예설을 정리한 『상제례답문(喪祭禮答問)』을 간행하였는데, 이를 구해보고 내용에서 미진한 점이 있음을 지적하고 정구로부터 공감을 얻어내기도 하였다.[218] 이후 김장생은 영남학파에서 예학을 논할 수 있는 학자로 정경세를 지목하여 그와 교류하였던 것이다.

2) 정치 · 사회사상

김장생의 정치사상은 그의 스승이었던 이이의 입장을 계승한 것으로 보인다.[219] 그의 정치사상을 살필 수 있는 글은 서간과 상소문 및 경연에서 올린 의견 등이 있다. 김장생은 특히 인조반정 이후 그의 정치적 역할이 주목되는데, 이미 그의 생애에서 살핀 바와 같이 반정 이후 서인들의 정치적 막후로서 정치적 견해에서도 뒷받침을 하고 있다.

그는 반정 직후에 이귀(李貴) 등에게 보낸 편지에서 주의해야 할 일을 당부하며, 임금에게 매일 격언(格言)과 지론(至論)을 말할 것, 폐정(弊政)과 잡세(雜稅)는 모두 견감(蠲減)하고 공안(貢案)을 개정할 것, 폐세자(廢世子)의 목숨을 보존해 줄 것, 역적에 대한 형벌은 형서(刑書)에 기준할 것, 관직은 사적인 통로를 쓰지 말고 인재를 등용하여 쓸 것, 기강을 세울 것, 장유(張維) · 최명길(崔鳴吉)을 중용할 것 등을 주장하였다.[220] 이 편지를 이귀가 인조에게 올리자 인조가 재촉하여 김장생을 불렀다고

---

218) 『沙溪全書』 권2, 「與鄭道可」.
219) 김장생의 정치사상에 관한 선행연구로는 李載錫, 1991 「沙溪 金長生의 政治思想」 『沙溪思想硏究』가 있다.
220) 『沙溪全書』 권2, 「與李玉汝金冠玉-瑬-張持國-維-崔子謙-鳴吉」.

한다.

또 인조 2년(1624)에 집의(執義)를 사직하면서 올린 상소에서도 13가지 일을 진달하는데, 그 일은 대본(大本)을 세우는 것, 구업(舊業)을 넓히는 것, 홍범(洪範)을 높이는 것, 소학(小學)을 강하는 것, 성효(聖孝)를 다하는 것, 사전(祀典)을 공경히 받드는 것, 구족(九族)을 친하게 하는 것, 군신(群臣)을 내몸처럼 돌보는 것, 청정(聽政)을 몸소하는 것, 민폐(民弊)를 개혁하는 것, 선혜청을 혁파하는 것, 군정(軍政)을 정비하는 것, 금위(禁衛)를 엄하게 하는 것 등을 주장하였다.[221]

김장생은 위와 같은 편지나 상소 등을 통해 일관되게 임금의 마음을 바로 잡는 것을 정치의 기본으로 삼아야 한다고 하였다. '천하의 국가를 다스리는 사람은 반드시 근본이 있어야 하나 인주(人主)의 마음이 바로 이것이다.'[222]라고 하여 임금의 마음을 가장 근본으로 삼아야 함을 지적하였다. 이러한 기본적 입장은 조광조 이후 사림들이 일관되게 주장한 것이다. 그리고 나서 김장생은 임금의 수양을 위해 구체적으로 『홍범(洪範)』과 『소학(小學)』을 강조하였고, 효도를 다하며, 사전(祀典)을 잘 받들고, 구족(九族)과 친하게 지내는 것 등을 구체적 항목으로 삼았던 것이다.[223]

그리고 김장생은 임금과 신하와의 관계에서 임금과 신하는 서로 '체군신(體君臣)' 하는 관계로 파악하였다.[224] 이는 임금과 신하가 서로 몸의 지체와 같은 관계로 임금은 머리가 되고, 신하는 팔과 다리가 되어 서로 존비(尊卑)의 차이는 있지만 의리는 하나라고 파악하는 것이었다. 이러한 인식은 이언적(李彦迪)이 이미 『중용구경연의(中庸九經衍義)』에서 임금의 수양방법으로 제시한 것으로 임금에게 심학(心學)적인 관점에서 수

221) 『沙溪全書』 권1, 「辭執義仍陳十三事」.
222) 위와 같음.
223) 위와 같음.
224) 『沙溪全書』 권1, 「辭執義仍陳十三事」 참조.

양을 하는 방법을 보완하는 가운데 나온 것이었다.[225)]

경연에서도 김장생은 임금에게 주자서(朱子書)보다도 『소학』이나 『심경』·『근사록』을 진강하고, 임금이 먼저 절약과 검소를 실천할 것을 요청하였으며, 주강(晝講)에서 시신(侍臣)이 엎드리는 것〔부복(俯伏)〕은 고례(古禮)가 아니므로 임금과 신하가 서로 얼굴을 마주하고 정사를 논할 것을 주문하기도 하였다.[226)] '체군신'의 구체적 실천 대목인 것이다. 또 김장생은 광해군 때의 잘못된 인사나 행정처리 때문에 발생한 문제를 해결하기 위해서 다시 쓸만한 구법(舊法)은 회복시킬 것을 주장하였다. 제조(提調)를 두어 대신(大臣)의 권한을 나누는 것,[227)] 현인(賢人)을 쓰고 장단점을 헤아려 그에 맞는 직책을 줄 것[228)] 등은 그러한 구체적 방법이었다.

이러한 김장생의 정치사상은 기본적으로 임금의 일심(一心)을 중시하고 임금의 수양방법으로 『소학』이나 『심경』·『근사록』을 중요하게 파악하였다. 또 임금과 신하와의 관계를 상보적(相補的)인 관계로 이해하고, 현인(賢人)의 등용을 촉구하였다는 점에서 조광조 이래의 사림의 정치사상, 특히 이이의 정치사상을 그대로 따르고 있음을 볼 수 있다.

김장생의 사회사상은 그가 사회정책에 해당하는 군정(軍政), 대동법(大同法) 등에 보인 입장을 통해 살필 수 있다. 여기에는 김장생이 인조대 이후 산림(山林)으로서 제시할 수 있었던 원칙적 측면이 담겨있는 동시에 산림으로 다시 출사하기 이전의 출사기간에 전전하였던 지방관으로서의 경험이 녹아 있었다.

김장생은 민(民)의 부담경감과 방납(防納)의 폐단을 해결하기 위해 대

225) 정재훈, 2005 앞의 책, II장의 3. 李彦迪의 『中庸九經衍義』와 聖學論 참조.
226) 『沙溪全書』 권10, 「筵席問對」.
227) 『沙溪全書』 권1, 「辭執義仍陳十三事」.
228) 『沙溪全書』 권2, 「與李玉汝金冠玉-璗-張持國-維-崔子謙-鳴吉」.

동법의 실시를 주장하였다. 인조반정 이후 대동법은 중요한 논란의 대상이었다. 이 시기 대동법과 관련하여 공안(貢案)의 개정과 전세화(田稅化)로 공납제의 개혁방향이 제기되고 있는 상황이었다. 이이가 대동수미법을 제시한 것이나 정철이 대동법의 실시를 주장한 것에서도 알 수 있듯이 서인(西人)은 이미 대동법의 실시를 지지하는 입장이었다. 김장생 역시 이러한 입장에서 대동법 실시과정에서 나타난 문제점의 해결을 요구하는 상소를 올리기도 하였다.

김장생은 1624년(인조 2)에 올린 상소에서 경기도에서 하삼도(下三道)로 대동법을 확대 실시하자는 의견에 대해, 충청도와 전라도가 지리상 거리가 멀기 때문에 운송가가 높고 이외에 월선 · 진상 및 삼영(三營)에 납부하는 쇄마(刷馬)의 역이 중첩되어 있으며, 경상도와 전라도의 경우 양전(量田)의 미흡으로 인해 전결에 대한 평가가 고르지 못해, '선혜(宣惠)' 라는 본래의 의도에 부응하지 못할 것임을 지적하였다. 결국 요역의 불균을 해소하기 위해 양전을 주장하기도 하였고,[229] 연산조 이래의 증가된 공안을 모두 혁파할 것을 주장하기도 하였다. 대동법에 대한 직접적인 문제제기는 그가 주로 거처하였던 연산, 공주, 회덕 지방의 상황을 전하면서 당초에 대동법을 시행할 때 예정하였던 것에 비해 부담이 덜어지지 않은 현실을 지적하였다.[230] 이상과 같은 김장생의 입장은 산림으로서 백성들의 부담을 경감하는 방향으로 대동법의 문제를 지적하며 원칙적인 입장을 고수하는 데에 초점을 두고 있음을 알 수 있다.

군정에 대해서는 인조반정 이후 군정의 개혁과 관련하여 전래의 호패법을 강화하자는 주장과 낙강유생(落講儒生)의 군역 충정이나 포의 징수, 사족에게도 군역을 지우는 호포제가 제기되기도 하였다. 김장생은 호패법 찬성론자들에 대해 호패가 시행된 이유는 왕도가 행해지지 않고 세

229) 『인조실록』 권7, 인조 2년 10월 병신조.
230) 오항녕, 1992 앞 논문, 53~56쪽 참조.

속이 타락했던 시기에 부득이하게 취해졌던 방법임을 상기시켰다. 그리고 사목이나 조목이 제대로 되어 있으면 호패법을 시행할 필요가 없으며, 호가(豪家)가 모점하고 거실(巨室)이 숨기는 등 기강이 서지 않음을 지적하고 인민들이 훈친부(勳親府)나 각사(各司)에 투속하는 사례를 지적하였다. 민정이 도산하는 이유는 부역을 견디지 못한 이유 때문이므로 호패법을 통한 민의 통제는 문제의 근본적인 원인을 도외시한 채 말단만을 추구하는 정책이라는 입장이었다.[231] 결국 김장생은 균역(均役)을 통해서만 군역 이탈을 방지할 수 있다는 점을 주목한 것이었다. 이러한 문제는 이후 균역불균과 재원충당 방법으로 효종대 이후 전개된 호포론으로 수렴되고 있다.

(3) 율곡학파에서의 김장생의 위상

김장생은 그 아들인 김집과 함께 문묘에 종사되었다. 그의 문묘종사는 김장생의 학문이 인정을 받았음을 상징적으로 보여주는 것으로 그가 예학에서만 의미가 있는 인물이 아님을 보여준다. 숙종대에 줄기차게 김장생의 문묘종사를 청하였던 상소들에서는 김장생이 성혼과 이이를 이어 정자와 주자의 도통(道統)을 이었음을 강조하고 있다.[232] 이러한 측면은 김장생이 예학(禮學)의 대가로서만 의미를 지녔던 인물이 아니었음을 보여준다.

그는 이이의 제자로서 예학 뿐만 아니라 서인계열의 학문을 정리하여 새롭게 그 기반을 확립한 인물이었다. 물론 스승인 송익필에게서 받은 예

231) 『沙溪全書』 권1, 「辭執義仍陳十三事」 참조.
232) 『肅宗實錄』 권59, 숙종 43년 2월 갑인(29일)에 문묘종사를 허락하는 숙종의 명이 있었다.

학을 기반으로 하였고, 또 여기에 이이가 추구하였던 정치사상, 곧 국왕도 사대부와 동일한 정치적 기준을 적용받는 보편적 존재로 이해하여 강력하게 국왕을 견제하는 정치사상을 마련한 것을 그대로 이어받았다. 『소학』과 『주자가례』를 존숭하였던 김장생의 학문적 입장은 경학과 예학에서 이러한 이이의 기준이 어떻게 실현될 수 있는가의 근거를 마련하였다는 점에서 의미가 있다.

곧 경학에서는 『소학』을 중심으로 하여 『효경』의 국왕을 중심으로 한 일원적 논리보다는 사대부 보편의 리(理)를 중심으로 의리론으로 이해하는 경향, 경연에서 『소학』과 더불어 『근사록』과 『심경』을 강조하였던 경향은 모두 이러한 의미에서 공통점을 지닌다. 특히 『근사록석의』에서는 『근사록』에 관해서 당대까지 최고 수준으로 주석을 집대성하여 본격적인 분석을 시도한 점에서 조선사상사에서 매우 중요한 위치를 차지한다고 할 수 있다. 이 점은 곧 김장생이 사림이 중시하였던 서적인 『근사록』에 대한 최초의 본격적인 탐구자라는 점을 말해 준다.

그리고 예학에서는 『주자가례』에 대해 고례(古禮)나 조선의 시속(時俗)을 활용하여 보완함으로써 사대부의 예를 총정리하였다는 점에서 의미가 있다. 특히 김장생은 『상례비요』에서부터 상례(喪禮)에 관심을 가졌고, 『가례집람』의 경우에도 상례에 가장 큰 비중을 두면서 학문적으로 접근을 하였기 때문에 실천과 이론 양 측면에서 상례에 가장 정통하였다. 그 결과 그는 인조반정 이후 전례(典禮) 문제에까지 자문을 받게 되었고, 이를 왕례(王禮)에까지 넓히려고 하였다. 곧 왕례의 특수성을 고려할 경우에도 사례(士禮)의 보편성이 전제된 위에서 왕례가 의미를 지닌다는 점을 주장함으로써 사대부 예의 보편성을 왕례보다 우선하였던 것이다. 예학에서의 이러한 관점은 경학에서 사대부 보편의 리(理)를 중심으로 이해한 경향과 유사하다.

따라서 김장생은 이이가 제시한 틀을 경학과 예학의 양 면에서 심화하여 발전시켰다는 점에서 서인계열의 학통의 중심에 놓일 수 있었다. 바로 이런 점에서 그에 대한 문묘종사의 이유가 '도통의 계승'이라고 여겨질 수 있었던 것이다.

5장

우암(尤庵) 송시열(宋時烈)의 정치사상(政治思想)

우암(尤庵) 송시열(宋時烈, 1607~1689)은 조선주자학을 대표하는 인물이다. 그의 사상에 대해서는 이미 여러 방면에서 검토가 이루어지고 있지만 대체로 주자학을 조선에 뿌리내려 고착화하는 데에 절대적인 의미를 지녔던 인물로 보는 것이 일반적인 평가이다. 그간 송시열에 대한 연구는 북벌론(北伐論), 정치사상(政治思想), 사회경제사상(社會經濟思想), 철학사상(哲學思想) 등 여러 방면에서 시도되었다. 그러나 조선후기에서 송시열이 차지하는 위상을 고려해본다면 본격적인 연구는 이제 막 시도되었다고 할 수 있다.

그 가운데 정치사상(政治思想)에 대한 연구는 다른 분야에 비해 비교적 활발하여 여러 연구자에 의해 주목되었다.[233] 이들의 연구에서 공통

233) 池斗煥, 1999「尤菴 宋時烈의 政治思想」『韓國學論叢』21, 國民大學校 韓國學研究所; 金駿錫, 2003「제3장 Ⅰ. 宋時烈의 世道政治論과 賦稅制度釐正策」『朝鮮後期政治思想史研究』, 지식산업사; 李迎春, 1985「尤菴 宋時烈의 尊周思想」『淸溪史學』

적으로 주목되는 요소가 있다. 우선 송시열은 학맥으로는 서인계열의 학맥으로서 이이(李珥)의 학맥을 전수하였다고 평가된다.[234] 따라서 그의 학문은 이이의 사상과 함께 더 올라가서는 주희의 사상이 함께 전해지는 것으로 이해해도 좋다.

송시열은 평생 주희를 존숭하였으며, 그의 사상을 '절대화' 하였던 인물로 평가받고 있다. 이는 효종(孝宗)과의 대화에서 송시열 스스로도 인정한 사실이다. 효종은 송시열이 말할 적마다 주자(朱子)를 칭하기에 얼마나 주희의 글을 읽었는지를 묻고, 또 주희의 주장을 과연 하나하나 행할 수 있을 지를 물었다. 이에 대해 송시열은

> 옛 성인의 말씀에는 간혹 시대와 형편이 달라 시행할 수 없는 것도 있지만, 주자의 말씀은 시대와 형편이 지금과 매우 가깝고, 또 주자가 만났던 시대상도 오늘날과 서로 비슷하기 때문에 신은 그 말씀을 하나하나 모두 행할 수 있는 말씀이라고 생각합니다. 전하께서 시험삼아 한가한 때에 봉사(封事)·주차(奏箚)·주의(奏議) 등의 글을 먼저 읽으시고, 그 다음에 『주자어류(朱子語類)』 중에 요긴하고 절실한 말들을 보신다면 반드시 전하의 마음에 부합되는 바가 있으실 것입니다.[235]

라고 하였다. 곧 송시열은 시대와 조건이 주희 때와 매우 유사함을 들어

2, 한국정신문화연구원 청계사학회; 孫文鎬, 1996「朝鮮後期 湖西地域 士林의 政治思想 硏究: 宋時烈을 중심으로」『湖西文化論叢』9·10, 西原大學校 湖西文化硏究所; 金文俊, 1998「제5장 祭享人物 제1절 宋時烈先生-政治思想」『南澗祠誌』, 南澗祠儒會; 金世奉, 1994「17世紀後半 山人勢力의 動向」『史學志』, 檀國大史學會; 정재훈, 1994「17세기 후반 노론학자의 사상; 송시열·김수항을 중심으로」『역사와 현실』13, 한국역사연구회. 禹景燮, 2005「宋時烈의 世通政治思想 硏究」서울대 박사학위논문.

234) 『列聖御製』 제6책 권 46,「4大老祠碑銘-幷序(正祖)」"學符紫陽, 派脈栗翁, 直字眞訣."

235) 『송자대전』 권7,「幄對說話」.

주희의 주장을 실현하고자 하였던 것이다.

그렇다면 과연 송시열은 주희의 주장을 얼마나 받아들였을까. 송시열이 얼마나 주희의 글을 인용하고 그의 사상을 절대시하여 받아들여 '고수' 하였는지는 두 사람의 글과 사상을 비교함으로써 가능하다. 정치사상의 영역에서도 마찬가지인데, 이전의 연구에서는 송시열에게 미친 주희의 영향이 지대함에도 불구하고 직접적인 비교 연구는 많지 않았다. 최근 주희의 사상이 조선에 미친 영향을 검토하는 연구가 증가하고 있으며, 송시열의 경우에도 그의 사상을 주희와 비교하는 연구가 제시되고는 있지만 그다지 활발하지 않다고 할 수 있다. 이에 여기에서는 송시열의 정치사상을 그 모태라고 할 수 있는 주희의 그것과 비교함으로써 주희시대의 문제와 조선중기의 문제 사이에 놓여 있는 동이(同異)를 밝히려고 한다.

그런데 주희와 송시열을 비교하려는 시도는 이미 조선시대에서부터 시작되었다. 정조는 일찍이 송시열에게 미친 주희의 영향을 간파하여 세손으로 있던 1774년(영조 50)에 『양현전심록(兩賢傳心錄)』을 편찬함으로써 송시열과 주희를 비교할 수 있는 근거를 마련하였다. 이 자료는 조선시대에 일찍이 송시열의 사상이 주희에게 깊은 영향을 받았고, 또 비교의 가치가 충분하다는 것을 증명해주는 근거이다.

하지만 『양현전심록』 이후 두 사람의 사상 간에 본격적인 비교는 시도되지 않은 채 막연하게 주희의 사상을 절대화한 것으로 송시열을 이해함으로써 거의 500년의 차이에도 불구하고 재현된 주자(朱子)의 사상이 조선에서 지니는 의미에 대해 제대로 접근하지 못하게 되었다. 이에 여기에서는 일차적으로 정치사상의 분야에 의미있는 봉사류(封事類)의 글과 주차(奏箚) 및 경연강의(經筵講義)를 중심으로 주희와 송시열의 사상을 비교 · 검토함으로써 송시열이 추구하였던 정치사상의 일단을 확인하고자 한다.

(1) 기축봉사(己丑封事)와 무신(戊申)·기유봉사(己酉封事)

1649년(효종 즉위년) 5월 인조(仁祖)의 사후 송시열은 다음달 효종에 의해 본격적으로 정계에 등장하였다. 이때 그의 포부를 밝히는 가장 중요한 주장이 봉사(封事)로 올려졌는데, 이것이 송시열의 정치사상에서도 가장 중요한 「기축봉사(己丑封事)」이다. 송시열은 대군사부(大君師傅)로서 이미 인조 때부터 관직생활을 하였지만 효종이 즉위함에 따라 사헌부(司憲府) 장령(掌令), 세자시강원(世子侍講院) 진선(進善), 사헌부(司憲府) 집의(執義) 등을 거치면서 본격적으로 관직생활을 하게 되었다. 「기축봉사」는 송시열이 본격적인 정치활동을 시작하면서 제시한 원칙에 해당하였고, 이후 그의 사상에서도 가장 기초가 된다고 할 수 있다.

「기축봉사」에서는 13가지 항목으로 나누어 진술하고 있다. 그 대체적인 항목을 보면 다음과 같다.

1. 절애이보궁(節哀以保躬)
2. 강례이신종(講禮以愼終)
3. 면학이정심(勉學以正心)
4. 수신이제가(修身以齊家)
5. 원편녕이근충직(遠便佞以近忠直)
6. 억사은이회공도(抑私恩以恢公道)
7. 정선임이명체통(精選任以明體統)
8. 진기강이려풍속(振紀綱以勵風俗)
9. 절재용이고방본(節財用以固邦本)
10. 정공안이서민력(正貢案以紓民力)
11. 숭검덕이혁사치(崇儉德以革奢侈)
12. 택사부이보저이(擇師傅以輔儲貳)

13. 수정사이양이적(修政事以攘夷狄)

위의 주장은 일단 그 항목만으로 보면 주희가 올린 「기유의상봉사(己酉擬上封事)」와 비교해 볼 때 매우 유사함을 알 수 있다. 「기유의상봉사」의 항목은 다음과 같다.

기유의상봉사(己酉擬上封事)

1. 강학이정심(講學以正心)
2. 수신이제가(修身以齊家)
3. 원편폐이근충직(遠便嬖以近忠直)
4. 억사은이항공도(抑私恩以抗公道)
5. 명의리이절신간(明義理以絶神姦)
6. 택사부이보황저(擇師傅以輔皇儲)
7. 정선임이명체통(精選任以明體統)
8. 진기강이려풍속(振紀綱以厲風俗)
9. 절재용이고방본(節財用以固邦本)

주희의 「기유의상봉사」는 1189년(南宋 孝宗 16)에 효종(孝宗)의 내선(內禪)에 의해 광종(光宗)이 즉위함에 따라 신정(新政)을 돕기 위해 지어졌다. 이때 주희는 우승상(右丞相) 유정(留正)에 의해 도학(道學)에 사기(邪氣)가 있다고 비판받는 입장이었다.[236] 주희가 60세가 되었던 기유년은 주희의 학문이 제2차로 총결(總結)되었다고 평가될 정도로 주희의 생애에서는 학문적 결산이 이루어지는 시기였다.[237] 그에 따라 반대파의 공

236) 東景南, 2001 『朱熹年譜長編』, 華東師範大學出版社, 954~955쪽 참조.
237) 東景南, 1992 『朱子大傳』, 福建教育出版社, 732~775쪽 참조.

격도 심화되어 주희는 비각(秘閣) 수찬(修撰)에 제수된 명을 사양하고 외사(外祠)에 봉해지고 봉사는 올리지 않아 의상봉사(擬上封事)가 되었다.

「기유봉사」의 9항목 가운데 약간 용어가 달라지는 것은 있지만 '명의리이절신간(明義理以絶神姦)'의 조항을 제외하고 나머지 8항목이 같은 내용으로 구성되어 있다. 강학(講學)이 면학(勉學)으로 표현되거나 편폐(便嬖)가 편녕(偏佞), 황저(皇儲)가 저이(儲貳)로 표현된 것은 있지만 의미에서 큰 차이가 없다. 송시열의 「기축봉사」에 등장하지 않는 '의리를 밝혀 신간(神姦)을 끊는다'는 내용은, 주희의 「기유봉사」에서 단순한 귀신을 의미하는 것이 아니고 제왕(帝王)이 교묘(郊廟)와 사직(社稷)에 제사지내는 것까지 포함하는 것이었다.[238] 즉 제왕이 수덕(修德)하여 정치를 펼치면 자연히 정치가 제대로 행해져서 백성들에게 복록(福祿)이 오기 때문에 굳이 기다릴 필요가 없다는 것이다. 또 굳이 제사를 지낼 때도 상전(常典)과 상도(常度)에 맞추어 지낼 것을 조언하는 내용이다.[239]

따라서 이 항목은 천자가 제사지내는 것에 해당하므로 굳이 포함시키지 않은 것으로 볼 수 있다. 그러나 조선의 경우에도 대사(大祀)에서 천(天)·지(地)·인(人) 가운데 천(天)을 제외하고 지(地)와 인(人)에 해당하는 제사인 사직과 종묘의 제례를 시행하였으므로 이 항목이 전혀 관련되지 않는 것은 아니었다. 그럼에도 불구하고 제사에 관련된 항목을 누락시킨 이유에 대해서는 분명히 지적하고 있지는 않지만 국왕권의 비대에 대한 견제가 내재되어 있었을 것으로 추정된다.

그런데 정조가 편한 『양현전심록(兩賢傳心錄)』에서는 송시열의 「기축

238) 『朱熹集』 권12, 「己酉擬上封事」 "而況帝王之生, 實受天命, 以爲郊廟社稷神人之主, 苟能修德行政, 康濟兆民, 則災害之去, 何待於禳, 福祿之來, 何待於禱? 如其反此, 則獲罪於天, 人怨神怒, 雖欲辟惡鬼以來貞人, 亦無所益."

239) 위와 같은 곳, "又況先王制禮, 自天子以至於庶人, 報本享親, 皆有常典, 牲器時日, 皆有常度, 明有禮樂, 幽有鬼神, 一理貫通, 初無間隔."

봉사」에 대응하는 봉사로 주희의 「무신봉사」를 들고 있다.[240] 「무신봉사」의 핵심적인 내용은 '1. 보익태자(輔翼太子), 2. 선임대신(選任大臣), 3. 진거강유(振擧綱維), 4. 변화풍속(變化風俗), 5. 애착민력(愛着民力), 6. 수명군정(修明軍政)'으로 「기유봉사」에 비해 항목상에서 직접적으로 인용되는 내용은 많지 않다. 그렇다면 정조는 왜 「기유봉사」보다 「무신봉사」를 「기축봉사」와 연관시켰을까?

이 점은 내용상의 관련이 있다. 즉 내용에서 단순한 항목 인용 이상의 참고를 하였던 것이다. 우선 6개의 항목은 대체로 내용면에서는 인용되었다. 또 글쓰기 방식에서도 주희가 원칙을 제시하고 현재의 문제점을 '신복견(臣伏見)'의 형태로 진술한 양식을 그대로 반복하여 원칙에 대해 자세하게 진술하고 현재 문제가 되는 점을 '신안(臣按)'이라고 하여 진술하였다(『양현전심록』에서는 '신안(臣按)'의 내용이 생략되었다).

「기축봉사」의 내용을 살펴보자. 「기축봉사」의 중요내용은 첫 번째와 두 번째인 '절애이보궁(節哀以保躬)'과 '강례이신종(講禮以愼終)'의 내용을 제외하면 대체로 『대학(大學)』의 순서와 내용을 그대로 참조한 특징을 보인다.[241] 앞의 두 항목은 인조의 사후(死後)에 애통해하는 효종을 위로하며, 임금으로서 몸을 보전하며, 예를 잘 강구하여 상사(喪事)를 잘

240) 『宋子大全』 隨箚 권13, 『兩賢傳心錄』「兩賢傳心錄序」 "書旣成, 予讀而曰, 有是哉, 兩賢心法之無不同也. 如讀己丑封事, 則知先正之受心法於戊申封事也, 如讀垂拱奏箚, 則知朱子之授心法於進修駐箚也. 讀與魏元履書, 則托其傳於答兪武仲書可知. 讀寄朴和叔書, 則得其傳於與留丞相書可知."

241) 「기축봉사」에 대해 『大學』과의 연관성을 본격적으로 지적한 연구는 孫文鎬, 1987 「宋時烈의 政治思想 硏究」 『湖西文化論叢』 4, 40~44쪽 참조. 그러나 앞의 연구에서도 송시열의 정치사상, 특히 「기축봉사」의 내용이 주희에게서 영향을 받은 점과 그에 따른 비교는 시도되지 않았다. 다만 다음의 연구에서는 주희와 이이, 송시열의 봉사를 비교하는 시도가 있었다. 李迎春, 1985 「尤菴 宋時烈의 尊周思想」 『淸溪史學』 2 참조.

치를 것을 주문하는 내용이다.

다음 세 번째 항목에서 열세 번째 항목까지는 『대학(大學)』의 순서에 따라 서술하는데, 『대학』이 성리학의 정치사상에서 지니는 위상이 지대함을 고려해 본다면 당연하다고 할 수 있다. 주지하다시피 『대학』은 송대에 성리학이 성립되면서 『예기(禮記)』에서 분리되어 경전으로 독립될 만큼 성리학의 이론사에서도 일정한 위치를 차지할 뿐더러 정치사상의 기본을 제시하는 내용이 계속 부연되어 주희의 재전제자(再傳弟子)였던 진덕수(眞德秀)에 의해 『대학연의(大學衍義)』라는 책이 저술되기도 할 정도로 정치와 밀접하게 연관되었다.[242)]

「기유봉사」의 전체적 구조는 세 번째의 '면학이정심(勉學以正心)' 과 네 번째의 '수신이제가(修身以齊家)' 항목에서 『대학』의 팔조목(八條目) 가운데 성의(誠意) · 정심(正心)과 수신(修身) · 제가(齊家)를 요약하고 있는 형태이다. 그리고 마지막 열세 번째의 항목에서 '수정사이양이적(修政事以攘夷狄)'을 밝힘으로써 평천하에 대해 언급하고 있다. 이러한 항목을 제외하면 대부분의 내용, 곧 다섯 번째 항목에서 열두 번째 항목까지는 치국(治國)에 해당하는 내용이다. 「기축봉사」가 군주에게 국가를 어떻게 다스릴 것인가를 집중적으로 주문하는 내용이므로 치국의 항목에 주력하여 진술하였던 것이다.

보다 항목을 자세히 살펴보자. 세 번째, 학문에 힘써 마음을 바르게 하라는 내용은 주희가 「기유봉사」에서 지적한 원칙적인 내용을 반복하였다. 특히 기본적인 내용은 천하의 일에서 그 근본은 한 사람에 있으며, 한 사람의 몸 역시 그 주체는 마음에 있기 때문에 인주(人主)의 마음이 한번 바

242) 『대학연의』에서는 이전의 經書에서 확인되었던 원칙을 역사적인 내용과 결합시켜 정치사상서로서 기능하게 되면서 경서의 '원칙' 과 현실의 '정치' 가 결합된 새로운 양상을 보여주었다. 송대의 經史가 결합되어 나타나는 현상에 대해서는 다음을 참조. 高國抗 著, 오상훈 등 옮김, 1998 『중국사학사』 하, 풀빛.

르게 되면 천하가 다스려지게 된다고 하였다.[243] 또 『역(易)』을 인용하여 "그 근본을 바르게 하면 만사가 다스려지니, 털끝만한 착오에 천리가 어긋난다."[244]고 하였다.

그런데 주희가 「기유봉사」에서는 간단하게 원칙적인 내용을 지적한 것에 비해 송시열은 효종(孝宗)의 행실과 관련하여 구체적으로 적시하는 점에서 차이가 있다. 예를 들어 제왕은 깊은 곳(궁중)에 처해 있고, 아랫사람을 대할 때에 침묵하기를 좋아해 마음가짐을 살피기는 힘들지만 부험(符驗: 행동으로 나타난 증거)를 보면 그 마음가짐을 알 수 있다고 하여 효종의 행동을 구체적으로 지적하였다. 곧 효종이 동궁(東宮)에 있을 때 사마(私馬)를 두었다가 서연(書筵)에서 규풍(規諷)하므로 혁파한 것은 칭송하나, 홍문관이나 시강원의 해석이 틀린 것을 지적하거나 청나라에 가 있을 때 학문에 종사하지 않고, 부랑한 무리와 가까이 한 점, 재기(才氣)와 지능(智能)을 앞세우는 점 등은 비판하였다. 그리고 자신을 믿지 말고 경연(經筵) 등의 강론을 받아들여 마음을 닦을 것을 충고하였다.

네 번째 항목인 '몸을 닦아서 집안을 다스린다'는 내용도 주희의 「기유의상봉사(己酉擬上封事)」에서 지적한 내용을 거의 인용하였다.[245] 곧 집안이 다스려지는 것은 부부(夫婦)와 적서(嫡庶)의 분별이 엄격한 것이며, 부자(父子)와 부부(夫婦) 사이의 관계에 주의할 것을 주문하였다. 이

243) 『朱熹集』 권12, 「己酉擬上封事」 "其一, 所謂講學以正心者. 臣聞天下之事其本在於一人, 而一人之身其主在於一心. 故人主之心一正, 則天下之事無有不正, 人主之心一邪, 則天下之事無有不邪."

244) 위와 같은 곳, "易曰 正其本, 萬事理. 差之豪釐, 繆以千里", 위 구절은 『宋子大典』 권5, 「己丑封事」에서도 동일하게 인용되었다.

245) 주희의 「기유의상봉사」에서 인용한 내용으로 「기축봉사」에서 반복되는 내용은 다음과 같다. "而夫婦之別嚴者, 家之齊也. 妻齊體於上, 妾接承於下. 而嫡庶之分定者, 家之齊也, 采有德, 戒聲色, 近嚴敬, 遠技能者, 家之齊也. 內言不出, 外言不入, 苞　不達, 請謁不行者, 家之齊也. 閨門之內, 恩常掩義, 是以雖以英雄之才, 尙有困於酒色, 溺於情愛而不能自克者. 苟非正心修身, 動由禮義, 使之有以服吾之德而畏吾之威, 則亦何以正其宮壺, 杜其請託, 檢其姻戚而防禍亂之萌哉?"

러한 원칙 이외에 모후를 섬기는데 참간(讒間)하는 일이 없게 할 것이며, 비빈(妃嬪)을 선택할 때 혼사를 의논하는 예를 쓸 것이며, 외척의 발호를 막을 것이며, 소인들이 바치는 미녀(美女)를 경계해야 하며, 선조(先朝)의 나인(內人)들에게 후하게 대접해 줄 것 등을 요청하였다.[246]

다섯 번째 항목인 편녕(偏佞)을 멀리하고 충직(忠直)을 가까이 하라는 것과, 여섯 번째 항목인 사은(私恩)을 억제하고 공도(公道)를 넓히라는 것, 일곱 번째 항목인 적임자를 정선하여 체통(體統)을 밝히라는 항목은 모두 정치의 영역에 관련되는 사항이다. 다섯 번째 항목에서는 임금이 충직한 이를 써야 한다는 것을 알면서도 쓰지 못하는 이유가 극기정심(克己正心)을 하지 못하기 때문이라고 하면서 극기정심을 근본으로 삼을 것을 요청하였다.[247] 극기정심을 강조한 것은 주희가 제갈량의 말을 인용하여 현신(賢臣)과 친하게 여기고, 소인(小人)을 멀리하라고 한 것보다 군주로서 일심(一心)의 수양을 강조한 입장이었다. 또한 구체적인 사례로 언관(言官)이었던 유계(兪棨)가 체직된 이유로서 충직한 이가 정론을 지키는 것을 싫어해서였음을 적시하고, 앞으로 경계할 것을 청하였다.

여섯 번째 항목에서는 사은(私恩)이 정사를 해치고 공도(公道)가 나라를 일으키는 것을 앎에도 불구하고 실천하지 못하는 것은 사심(私心) 때문이라고 하며, 사인(私人)이 등용되어 나라가 어지럽게 됨을 경계하였다. 구체적인 사례로 김홍욱(金弘郁)이 김자점(金自點)을 논박하다가 체직되었음에도 불구하고 다시 등용되지 않은 것, 뇌물로 관직을 살 수 있는 세태, 훈구(勳舊) 중 자제를 단속하지 못한 사례 등을 들었다.[248] 일곱 번째 항목에서는 군주가 모든 정사를 할 수 없으므로 적임자를 정선(精選)하여 재상에 두고 그에게 맡겨서 총괄하게 하며, 직언하는 자들을 대

246) 『宋子大全』 권5, 「己丑封事」 참조.
247) 위와 같은 곳.
248) 위와 같은 곳.

각(臺閣)에 둘 것을 주문하였다. 주희의 말을 인용하여 당 태종과 같이 장수와 재상을 겸비할 정도의 총명하고 영특한 임금도 반드시 천하의 일은 재상을 거친 뒤에 시행하였다고 하였다.[249] 구체적인 당시의 사례로는 대내(大內)를 수리할 때 상신(上臣)이 직접 역사를 감독하는 것의 문제점, 현재 임금을 영수(領袖)로 삼을 수밖에 없다는 점, 기찰(譏察)을 해서는 안 된다는 점 등을 지적하였다.

여덟 번째 항목에서는 풍속이 아름다워지지 않는 이유에 대해 임금이 사욕을 제거하지 못했기 때문이라고 지적하였다. 따라서 기강을 진작하고 풍속을 아름답게 하는 주체로서 국왕이 위에서부터 마음을 깨끗이 가지는 모범을 보여주어야 함을 요청하였다. 구체적으로는 근래 염치(廉恥)가 없이 관직만을 구하는 풍조가 만연함을 비판하고, 내수사(內需司)를 개혁할 것을 주문하였다.

아홉 번째 항목에서 열한 번째 항목까지 주로 민생과 경제에 관련된 내용이다. 아홉 번째 재용(財用)을 절약하여 방본(邦本)을 굳게 하라는 항목에서도 민생이 어렵게 되는 이유는 위에서 재물을 함부로 써서 백성에게 피해가 가기 때문이므로 백성들을 보기를 자식처럼 여겨야 한다고 하였다. 구체적으로 호조의 관원이 자신을 단속하지 못해 이서(吏胥)가 간교해지며, 회계문서를 이서에게 떠맡겨버리며, 역관(譯官) 정명수(鄭命壽)와 권호가(權豪家) 등의 청탁에 부응한 것이 근래의 문제라고 지적하였다.[250]

열 번째 항목과 열한 번째 항목은 주희의 「기유의상봉사」와 「무신봉사」에는 없는 내용이다. 열 번째 항목은 공안(貢案)을 정당하게 하여 백성의 힘을 펴게 하라는 것인데, 이때 공안은 부세(賦稅)와 관련이 있었다.

---

249) 「기유의상봉사」와 「기축봉사」에 모두 인용되었다. "且以唐太宗之聰明英特, 號爲身兼將相, 然猶必使天下之事關由宰相, 審熟便安, 然後施行. 蓋謂理勢之當然, 有不可得而易者."

250) 이 항목은 주희의 「기유의상봉사」에도 같은 제목 아래 비슷한 내용이 있다.

송시열은 정규적인 부세 외에 가설된 조목을 없애 현재 10분의 4~5 정도까지 이르는 부세를 조정할 것을 청하였다. 이를 위해 현재 쓰는 공안이 사치가 심했던 연산군 때인 1501년에 제정한 것인데도 중종 이후 유일하게 개혁되지 않은 것이므로 이의 시정을 건의하였다. 또 서리(胥吏)의 비리에 대해 자신의 종형(從兄)인 송시영(宋時榮)의 말과 김육(金堉)의 사례를 인용하여 구체적으로 지적하였다. 열한 번째 항목인 검덕을 숭상하여 사치를 개혁하라는 항목에 대해서는 근래 궁중만이 아니라 관리와 심지어 복예(僕隷)까지 사치한 풍조가 유행함을 지적하고 위에서부터 폐단을 개혁할 것을 청하였다.

열두 번째 항목으로는 사부(師傅)를 택하여 왕세자〔저이(儲貳)〕를 보필하라는 항목은 사부, 빈객(賓客)을 뽑아 단지 지식의 전달만이 아니고 훈도함양(薰陶涵養)하게 할 것이며, 군주가 일상생활에서 모범을 보이며, 왕비도 자애만을 해서는 안 된다는 점을 지적하였다. 이 항목은 주희의 「기유의상봉사」와 「무신봉사」에서 모두 포함된 내용으로 주희도 역점을 두었던 내용이다. 특히 주희가 강조하였던 점은 지식의 전달만이 아니라 잠규(箴規)의 효과가 있어야 된다는 점이었다.[251] 또한 정자(程子)의 말을 인용하여 근습(近習)이 지나치게 임금을 높이는 태도를 지적하여 세자도 유념해야 하며, 상중(喪中)이라고 하더라도 세자(世子)가 강학을 철회해서는 안 된다고 하였다.

열세 번째 항목은 정사(政事)를 닦아 이적(夷狄)을 물리치라는 내용으로 『대학』의 평천하에 해당하는 것으로 다른 나라와의 관계를 지적하였다. 특히 문제가 된 것은 명나라와 청나라의 교체기에 청의 침입을 받아 변란을 겪으면서 받은 수모로서, 이에 대처하는 방법으로 송시열은 우리

251) 『朱熹集』 권11, 「戊申封事」 "而又時使邪佞儇薄, 闒冗庸妄之輩或得參錯於其間, 所謂講讀, 聞亦姑以應文備數, 而未聞其有箴規之效" 같은 책 권12, 「己酉擬上封事」 "寮屬具員而無保傅之嚴, 講讀備禮而無箴規之益."

의 강약을 보고 청의 성쇠를 관찰하며 힘을 축적할 것을 주문하였다. 이 일을 위해 송시열이 효종에게 청한 방법으로는 군주의 한 마음으로 근본을 삼아 덕업을 닦을 것을 청하였다. 다만 구체적인 방법을 제시한 의견에서는 고려 때 송나라에 의원을 요구하면서 실제로는 여진을 방비해야 한다는 것을 알린 사실을 밝히고, 군병(軍兵)을 정비하여 대비할 것을 주문하였다.

이상과 같은 13조항의 「기축봉사」에는 위에서 살펴본 바와 같이 주희의 「기유의상봉사」와 「무신봉사」에서 많은 항목과 내용이 차용되었다. 또 이들 봉사(封事)에서 공통적으로 『대학』의 팔조목(八條目) 개념을 활용하여 정심(正心)－수신(修身)－제가(齊家)－치국(治國)－평천하(平天下)의 논리로 치국(治國)의 방안을 제시하였다. 또한 송시열은 치국의 방안에서 원칙적인 내용은 주희의 의견을 적극 활용하되 현실의 문제점을 구체적으로 적시함으로써 조선의 문제점을 반영하였다고 할 수 있다. 송시열이 파악한 당시 조선의 문제로는 국왕의 수신(修身), 권호가(權豪家)와 같은 중간지배층의 정비와 서리(胥吏)의 발호, 공안(貢案)의 개정, 호란으로 인한 상처 등이었는데, 이를 해결할 주체로서 국왕과 그의 수양을 강조하였던 것이다.

(2) 정유봉사(丁酉封事)

43세 때 올린 「기축봉사」 이후 송시열은 경연에 입시하기도 하고, 충주목사, 동부승지 등에 제수되기도 하나 사직하고 후진을 양성하는 데 힘썼다.[252] 그러다가 1657년(효종 8) 51세가 된 송시열은 세자시강원 찬선

252) 43세 이후 송시열의 행적을 간략히 보면 다음과 같다. 44세, 1650년(효종 1) 1월에

(贊善)에 제수되나 사양하고 「정유봉사」를 올렸다. 「정유봉사」는 효종이 재위한 지 8년이나 지났음에도 불구하고 뚜렷한 공적이 없음을 비판하고, 『대학(大學)』에서 제시한 바 정심(正心)으로 근본을 다질 것을 주문하는 내용으로 시작하였다. 곧 임금의 마음을 바로잡는 것이 작은 고을의 관리까지도 미칠 수 있음을 주희의 말을 인용하여 제시하였다.

> 향(鄕)은 현(縣)에 총괄되고 현은 주(州)에 총괄되고, 주는 제로(諸路)에 총괄되고, 제로는 대성(臺省)에 총괄되고, 대성은 재상(宰相)에 총괄되고, 재상은 뭇 직책을 총괄하여 천자와 더불어 가부를 보아 정령(政令)을 내니, 이것이 천하의 강기(綱紀)입니다. 그러나 반드시 임금의 마음이 공평정대하여 편당반측(偏黨反側)의 사(私)가 없은 뒤에야 강기가 매인 데가 있어서 확립되고 국토를 지키는 신하가 위령(威靈)을 믿고 자기의 책무를 제대로 할 수 있습니다.[253]

따라서 송시열은 군주의 마음을 살펴서 모든 정사를 처리할 때 격물치지(格物致知)의 방법을 사용할 것을 주문하였다. 봉사의 내용은 「기축봉사」에 비해 6개의 항목이 늘어나 19개 항목으로 항목 수는 늘어났으나 내용은 간략하다. 내용을 요약하면 다음과 같다.[254]

書講에 입시했다가 2월에 고향으로 돌아옴. 45세, 1651년(효종 2) 金自點이 영의정에서 파직된 뒤 진선에 임명되나 「長陵誌文」 파동으로 낙향함. 47세, 1653년(효종 4) 3월에 충주목사에 제수되나 6월에 체직을 윤허받음. 1654년(효종 5) 사헌부 執義에 제수되었으나 3월에 체직되어 부호군에 제수됨. 4월에 特旨로 동부승지에 제배되나 상소하여 사직.

253) 『宋子大全』 권5, 「丁酉封事」에 있는 내용으로 원래 朱熹가 51세 때인 南康軍 知事로 있을 때 올린 「庚子應詔封事」에 있던 내용이다. 『朱熹集』 권11 「庚子應詔封事」 "若乃鄕總於縣, 縣總於州, 州總於諸路, 諸路總於臺省, 臺省總於宰相, 而宰相兼統衆職, 以與天子相可否而出政令, 此則天下之綱紀也."

254) 『宋子大全』 권5, 「丁酉封事」.

1. 제학(帝學)에 성의를 기울이고 시무를 급급히 서둘러서 한결같이 우(禹)·탕(湯)을 본받을 것.
2. 사욕을 이기고 행실을 힘쓰며, 기사(騎射)를 그만두고 경전(經典)의 훈계를 탐구할 것.
3. 남방의 남명(南明)과의 일을 대신과 함께 은밀히 도모할 것.
4. 기밀이 새어나가는 것은 원훈(元勳)에 관계없이 철저히 다스릴 것.
5. 오늘의 급선무는 양병(養兵)과 양민(養民)이며 내수사(內需司)는 공적(公的)인 일과 관계시킬 것.
6. 나라를 다스리는데 체통과, 일을 다스리는데 완급이 있어야 함.
7. 정온(鄭蘊)에게 시호를 내려 기절이 약한 자를 격려하는 기회로 삼을 것.
8. 허형(許衡)의 종사위(從祀位)를 내쳐서 공자(孔子)·주자(朱子)의 공을 이을 것.
9. 인평대군(麟坪大君)을 보호하고 잘 대해줄 것.
10. 쌍륙과 바둑 등 잡희(雜戲)를 끊을 것.
11. 성찰(省察)의 공부를 하여 희로(喜怒)를 옮기지 말 것.
12. 김홍욱(金弘郁)을 죽게 하고 윤강(尹絳)에게 곤욕을 주는 등의 일은 하지 말고 신하들을 염치로써 대우할 것.
13. 궁실(宮室)의 집을 짓는 등의 역사(役事)를 하지 말 것.
14. 금위군(禁衛軍)을 단속시킬 것.
15. 중망(重望)이 있는 이유태(李惟泰)와 유계(兪棨)와 같은 인재를 등용할 것.
16. 백성들에게 신의를 보이고 대동미(大同米)의 수량을 줄여 줄 것.
17. 이변(異變)은 천운(天運)이 아니라 사람의 노력 여하에 달렸으니 하늘을 감동시킬 것.
18. 훈척(勳戚)이 개인을 위해 성교(聖敎)를 빙자하여 백성들의 공물을

징수하는 등의 일을 하지 못하게 할 것.

19. 쉬지 말고 덕업을 닦아 선왕(先王)의 뜻에 부응할 것.

위와 같은 내용의 「정유봉사」는 「기축봉사」에 비해서는 일정한 체계를 갖추지 않고, 당대에 필요한 현안을 나열하는 형태로 되어 있다. 주자(朱子)의 말이나 고사(故事)의 인용도 최소한으로 하였으며, 정국의 운영과 관련하여 군주가 취할 태도를 제시하고 있다.

그 가운데 주목되는 내용은 첫째, 제학(帝學)에 관련된 내용이 가장 많은 부분을 차지한다. 굳이 항목에서 다수를 차지하는 것은 아니지만 전체 봉사(封事)의 내용에서 제학을 닦을 것을 주장하였다. 우(禹)·탕(湯)을 본받아 수양에 힘써 제학을 닦고 시무(時務)에 힘쓸 것을 주문하는 것(1항), 말타기나 활쏘기를 삼가고(2항), 쌍륙과 바둑 같은 잡희(雜戲)를 끊으며(10항), 성찰의 공부를 하여 희로(喜怒)를 옮기지 말 것을 주문한 것(11항)은 모두 제학을 닦는 구체적인 방법을 제시한 것이었다. 그 결과 근래에 들어 잦아진 이변(異變)까지도 멈출 수 있게(17항) 쉬지 말고 덕업을 닦아 선왕(先王)의 뜻에 부응할 것을 요청하였다(19항).

둘째, 제학의 수양을 요청하는 연장선상에서 국왕 주변의 궁실(宮室) 관련의 일에서 공심(公心)과 검약 및 절제를 당부하였다. 내수사(內需司)의 혁파를 주장하는 의견에 대해 내수사의 재정으로 사졸(士卒)을 양성하게 되면 이서(吏胥)에게 이익이 돌아가는 것보다 낫다고 하였다(5항). 또 공주(公主)의 저택 등 궁실을 짓는 등의 사치한 역사(役事)를 경계하였고(13항), 금위군(禁衛軍)의 방자함을 다스릴 것(14항)과 훈척(勳戚)이 백성들의 공물을 성교(聖敎)를 빙자하여 징수하는 일이 없게 할 것을 주문하였다(18항).

셋째, 신하들을 구분하여 훈척이나 소인(小人)은 경계하며, 현신(賢臣)은 등용하여 대우해 줄 것을 청하였다. 비록 원훈(元勳)이라하더라도 탑

전(榻前)에서 행한 말이 새어나가는 것을 막게 해서는 안된다고 하였고(4항), 소인(小人)들이 인평대군(麟坪大君)을 의심하게 해서는 문제가 있음(9항)을 지적하였다. 이는 신하들도 구분하여 소인은 멀리하라는 원칙에 충실한 태도였다. 반대로 유림의 중망(重望)을 받는 이유태(李惟泰)와 유계(兪棨) 같은 인재는 초치하여 등용할 것을 주문하였다(15항). 또 기용된 신하들을 다스리는 데에서도 교지(教旨)에 응해 진언한 것 때문에 죽은 김홍욱(金弘旭)이나 윤강(尹絳)에게 곤욕을 준 사례 등은 신하들을 염치로 대우하는 것이 아니라고 하였다(12항). 곧 신하들을 예의로 대우하고 의리로 책망할 것을 요청하였다. 구체적인 사례로 광해군 때에 폐모론(廢母論)의 부당성을 주장한 정온(鄭蘊)과 같은 이에게 시호(謚號)를 내려 무너진 기풍과 절의를 세울 것을 주문하였다(7항).

넷째, 그 외의 경세(經世)에 관해 송시열이 요청한 것은 백성들에게 대동미(大同米)를 줄여 달라는 것이었다. 그러나 대동법에 대한 문제점으로 송시열이 염려한 점은 대동법의 시행과정에서 포척(布尺)의 길이가 초기와 지금이 다르다는 신의의 문제를 1차적으로 문제로 삼았다(16항). 군주가 백성들에게 정책을 시행함에 일관성이 있어야 한다는 신의의 문제를 먼저 다룸으로써 경세의 영역에서도 역시 군주의 태도를 지적하였다. 또 송시열이 문제로 삼은 것은 허형의 종사위(從祀位)를 문묘에서 내치는 문제였다(8항). 허형(許衡)은 주지하다시피 한편으로는 원나라에 출사(出仕)함으로써 성리학을 보존한 공을 인정받으면서도 한편으로는 실신(失身)하였다는 비판을 동시에 받는 인물이다. 병자(丙子)와 정축(丁丑)의 호란을 겪은 조선의 현실에서 송시열은 춘추의 의리를 밝히는 것이 중요하다고 판단하였으므로 허형과 같이 정통을 어지럽힌 것을 용납하기 힘들었던 것이다. 이에 문묘의 종사위에서 축출하고 효종으로 하여금 공자와 주공의 공을 이을 것을 주문하였던 것이다.

이와 같이 살펴보면 「정유봉사」에는 크게 보아 국왕의 학문을 수양하는 것과 궁중의 통제, 신하들과의 관계에 대한 고찰 등이 대부분 언급되며, 실제 경세의 구체적인 부분이 자세하게 지적되어 있지는 않다. 오히려 국왕과 그 주변, 혹은 국왕과 신하의 관계에 초점을 맞춘 서술이 중심이다. 효종 초에 올려진 「기축봉사」에서 제시한 내용이 거의 변함없이 제시되었고, 다만 문제의 초점을 보다 분명하게 제시하여 국왕과 그 주변, 혹은 국왕과 신하와의 관계에 초점을 맞추어 서술하였을 뿐이다. 「정유봉사」에 비해 간략하지만 산만하게 보이는 내용도 사실 이전과 크게 다르지 않으며, 문제의 초점을 보다 분명하게 하였을 뿐이다.

한편 「정유봉사」의 내용은 주희의 「무신봉사」나 「기유의상봉사」에서 직접적으로 인용한 것은 많지 않지만 제시된 원칙, 즉 국왕의 성학(聖學)을 수양하는 것과 신하들을 잘 등용하여 이들과 함께 정치를 해 나갈 것을 주문한 내용을 조선의 현실에서 풍부하게 재현하였다는 점에서 차이가 있다고 할 수 있다.

(3) 주차(奏箚)와 경연강의(經筵講義)

봉사(封事) 이외에도 송시열의 정치사상을 살펴볼 수 있는 자료로는 주차(奏箚)와 경연(經筵)에서의 강의(講義)를 들 수 있다. 주차에 관해서는 『양현전심록(兩賢傳心錄)』에서도 송시열의 「진수당주차(進修堂奏箚)」(1681, 숙종 7)와 비교하여 주희의 주차인 「계미수공주차(癸未垂拱奏箚)」, 「무신연화주차(戊申延和奏箚)」, 「갑인행궁편전주차(甲寅行宮便殿奏箚)」 등을 예시하고 있다. 특히 「진수당주차」와 직접적으로 관련되는 주차로는 「계미수공주차」를 들었다. 이에 대해서는 이미 송시열 자신이 주희의 사상에서 주차의 중요성을 지적한 언급이 있다.

> 신의 생각에는 봉사(封事)는 가릴 것이 없지만 주차(奏箚)는 행궁편전(行宮便殿) 제이차(第二箚)인 논성학차(論聖學箚)를 가장 먼저 해야 할 것이요, 계미수공(癸未垂拱) 제일(第一)·제이차(第二箚)와 신축연화(辛丑延和) 제일(第一)·제이차(第二箚)와 무신연화(戊申延和) 제오차(第五箚) 및 걸진덕차(乞進德箚) 등을 모두 순서대로 숙독(熟讀)한 후에 그 나머지를 읽어야 할 것입니다.[255]

「진수당주차(進修堂奏箚)」에서 송시열은 군신(君臣)과 부자(父子)의 관계를 천서(天敍)·천질(天秩)로 이해하여 제왕이 정기제가(正己齊家)하는 까닭도 이러한 질서를 지키기 위한 것이라고 하였다. 그런데 중국이 오랑캐에 빠지고 인류가 금수(禽獸)가 되어 있으니 이를 바로잡지 않을 수 없다고 하였다. 기자조선 이래 조선에서는 중국을 섬겨 왔으며, 조선왕조에서 태조·선조·인조는 모두 중국을 사대(事大)하였음에도 불구하고 호란을 겪게 되었다고 하였다. 효종은 이를 통분하여 복수(復讎)와 설치(雪恥)를 다짐하였으며, 이를 위해 궁가(宮家) 사유(私有)의 염분(鹽盆)·어전(漁箭)·원당(願堂)까지 혁파하게 하였으나 미처 복명(復命)을 받기 전에 승하하여 뜻을 이루지 못했다고 하였다. 현종(顯宗)도 뜻을 계승하려고 하였으나 형편이 미치지 못했고, 숙종(肅宗)의 즉위 이래 잠시 허적(許積) 등에게 끌려 다녔으나 이제는 다시 일을 도모할 수 있게 되었다고 하였다.[256]

결국 송시열은 효종 이래 끊어진 북벌(北伐)의 대의를 숙종에게 천명하고 이 뜻을 이을 것을 주문하였다. 이를 위해 송시열은 숙종에게 자신의 사욕을 버리고 천리(天理)를 회복할 것을 요청하였다. 「진수당주차」

255) 『宋子大全』 권18, 「進朱子封事奏箚箚疑箚」.
256) 『宋子大全』 권16, 「進修堂奏箚(辛酉正月三日)」.

에서 지적한 북벌의 대의는 곧 주희의 「계미수공주차」에서 제시한 논리를 그대로 따른 것이었다.

「계미수공주차」에서 주희는 『대학』의 도(道)인 팔조목(八條目)을 들어 이는 성인(聖人)이라고 하더라도 배우지 않을 수 없는 것인데 공자(孔子)까지 이어지다가 진한(秦漢) 이래 끊어졌다고 하였다. 지금도 황제가 좋은 자질을 가졌음에도 불구하고 다스림의 효과가 나타나지 않는 것은 『대학』의 도를 강론하지 않고 천근(淺近)하고 허무(虛無)한 잘못에 빠져 있기 때문이라고 하여 진유(眞儒)를 찾아 이를 강론할 것을 주문하였다. 또 나라를 도모하는 계획에는 세 가지가 있으니 전쟁[戰]·방어[守]·강화[和]가 그것인데, 군주는 이치를 밝히는 것을 우선하여야 한다고 하였다. 그래서 현재 우선적으로 해야 하는 것은 전쟁과 방어로서 이것은 천리(天理)의 자연스러움이며 인욕(人欲)의 사분(私忿)은 아니라고 하였다. 그럼에도 불구하고 현재 강화(講和)의 주장이 있는 것은 문제이므로 황제가 이해(利害)가 아닌 궁리(窮理)를 우선하여 인의(仁義)의 도(道)를 밝힐 것을 요구하였다. 이를 위해 황제에게 수덕업(修德業)·정조정(正朝廷)·입기강(立紀綱)을 목표로 간쟁(諫諍)을 받아들일 것, 사녕(邪佞)을 출원(黜遠)할 것, 행문(倖門)을 막게 할 것, 나라의 근본을 편안하고 안정되게 할 것 등을 급무로 제시하였다.

「계미수공주차」에 보이는 주희의 논리는 금(金)나라와 강화하기보다는 의리를 지켜서 인의의 도를 회복할 것을 목표로 『대학』의 도를 제시하는 것이었다. 이는 역시 오랑캐였던 청나라에 굴복하였던 조선에서 그대로 차용할 수 있는 논리였다. 송시열은 「진수당주차」에서 주희의 논리를 그대로 수용하여 천리의 회복을 위해 사욕을 버릴 것을 주문하였던 것이다. 이를 위한 자세한 방법은 제시되지 않았으나 이미 효종대의 봉사(封事)에서 제시된 국왕(國王)의 수양, 궁가(宮家)의 절제, 현신(賢臣)의 등용에서 크게 벗어나지는 않는 것이었다.

이와 같이 송시열이 국왕에게 제시한 정치사상은 크게는 국왕 자신과 궁실(宮室)과 관련된 내용, 신하들과의 관계에서 어떻게 신하들을 평가하고 등용할 것인지의 문제, 그리고 신하들을 어떻게 대할 것인지의 문제에서 벗어나지 않는다. 이런 문제들은 사실 경연(經筵)에서 국왕에게 제왕학(帝王學)을 논하면서 항상 논의되던 주제들이다. 송시열도 효종 초년부터 경연에서 자주 이와 같은 문제들을 논하였다. 주희가 경연강의(經筵講義)에서 『대학(大學)』을 중심으로 군도(君道)를 지적하였던 것의 연장선상에서 이루어진 것이라 할 수 있다.

송시열은 경연강의에서 임금은 인(仁)을 행하는 것에 힘을 써야 한다고 하면서 『대학(大學)』의 '임금이 되어서는 인을 행함에 그쳐야 한다〔위인군지어인(爲人君止於仁)〕' 의 구절을 인용하였다. 마음이 인해져야 심지가 정해져서 널리 대응하고 곡진히 합당할 수 있어 이치가 맞지 않는 경우가 없다고 하였다.[257] 당(唐)나라와 송(宋)나라에 대한 평가에서도 당나라는 소소한 절목이 잘 시행되었고, 큰 강령은 송나라에서 바로 이루어졌다고 하였는데, 바로 송나라의 임금들이 인후(仁厚)로 정치를 하여 한 명의 대신도 함부로 죽인 적이 없기 때문에 그러하다고 하였다.[258]

인(仁)의 정치를 시행하기 위해 국왕이 해야 할 일은 학문을 통해 실천해야 함을 강조하였다. 그 방법으로는 격물(格物)·치지(致知)와 성의(誠意)·정심(正心) 등 『대학』에서 제시된 방법론을 지적하였고, 결국 이를 통해 요순(堯舜)의 심법(心法)을 깨달을 것을 요구하였다. 또한 정자(程子)의 말을 인용하여 참으로 알게 되면 자연히 실천하게 됨을 지적하여 학문을 통해 요순의 심법에 다가갈 것을 요청하였다.[259] 또한 제왕(帝王)은 가정에서부터 제대로 다스릴 줄 알아야 변고가 없을 것이라고 하

257) 『宋書拾遺』 권9, 「經筵講義」 己亥 正月 二十一日 召對.
258) 『宋書拾遺』 권9, 「經筵講義」 戊戌 十月 二十六日 晝講時.
259) 『宋書拾遺』 권9, 「經筵講義」 辛酉 正月 十四日.

면서 당(唐) 태종(太宗)이 아우의 아내인 소씨(巢氏)를 아내로 맞이한 사례를 예로 들어, 가정이 제대로 다스려지지 않았기 때문에 측천무후의 변고가 있었던 것으로 이해하였다.[260)]

그리고 군주는 비록 잘못하더라도 병통을 고치는 것을 우선으로 삼아야 한다고 지적하였다. 송시열은 "(은나라의) 주왕(紂王)을 가리켜 언변이 있어 자신의 잘못을 합리화시켰다고 말하니, 잘못을 합리화시키는 해가 참으로 큰 것입니다." 라고 하여 잘못을 고치지 않고, 그 잘못을 합리화하는 것이 가장 나쁜 군주의 병통이라고 비판하였다. 이는 군주의 기질(氣質)을 변화시킬 것을 요구하는 적극적인 태도였다.[261)] 주희(朱熹)의 경연강의에서도 『대학』의 구절을 하나하나 인용하면서 내용을 분석하였지만 군주의 기질(氣質)까지 변화시킬 것을 요구하지는 않았다. 이에 비해 송시열은 훨씬 더 적극적으로 군주의 잘못에 대해 비판하였고, 군주의 변화를 요구하였다.

또한 송시열은 군신(君臣) 간의 관계에 대해서도 당(唐) 태종(太宗)과 위징(魏徵) 간의 관계를 예로 들면서 흔히 신하의 간언을 잘 받아들인 예로 일컬어지는 이 사례에 대해서도 군신간의 의리가 애당초 이루어지지 않은 경우로 이해하였다.[262)] 곧 위징이 태종의 형이었던 태자(太子) 건성(建成)을 섬기다가 태종에게 등용되었던 것은 처음부터 큰 절개를 잃은 것으로 문제가 있었던 것임을 지적하였다.[263)] 진덕수(眞德秀)의 경우에

260) 앞과 같음.

261) 『宋書拾遺』 권9, 「經筵講義」 戊申 十月 二十九日. 군주의 氣質까지 변화해야 함을 지적한 의견은 李珥의 『聖學輯要』에 등장하는 중요한 논리이다. 이에 대해서는 정재훈, 2005 『조선전기 유교정치사상연구』, 태학사 참조.

262) 『宋書拾遺』 권9, 「經筵講義」 戊戌 十月 二十六日 書講.

263) 唐 太宗인 李世民이 아버지인 李淵을 충동질하여 당나라를 세우고 수많은 전공을 세웠으며, 태자의 자리를 형인 建成에게 양보하고 秦王이 되었다. 그러나 태자 건성은 아우인 齊王 元吉과 자신을 살해하려고 하자, 태종은 선제공격을 하여 건성과 원길을 죽이고 태자가 되었으며, 원길의 아내인 巢氏를 妃로 맞이하였다. 이후 태

도 비슷하게 지적되었다. 주희의 재전제자(再傳弟子)로서 주자성리학의 발흥에 큰 공이 있었던 진덕수의 경우에도 선유(先儒)들이 유학의 도통(道統)에 넣지 않았던 이유를 그의 출처(出處)가 바르지 못했기 때문이라고 지적하였다.[264] 원래 진덕수도 주자(朱子)와 함께 배향되었다가 출처가 바르지 못한 이유로 출향(黜享)되었던 것이다.[265] 이러한 사례들은 곧 군신(君臣) 간의 관계는 의리(義理)로 지속되어야 함을 들어, 의리가 손상되면 그 어떤 것으로도 대체될 수 없음을 강조하였던 것이다.

한편 군주가 해야 할 일에 대해서 송시열은 경연에서 무엇보다 인재등용을 강조하였다. 『시경(詩經)』을 해설하면서도 『시경』의 어느 편인들 경계하지 않을 수 없지만 군주가 더더욱 경계해야 할 절실한 것은 조정에서 사람의 재능과 덕망에 따라 관작을 주어야 한다는 내용으로 재상을 신중히 선발해야 한다는 것〔고신(考愼)〕을 강조하였다.[266]

이렇게 등용된 신하들에 대해 송(宋) 이종(理宗)이 선유(先儒)의 이름을 직접 부르지 않은 사례를 본받아 '명도선생', '이천선생', '횡거선생'이라고 한 것처럼 스승으로까지 대우할 정도로 존중할 것을 요청하였다.[267] 신하를 부르는 호칭은 단지 호칭만의 문제가 아니라 군신 간의 관계를 보여주는 상징적인 표현이라 할 수 있는데, 이제까지 임금에게 부림〔사(使)〕의 대상으로만 파악되던 신하에게 직접 이름을 부르지 않고 선생까지 호칭한 것은 군신간의 수평적 관계까지 발전할 수 있음을 암시하는 것이었다. 물론 모든 신하들까지 확대된 것은 아니며, 유현(儒賢)이

자의 洗馬로 있던 魏徵과 王珪를 등용하여 태평성세를 이룩하였던 사건을 말한다.

264) 眞德秀는 처음 자기가 섬기던 宋 寧宗의 皇子가 당시의 權奸이었던 史彌遠의 농간에 의해 폐출당하여 죽은 뒤, 후일 사미원의 후원으로 즉위한 理宗의 부름에 응해 다시 관직에 나갔던 사례를 말한다.

265) 『宋書拾遺』 권9, 「經筵講義」 戊戌 十月 二十六日 晝講.

266) 『宋書拾遺』 권9, 「經筵講義」 癸亥 正月 二十四日 夜對.

267) 『宋書拾遺』 권9, 「經筵講義」 戊申 十一月 十六日 召對.

라는 '성리학'을 매개로 하는 학문적 관계를 전제하는 것이었지만, 이러한 관계가 발전하면 신하들을 통치의 동반자까지 확대될 수 있는 기반이 되는 것이었다.

송시열은 나아가 조선에서도 그러한 사례가 있음을 예로 들었다.

> '붕우에게 은혜롭게 해준다〔혜우붕우(惠于朋友)〕'는 구절이 있는데, 임금이 어찌 붕우가 있겠습니까. 그러나 『서경(書經)』에 '신하가 이웃이며, 이웃이 신하이다〔신재린재(臣哉隣哉) 인재신재(隣哉臣哉)〕' 라고 하였으니, 신하는 진실로 붕우의 의리가 있는 것입니다. 맹자가 말하기를, '임금이 필부(匹夫)를 벗한다.'고 하였고, 정자는 '신하를 벗한다.' 하였습니다. 본조(本朝)의 경우는 오직 세종(世宗)께서 실천하시어 성삼문(成三問)을 부를 때 항상 자(字)를 부르고 이름을 부르지 않았습니다.[268]

송시열이 경연강의에서 매우 적극적으로 군주가 닦아야 할 제왕학을 역설하고 그 안에서 군주론(君主論)과 군신관계(君臣關係)를 설파하였다. 이에 비해 경연강의의 모델이라고 할 수 있는 주희(朱熹)의 경연강의에서는 상대적으로 비교하여 볼 때 『대학』의 경전 내용을 설명하는 데에 많은 비중이 두어졌다.

주희는 경연강의에서 대학(大學)의 도(道)에 대해 명명덕(明明德)·신민(親民)·지어지선(至於至善)의 삼강령(三綱領)과 격물(格物)·치지(致知)·성의(誠意)·정심(正心)·수신(修身)·제가(齊家)·치국(治國)·평천하(平天下)의 팔조목(八條目)에 대해 자세하게 해설하였다.[269] 이 가운데 격물에서 수신까지는 명명덕에 해당하고, 제가에서 평천하까지는 신

268) 『宋書拾遺』 권9, 「經筵講義」 癸亥 正月 十九日 晝講.
269) 『朱熹集』 권15, 「經筵講義」.

민(新民)에 해당한다고 정의하여 결국 평천하를 하려는 사람은 격물(格物)을 제대로 해야 함을 지적하였다. 하지만 삼강령과 팔조목을 해설하면서 팔조목의 경우에는 격물치지와 성의까지 해설한 것에 그치고 만다. 주희가 경연에 참여한 기간이 짧기 때문에 다 마치지 못한 것이다.

주희와 송시열, 이 두 사람은 경연에 참여한 횟수나 기간에서 차이가 있다. 주희가 약 40여 일 정도 조정에 있으면서 그의 뜻을 경연에서 펼칠 수 있었던 것에 비해 송시열은 효종대와 현종대, 숙종대 초반에 걸쳐서 관직의 출입이 있기는 하였지만 비교적 지속적으로 경연(經筵)에 참여하여 주희보다는 비교적 자주 장시간 국왕을 훈도하는 기회를 가졌다.

그러나 기간의 장단(長短)이라는 차이만 있는 것은 아니었다. 주희가 『대학』에서 제시된 원칙을 곡진하게 설명한 것에 비해 송시열은 그러한 원칙에 입각하여 현실에서 군주에게 구체적인 조언을 하였다는 점에서 차이가 있다. 송시열은 제왕(帝王)을 성리학에 입각한 성학(聖學)의 세계로 이끄는 구체적인 방법을 현실에서 실현하였다는 점에서 주희가 경연 강의에서 시행하려고 하였던 궁극적인 목표를 이루었다고 할 수 있다.

(4) 송시열 정치사상의 의의

남송(南宋)의 주희(朱熹)가 주로 살았던 지역인 복건성(福建省)의 건양(建陽)과 숭안(崇安) 및 강서성(江西省)의 몇몇 지역은 그 넓은 중국에서도 지형이 한국의 그것과 매우 유사하다. 주희의 사상은 남송에서 정리되기는 하였으나, 주자학의 열매를 맺었다고 평가할 정도로 크게 발전한 것은 조선에서였다. 그 가운데 송시열(宋時烈)은 주희의 주자학(朱子學)을 조선에서 크게 선양한 인물로 꼽힌다.

특히 주자학의 핵심적인 부분이라고 할 수 있는 정치사상의 영역에서도 주희가 당대에 제시하였던 '군신공치(君臣共治)' 적 요소가 다분한 재상(宰相)을 중심으로 한 정치형태는 양상은 조금 바뀌었지만 조선에서 재상정치를 넘어 산림정치(山林政治)의 형태로까지 구현되었다. 이러한 배경에는 주희의 사상을 조선의 현실에서 재구현하려고 노력하였던 송시열이 자리하고 있다.

이 글에서는 송시열이 올린 「기축봉사(己丑封事)」와 「기유봉사(己酉封事)」, 주차(奏箚) 및 경연강의(經筵講義) 등을 두루 주희의 그것과 비교하여 그의 주장이 주희의 주장과 어떤 점에서 같고 다른지에 대해 살펴보았다. 그 결과 송시열은 주희 때와 시대와 조건이 매우 유사함을 들어 주희의 주장을 적극 실현하려고 하였음을 알 수 있었다.

송시열이 43세 때에 올린 13조항의 「기축봉사」에는 주희의 「기유의상봉사(己酉擬上封事)」와 「무신봉사(戊申封事)」에서 많은 항목과 내용이 차용되었다. 주희의 봉사를 인용하면서 『대학(大學)』의 팔조목(八條目) 개념을 활용하여 정심(正心)-수신(修身)-제가(齊家)-치국(治國)-평천하(平天下)의 논리대로 치국(治國)의 방안을 제시하였다. 송시열은 치국의 방안으로 원칙적인 내용은 주희의 의견을 적극 활용하되 조선의 현실을 반영하는 구체적인 문제점을 지적하였다. 그가 파악한 당시 조선의 문제는 국왕의 수신(修身), 권호가(權豪家)와 같은 중간지배층의 정비와 서리(胥吏)의 발호, 공안(貢案)의 개정, 호란으로 인한 상처 등이었으며, 이를 해결할 수 있는 주체로서의 국왕(國王)과 국왕의 수양(修養)을 강조하였던 것이다.

송시열이 51세 때에 올린 19조항의 「정유봉사(丁酉封事)」는 「기축봉사」에 비해 항목수는 늘어났으나 주희의 말이나 고사(故事)의 인용도 최소한으로 줄이면서 정국의 운영과 관련되어 군주가 취할 태도를 제시하였다. 크게 보아 국왕의 학문을 수양하는 것과 궁중의 통제, 신하들과의 관계에 대한 고찰이 대부분이며, 실제 경세(經世)에 관련된 구체적인 서술은 많지 않다. 「정유봉사」는 주희의 봉사를 직접 인용하지는 않았지만 국왕이 성학(聖學)을 수양할 것과 신하들을 잘 등용하여 이들과 함께 정치를 해 나갈 것을 주문한 내용을 조선의 현실에서 풍부하게 재현하였다는데서 의미가 있다.

봉사(封事) 이외에도 송시열은 「진수당주차(進修堂奏箚)」(1681, 숙종 7)에서 효종(孝宗) 이래 끊어진 북벌(北伐)의 대의를 숙종(肅宗)에게 천명하고 이 뜻을 이을 것을 요청하였다. 이를 위해 송시열은 숙종에게 자신의 사욕을 버리고 천리(天理)를 회복할 것을 주문하였다. 「진수당주차」에서 지적한 북벌의 대의는 곧 주희가 「계미수공주차(癸未垂拱奏箚)」에서 이미 제시한 논리를 그대로 따른 것이었다. 이 주차에서 주희는 금(金)나라와 강화하기보다는 의리를 지켜서 인의(仁義)의 도를 회복할 것을 목표로 『대학(大學)』의 도를 제시하였다. 송시열은 「진수당주차」에서 주희의 논리를 그대로 수용하여 천리의 회복을 위해 사욕을 버릴 것을 주문하였던 것이다. 이를 위한 자세한 방법은 제시되지 않았으나 이미 효종대의 봉사(封事)에서 제시된 국왕(國王)의 수양, 궁가(宮家)의 절제, 현신(賢臣)의 등용에서 크게 벗어나지는 않는 것이었다.

이런 문제들은 한편으로는 경연(經筵)에서 국왕에게 제왕학(帝王學)을 논하면서 항상 논의되던 주제들이었다. 송시열도 효종 초년부터 경연에서 자주 이와 같은 문제들을 논하였다. 곧 주희가 경연강의에서 『대학』을 중심으로 제왕학을 지적하였던 것의 연장이었다. 다만 주희가 경연강의에서 『대학』의 내용을 해설한 것에 그친 면이 있는 반면에 송시열은 효종대와 현종대, 숙종대까지 경연에서 지속적으로 국왕을 성리학에 입각한 성학(聖學)의 세계로 이끄는 구체적인 방법을 제시하였다는 점에서 주희가 못다한 경연강의를 완성하였다고 할 수 있다.

제2부 성리학과 인물연구의 전망

1장 정도전 연구의 회고와 새로운 사상사적 모색

2장 조선후기의 중화주의(中華主義)와 민족주의(民族主義)
—사서(史書)를 중심으로

3장 청조학술(淸朝學術)과 조선성리학(朝鮮性理學)

4장 북한의 유학사 연구동향

1장

정도전 연구의 회고와 새로운 사상사적 모색

(1) 머리말

정도전은 '조선왕조의 설계자' 로 평가받는 인물이다. 여기에서는 지금까지 정도전에 관련된 연구를 정리하고, 사상사적 관점에서 새로운 연구방향을 모색하기로 한다. 정도전에 관한 연구는 일제시대부터 시작되어 최근에 이르기까지 매우 활발하게 이루어졌다. 그럼에도 불구하고 그에 대한 본격적인 연구사 정리는 시도되지 않았다. 따라서 그 사이 정도전에 대해 어떤 연구가 진행되었고, 그 한계가 무엇이며, 특히 정도전 연구에서 핵심을 이루는 사상에서 새로운 연구방향을 살펴보기로 한다.

정도전에 관한 최초의 연구는 일제시대에도 있었지만 어느 정도 연구가 시작된 시점을 1950년대 후반으로 보면 지금까지 근 50년 가까이 연구되었음을 알 수 있다. 또 삼봉집의 간행과 종합적 토론이 1980년에 있었으므로 이를 기준으로 보아도 약 30년 가까운 시간이 지났다. 최근 2003

년에는 삼봉학학술회의까지 열릴 정도로 삼봉 정도전에 대한 연구는 심화되었다. 그럼에도 불구하고 정도전에 대해서는 아직 본격적인 연구사 정리가 시도되지 않은 것으로 보인다. 따라서 여기에서는 그 사이 정도전에 대해 어떤 연구가 진행되었고, 그 한계가 무엇인지 정리하고, 특히 정도전 연구에서 핵심을 이루는 사상에서 새로운 연구방향을 모색해 볼까 한다.

정도전에 대해서는 주지하다시피 조선시대에는 극단적으로 회피하고 기피한 인물이라는 평이 지배적이었다. 그런데 이러한 평가는 대체로 사림(士林)들이 등장한 이후에 나온 것으로, 이때에는 심지어 간신(奸臣)이라는 표현까지 등장하기도 하였다. 하지만 조선전기에는 반드시 그렇지 않았던 것으로 보인다. 예를 들면 정도전이 역대 제왕의 일에 관해 편집한 책을 성종(成宗)이 인출(印出)하라는 명을 내리기도 하였던 사례가 있다.[1] 또 정도전의 문집이 조선전기에는 그의 생전인 태조 6년(1397), 세조 11년(1465), 성종 17년(1486) 등 모두 세 차례 간행되어 정도전이 사후에 반드시 적대적인 분위기에 있었던 것만은 아니라는 점을 증명한다.[2] 이후 조선후기에는 300년이 지난 정조 15년(1791)에 다시 간행되었다.

조선건국에 대표적 공로자인 정도전에 대한 이와 같은 상반된 인식은 조선후기의 평가 이래 대체로 부정적인 평가로 일관되어 이후 지속되었다. 그러나 1960년대 이래 한국사에서 내재적 발전론이 풍미함에 따라 조선의 건국에 대해 새로운 시각에서 긍정적으로 평가하는 연구가 이어졌고, 자연스럽게 정도전에 대해서도 새로운 평가가 나오게 되었다. 정도전에 대한 인식의 변화는 곧 조선시대 성리학과 그에 기반한 사상에 관해 연구자들의 인식이 어떻게 변화하였는지를 보여주는 사례이기도 하다. 곧 성리학에 대한 인식의 변화를 정도전에 관한 연구 역시 잘 보여준다고 할 수 있다.

---

1) 『成宗實錄』 권262, 成宗 23年 2月 甲子.
2) 한영우, 1977 「삼봉집 해제」 『국역 삼봉집』, 민족문화추진회 참조.

(2) 시기별 연구동향

1) 1970년대 이전

정도전에 대한 최초의 연구는 이상백(1)의 「삼봉인물고(三峯人物考)」이다. 이상백은 1935년에 이 논고를 제출하였는데, 주로 정도전의 죽음을 둘러싼 정치적 이유를 검토하였다. 그 결과 주로 정도전의 죽음을 합리화하기 위해 기록된 이유만 살펴보았을 때에는 역죄(逆罪)의 근거를 찾을 수 없다고 결론지었다. 그리고 정도전의 죽음과 관련된 실제의 이유는 태조와 태종의 갈등이라고 지적하였다. 그 갈등으로 인해 새로운 왕조의 최대공로자이며 실력의 중추였던 정도전이 제거되었으며, 태종은 고려의 '구가(舊家)'를 활용하였다고 보았다.

해방 이후 50년대의 관련연구는 정도전을 서울 건설의 공로자로 살펴본 김용국의 연구(5)가 최초의 논문으로 파악된다. 당시 정치가나 혁명가로서의 정도전보다는 조선 건국 후에 수도(首都)를 만든 공로자로서 파악하여 두 명의 인물 가운데 하나로서 정도전을 이해한 것이다. 이외에 50년대의 연구는 정도전을 본격적으로 다루기보다는 대명 외교관계를 살펴보는 가운데 정도전의 요동정벌계획을 고찰(6)하거나, 고려사의 편찬을 둘러싼 시말을 밝히는 가운데 정도전이 고려사 편찬에 간여한 점을 지적한 연구(8)가 있었다.

다만 이병도는 정도전의 유 · 불관을 살피는 논고(7)를 제출하여 정도전의 사상을 독자적으로 다룬 최초의 연구를 제시하였다. 이 연구에서는 정도전에 대한 본격적인 논고로서는 처음으로 그가 유교와 불교를 어떻게 보았는지를 살피고 있다. 모두 9쪽이 전부인 이 논고에서는 정도전의 생애를 먼저 살피고, 성리학과 관련해서는 「심기리편(心氣理篇)」과 「심문천답(心問天答)」을 살폈고, 불교와 관련해서는 「불씨잡변(佛氏雜辨)」

을 살폈으며, 「학자지남도(學者指南圖)」에 대해서도 추론한 것을 내용으로 삼았다. 대체로 간략하게 정도전의 성리학과 불교에 대한 인식을 요약적으로 살폈으며, 성리학 수입 시기에 이 정도의 저술이 흔치 않음을 지적하였다. 이 논고에서 조선 초 배불과 관련하여 바로 「불씨잡변」이 지적됨으로써 이후 정도전에 대한 관심이 배불론과 관련하여 지속되는 시발점이 되었다. 이와 같이 살펴볼 때 1950년대에는 정도전에 대해 독자적인 연구는 아직 본격적으로 시도되지 않았다고 할 수 있다.

이런 흐름은 1960년대에도 이어졌다. 이우성(9)은 고려말기 나주목의 거평부곡(居平部曲)을 연구한 논문에서 연구의 소재로 정도전이 적거(謫居)생활을 하며 적은 기록을 활용하였다. 종래까지의 부곡에 대한 연구가 부곡이 천민집단이라는 점에 초점을 맞추었던 것에 비해, 이 연구에서는 정도전이 쓴 「소재동기(消災洞記)」 등의 기록을 활용하여 주민의 상태와 농민의 성격 및 가족·촌락형태를 살펴서 부곡민이 일반군현의 양민(良民)과 큰 차이가 없음을 밝혔다. 비록 정도전에 대한 본격적인 연구는 아니었지만 『삼봉집』의 기록을 적극적으로 활용하였고, 정도전의 유배생활을 구체적으로 밝혔다는 점에서 앞으로 정도전 연구의 디딤돌이 되었다고 할 수 있다.

2) 1970~80년

1970년대에는 한국사연구가 전면적으로 활성화되고, 조선전기 연구도 이전에 비해 크게 활발해졌다. 1970년대 초에 쓰인 이종익의 「정도전의 벽불론 비판」(11)은 정도전의 불교비판을 정면으로 다루었다. 불교학의 측면에서 정도전의 불교비판을 다룬 한계가 있기는 하지만 정도전과 관련하여 불교비판을 본격적으로 다룬 데서 이 연구의 의미가 있다. 이병도의 연구를 이어 이후 정도전 연구에서는 「불씨잡변(佛氏雜辨)」을 중심으로 한 그의 불교비판이 하나의 큰 흐름이 되는데, 이 연구도 그런 의미에서 선구적인 의미가 있다. 하지만 정도전의 불교비판에 관해 이전의 불교사적인 흐름에서 볼 때 '이론적인' 비판이라는 점에서 의미가 있다고 평가하였음에도 불구하고, 이 논고에서는 불교 '학'의 관점에서 정도전이 제대로 불교를 이해하지 못하였음을 한편으로 비판하였다. 그러나 이 논고 역시 불교(교리) 측면의 입장에 선 비판이라는 한계를 스스로 넘지 못하였던 것이다.

정도전에 대해서 경제 및 개혁사상에 관한 연구는 경제학적 측면에서 김삼수의 연구(12)와 일본의 강원 겸(江原 謙: 13)에 의해 제시되었다. 김삼수의 연구는 정도전의 경제사상을 척불론과 유학이데올로기에 토대한 것으로 보고 순수성, 이론성, 체계성의 측면에서 긍정적으로 평가하였다. 정도전의 개혁사상에 대해서는 토지관계론과 군신관계론 등을 검토하여 정도전이 새로운 지주 전호관계에서 지주의 입장에 기초하여 권귀(權貴)·사원(寺院)의 대토지소유에 대해 비판하였고, 국가권력에서 사대부의 주체성을 주장함으로써 조선주자학에서 봉건적 사유의 기초를 놓았다고 평가하였다. 이 연구는 정도전의 개혁사상에 대해 봉건제의 틀 속에서 지주를 옹호하는 사대부사상이라는 평가를 본격적으로 한 면에서 의미있는 연구였다. 하지만 정도전의 문제의식이 '중소지주' 지향에 머문 것인지는 의문의 여지가 있었다.

그에 비해 정도전을 소재로 그의 사상을 객관적으로 조명한 연구는 한영우(15·16)에 의해 최초로 제시되었다. 한영우는 정도전의 정치개혁사상과 사회·정치사상을 잇달아 조명하고, 이를 종합하여 단행본(17)으로 출간하여 정도전 사상의 전체상을 제시하였다. 우선 정도전의 정치개혁사상과 사회·정치사상을 다룬 일련의 논고에서 그의 출신 배경에서부터 혁명사상, 신분·직업론, 교육·선거론, 통치체제론 등이 객관적인 형태로 해부되었다. 곧 정치사상에서는 정도전이 『주례(周禮)』를 모델로

하여 유교적 이상 국가를 실현하려고 하였다고 주장하였다. 모든 인민을 평등화하고, 능력에 따라 직업을 나누며, 관료집단에 의해 운영되는 중앙집권적 관료지배체제를 지향하였다고 하였다. 따라서 통치자는 인민의 민본과 애민, 위민정신에 따라 정치를 해야 하며, 이를 위배했을 때는 교체될 수 있는 것으로 보았다. 또 재상이 정치에 참여함으로써 세습군주는 용인되나 군주의 전제는 배격되는 것으로 보았다. 비록 정도전을 후대의 실학자나 중국의 황종희(黃宗羲)와 비교하기에는 이르나 그 개혁성에서는 선구에 해당하는 것으로 보고자 하였다.

이러한 연구는 단행본으로 이어져 『정도전(鄭道傳) 사상(思想)의 연구(硏究)』(1973)로 하나의 매듭이 지워졌다. 한영우는 정도전이 지주적 성리학보다는 농민적 성리학, 즉 자작농국가의 건설을 목표로 한 농민적 성리학의 단계를 목표로 하였다고 보았다. 이를 위해 양인(良人)을 근간으로 하는 민본국가의 건설과 민족국가의 확립이 제시되었는데, 민본적 민족국가의 체제는 주례=주대국가체제이며, 이를 성리학이 뒷받침하고 있었다고 보았다. 이러한 설명은 종래 성리학은 중소지주의 이데올로기로서 중세국가의 사상적 기반에 불과하다는 통설에 대한 반박으로서 참신한 견해였다고 할 수 있다. 정도전이 단순히 지주에만 머문 것이 아니라 농민의 이익을 대변하는 사(士: 지식인)의 역할을 감당하였으며, 이는 곧 민본(民本)의 실현이었다는 것이다. 따라서 이런 의미에서 조선 초에도 조선 후기와 같은 실학(實學)이 존재하였다고 하였다.

이후 1970년대에는 정도전에 대한 연구가 여말선초의 배불(排佛)과 호불(好佛)을 다루는 연구(19)와 법사상(20) 등의 영역으로 확대되었다. 특히 법사상을 검토한 최종고는 『조선경국전(朝鮮經國典)』에 나타난 법사상에 법치사상(法治思想) · 성문법주의(成文法主義)가 표현되었음을 주목하였다. 본격적으로 정도전을 다루는 것은 아니지만, 과거제도(21), 요동공벌(遼東攻伐: 22), 사서(史書)의 역사인식(23) 등 조선 초의 문제를 다루는 가운데 정도전의 역할을 살피는 연구도 제시되었다. 그러한 가운데 1977년에 『삼봉집』이 국역된 것(25)은 정도전 연구에서 전환을 이루는 계기가 되었다.

또 1980년에 진단학회에서 한국고전연구심포지움의 하나로 『삼봉집』을 검토한 것은 당시까지 정도전 연구의 성과와 한계를 검토하고, 새로운 모색을 하는 계기가 되었다. 이 심포지움에서는 한영우(28), 정두희(29), 윤사순(30) 등이 각각 정도전의 인간과 사회사상, 병제개혁안의 성격, 성리학의 특성과 평가문제 등을 논하였다.

그 결과 한영우는 정도전의 가계(家系)에 대해 이전에 다루지 못했던 부분을 상세하게 고찰하면서 그의 모계의 혈통에서 차씨(車氏)집 노비의 피가 섞였고, 처계의 혈통에서도 정도전의 처가 차씨(車氏)집안의 서얼녀(庶孼女)였기 때문에 신분적으로 하자가 있음을 밝혔다. 이런 신분상의 하자는 정도전이 정주학(程朱學)을 받아들이는 문제에서도 정주학의 명분에 적극성을 띄지 못하는 이유가 된다고 하였다. 나아가 정주학의 한계를 불교와 도교의 부분적 절충을 통해 극복하였다고 지적하였다.

병제개혁안에 대한 정두희의 검토는 그의 병제개혁안이 태종의 강력한 지지를 받은 것을 고려해 볼 때 기존의 연구처럼 일방적인 재상중심의 정치체제를 구상한 것이라고 보기에는 어려운 측면이 있음을 지적하였다. 또한 정도전 성리학의 특성에 대해 검토한 윤사순은 그의 성리학이 '배불론(排佛論)' 과 '관학화(官學化)의 지향' 이라는 두 가지 주제로 요약될 수 있다고 하였다. 즉 정도전의 배불론은 그의 성리학에서 보이는 주요한 특징이며, 배불을 통해 새로 태어난 조선조 문화의 지주로서 (성리학의) 관학화를 지향한다고 보았다.

1980년대에는 정도전과 관련된 연구의 양이 이전에 비해 두 배 정도로 늘어났다는 점에서 특기할 만하다. 교육대학원의 석사학위논문을 제외하고, 학술지나 단행본에 실린 연구를 대체로 개관해보면, 문학관련 6

편, 불교관련 5편, 정치나 사회 · 사상 등 4편, 군사관련 1편, 법사상 1편 등 모두 17편 정도의 논문이 제출되었다. 그 가운데 특히 문학 관련의 연구가 이전에 비해 대폭 늘었다는 점이 주목할 만하다. 이전의 연구에서는 그의 사상이나 불교 관련 연구가 다수를 이루었으나 70년대의 국역문집 간행과 1980년의 진단학보에서의 『삼봉집』에 관한 토론 이후 문학 관련의 연구가 늘어나 그의 시(詩), 문(文)이 본격적인 분석의 대상이 되었다. 그래서 정도전의 도연명에 대한 관심을 주목한 연구도 등장하였다.(50)

문학 방면 이외에 그의 불교관과 관련된 연구는 꾸준히 이어졌다. 이 시기 불교에 대한 연구는 이전 연구가 주로 불교학자들에 의해 주도되었던 반면 역사학 방면에서 그의 배불사상에 관련된 연구가 제시되었다는 점에서 새로운 방향 전환이 모색되었다. 김해영(38)은 배불사상이 단순하게 나타난 것이 아니라 대두하는 지적 배경과 의식적 기초가 있다고 하였다. 즉 정도전의 학력에서 이학(理學)에 심화될수록 기송(記誦)과 공리(功利)를 배격하게 되었고, 또 유(儒)를 학문과 직업으로 특별하게 의식하게 되면서 신앙으로서의 불교를 유교로 대체하고, 또 교화의 주체 역시 불자(佛者)에서 유자(儒者)가 바뀔 수 있는 논리를 갖추게 되었다는 것이다.

따라서 정도전의 배불론은 단순하게 불교적 교리 세계의 지적 탐구의 성과로서 나온 것이 아니라 군주로부터 신민(臣民)에 이르기까지 불교적 정신세계를 벗어나게 하려는 이데올로기 변혁이라는 명확한 목표의식이 있었다고 결론지었다. 이러한 연구는 그의 배불사상을 사상사적 전환이라는 맥락에서 접근하였다는 점에서 교리적 연구가 지배적이었던 이전 연구에 비해 참신한 측면이 있었다.

이에 비해 불교학 측에서는 정도전의 불교관에 대해 척불의 관점에서만 연구하던 것에서 벗어나 불교 이외에 노불관(老佛觀: 40)이나 유교(儒敎)나 불교(佛敎), 도교(道敎)를 합하려는 삼교회통(三敎會通)의 관점에서 정도전의 삼교관(三教觀)까지 파악하는 한종만(韓種萬)의 연구(51)가 이어졌다.

문학이나 불교에 비해 정도전의 사상에 대한 일반적인 연구는 크게 진전이 없는 상태로 이어졌다. 다만 한영우는 1983년에 『조선전기사회사상연구』(36)라는 책을 출간하여 정도전의 인간과 사회사상을 조선전기의 사회사상의 측면에서 종합적으로 검토하는 연구를 지속하였다.

그리고 이석규(49)는 정도전의 정치사상에 대해 유교적(儒教的) 민본사회(民本社會)를 추구하는 관점에서 그의 성리학 인식과 연결하여 살펴본 연구를 제시하였다. 이 연구에서는 정도전의 성리학 인식에서 그가 기(氣)에 보다 주목함으로써 법으로 제도상의 문제를 보완할 수 있었고, 결국 민본정치를 가능하게 할 수 있다고 하였다. 그 점에서 제도개혁에 대해 정도전은 사상적 논리구조를 가졌으며, 이는 마치 율곡 이이와 비슷한 것으로 사상사적 위치를 지녔다고 하였다.

정도전의 성리학 인식과 관련해서는 철학분야에서 유인희(39)가 퇴계와 율곡 이전의 조선성리학에서 문제가 어떻게 발전되었는가를 살피면서 정도전의 성리학을 다루었다. 유인희는 정도전과 권근이 정주리학(程朱理學)에 근거하여 철학논문을 최초로 내놓았고 보았다. 그중에서도 권근의 문제의식이 더욱 주목된다고 하였는데, 정도전은 권근에 비해 사상가 혹은 경세가로서의 역할이 컸기 때문이라고 하였다. 하지만 정도전의 정·주리학 이해의 정확성과 관련하여 성(性)에 대한 이해, 이기(理氣)의 개념, 인간관(人間觀), 존심(存心)·궁리(窮理)의 방법론 등에 대해서까지 거의 정확하게 성리학을 이해하였다고 보았다. 또 이를 응용하여 불교이론을 비판하였다고 보았는데, 다만 정도전의 도(道)·불(佛) 비판에도 불구하고 그에게 음양오행설을 중심으로 도교적 요소가 있다고 지적하였다. 그리고 결론적으로 정도전은 정주리학의 문제를 독자적으로 발전시키지는 못했다고 평가하였다. 이러한 지적은 결국 정도전의 성리학 이해가 비교적 정확한 것이었다는 일반적인 평가를 수용하면서도 동시에 다른 요소가 있음을 지적한 맥락과 비교적 연결된다. 이 견해는 정도전의 성리학 이해가 부족하다는 이전의 평과는 배치되는 의견이라고 할 수 있다.

3) 1990년대 이후

1990년대 이후 연구동향을 보면 크게 몇 가지 점이 주목된다. 우선 정도전을 단독으로 다룬 논고에다 정도전까지 연구대상으로 삼은 연구가 대폭 증가하여 2007년 현재까지 정치관련 8편, 문학관련 6편, 사상 중 성리학관련 9편, 종합적인 사상관련 26편, 불교관련 3편 등 모두 50여 편의 연구가 제출되었다. 단독으로 정도전을 다룬 연구만이 아니라 비교연구까지 포함한 것이라고 하더라도, 80년대와 비교해 보면 16년 사이에 연구의 절대량이 크게 늘어났음을 알 수 있다.

특히 그 가운데 주목되는 것은 정치학 분야에서 정도전에 대한 관심이 크게 증가하였다는 점이다. 몇몇의 연구자로 국한되기는 하지만 정치학 분야에서 정도전에 대한 관심이 꾸준하게 이어지고 있다. 또 정도전의 사상을 성리학 분야만이 아니라 성리학을 응용하여 현실의 정치사상, 혹은 경세사상으로 종합적으로 파악하려는 연구가 어느 분야에 비해서도 크게 증가하였다는 점이다.

우선 성리학 분야에서는 김충렬(53)이 고려 유학의 맥락 속에서 성리학을 받아들이게 되는 이유와 성리학이 수입되어 전개되는 과정에서 정도전의 배불이론을 검토하였다. 김충렬은 고려와 중국 측의 사정으로 인해 성리학 일반이 받아들여진 것이 아니라 주자학만을 수입하였음을 지적하고, 구산(龜山) 양시(楊時)의 학설을 수입하거나 원나라 때 남방의 학문을 수입하였다면 사정이 바뀔 수 있었을 것이라고 주장하였다. 정도전에 대해서는 그의 학설을 요약하여 정리하였는데, 정도전의 성리학이 그의 문인인 권근에 이어져 이론적으로 탐구되었다고 보았다. 정도전의 성리학에 대해서는 금장태(54)도 조선전기 성리학의 측면에서 살펴보았다. 금장태는 조선왕조의 성립을 전후로 하여 이미 성리학은 높은 수준으로 이해되었다고 보았다. 특히 도학은 성리학을 기초로 하여 불교를 이단으로 규정하고 비판・배척하는 등 조선왕조의 혁명이념을 지원하였다고 보았다. 일반적으로 도통(道統)에 입각한 도학(道學)의 심화는 조선중기부터 시작되는 것으로 이해하는 것에 비해 금장태는 조선 초부터 성리학에 기초한 도학이념을 통치이념으로 파악하였다. 그런 측면에서 정도전은 실천원리의 하나로 벽불론의 이론을 제시한 경우라고 본 것이다.

여말선초의 사상적 환경과 관련하여 채상식(62)은 유불교체의 사상적 맥락에 대해 여말에 주자성리학이 쉽게 수용될 수 있었던 사회적, 사상적 기반은 이미 고려중기 이래 불교계 내부에서 그 토대가 마련되었다고 보았다. 따라서 유불교체에 대해 대립적인 측면만으로 이 시기를 파악할 것이 아니라, 성리학에 대해 사회의 모순을 불교를 대신하여 해결해 줄 수 있는 이념으로 파악할 것을 주장하였다.

정도전과 불교에 관련된 연구는 이정주(65)에 의해 새로운 측면이 주목되었다. 즉 배불론자로서의 정도전의 모습만 있었던 것이 아니라, 그의 개인사를 검토해 보면 승려와의 교류가 지속되었으며, 경우에 따라서는 상당한 비중을 두었다는 것이다. 이런 성향은 스승인 이색과 비슷한 것이었는데, 그와 정치적 성향을 달리하게 되면서부터 불교계와의 유대관계도 끊어지게 된다고 설명하였다. 또 정도전의 저술인 『심문천답(心問天答)』에 관해 종래에 척불의 관점에서 이해한 것을 비판하고, 공리론(功利論)에 대한 비판의 각도에서 지어진 주자학적 저술임을 밝혔다. 이정주의 입론은 1998년에 제출한 「여말선초 유학자의 불교관」에서 정도전과 권근을 비교하는 것으로 정리되어 이시기 유학자의 불교관에 대한 하나의 정리를 이루었다. 그 외에도 몇몇 정도전의 배불에 관련된 연구가 제시되었으나 기존의 연구흐름을 크게 벗어나는 것은 아니었다.

90년대 이후 정도전에 대한 정치학 분야에서의 관심은 이전에 비해 크게 늘어난 것이었다. 최연식(75)은 여말선초의 권력구상에 대해 왕권론, 신권론, 군신공치론으로 크게 3부분으로 나누어 설명하였다. 기존의 논의가 정치 · 사상적인 면에서 이색의 왕권론과 정도전의 신권론으로만 살펴보았던 점을 비판하고, 왕권과 신권 사이의 도덕적 균형을 모색한 권근의 군신공치론에 주목하였다. 또 이색의 왕권론은 성리학의 정합적 이론구조에 대한 명확한 인식을 결여한 측면에서 권근의 군신공치론에 논리적으로 포섭될 수 있다고 보았다.

또 이어 정도전의 정치현실주의와 성리학을 다루면서 정도전의 성리학을 창업론의 관점에서 이해하였다(89). 정도전은 정치와 도덕의 통합을 지향하였고, 현실의 다양한 변화에 적응 · 대응하며, 불교 대신 새로운 문명적 대안을 제시하였다는 논리이다. 정치사적 접근으로 주자학과 조선건국의 문제를 연결하여 해석하려는 시도는 박홍규(91 · 92)에 의해서도 시도되어 정도전의 사상과 행동을 시간 순으로 재구성하기도 하였다.

최상용의 경우(102)에도 기존에 '정치가'로서 정도전이 검토되지 않았음을 지적하고, 정도전이 주자학이라는 이념적 기반 위에 공전제(公田制)를 경제적 기반으로 삼고, 재상제를 권력기반으로 삼았다고 하였다. 김영수(78)도 이색과 정도전을 비교하여 그들의 정치적 활동을 중심으로 여말선초 시기에 정치사상의 갈등을 다루었다. 그의 견해는 박사학위논문으로 확대되었고, 정도전에 국한한 것은 아니지만 『건국의 정치』로 정리되었다(114).

정치사와 관련된 연구는 역사학 분야에서도 시도되었다. 김당택(72)은 고려의 우왕대에 이성계와 정몽주 · 정도전이 정치적으로 결합할 수 있었던 배경을 살폈다. 우왕대에 유생들은 기득권을 장악한 무장에 비해 열악한 위치에 있었으며, 무장 사이에서 소외된 이성계는 이러한 유생들과 긴밀하게 연결될 충분한 조건이 있었다고 보았다. 정도전을 중심으로 한 정치세력의 형성은 이익주(110)에 의해 해명되었다. 이익주는 건국세력으로 비슷하게 묶여 이해되었던 정도전과 조준 사이에 적지 않은 차이가 있음을 주목하여, 그것이 위화도회군 이후로 변화하였음을 지적하였다. 즉 위화도회군 이후 개혁파 유신들은 전제개혁을 추진하였는데, 이는 조준이 주도하였고, 이후 1391년(공양왕 3년)의 척불운동이 일어나면서 정도전은 새로운 변화를 끌고 나갈 수 있게 되었다고 파악하였다. 조준과 정도전의 개혁 방안이 차이가 있다는 점은 유창규(60)에 의해서도 이미 지적된 바가 있었지만 보다 상세하게 파악한 연구이다.

90년대 이후 역시 정도전에 관한 연구 중에서 가장 많은 수를 차지하는 분야는 아무래도 종합적인 개혁과 관련된 연구이다. 주로 정치사상이나 사회사상을 중심으로 한 개혁사상, 혹은 경세사상에 관련된 연구가 많다. 이 분야에서 괄목할 만한 연구를 제출한 사람은 도현철이다. 그는 90년대 후반부터 주로 정도전 계열의 사대부와 이색 계열의 사대부를 비교하는 방법을 주로 사용하여 교화론(敎化論)과 생업안정론(生業安定論: 68), 예(禮)인식과 정치체제론(政治體制論: 69) 등을 고찰하였다. 또 이것을 종합하여 1997년에 박사학위논문으로 제출하였다(70). 비록 정도전과 이색을 비교하는 관점을 취하였으나 정도전과 관련하여 한국사분야에서는 최초로 나온 박사논문으로 파악된다.

이후 도현철은 이전과 같은 비교방식으로 관료제 운영의 예적(禮的) 원리(73)를 밝혔고, 나아가 『경제문감(經濟文鑑)』에 원용(援用)된 주자의 글을 비교하여 지적하였다(83). 이후 『경제문감』에 인용된 전거를 보다 자세하게 밝혀 『산당고색(山堂考色)』, 『주례정의(周禮訂義)』, 『서산독서기(西山讀書記)』, 『문헌통고(文獻通考)』 등이 그 대상임을 지적하였고(93), 이에 근거하여 정도전의 정치사상을 분석하였다. 또 정도전의 정치체제론과 재상정치론을 정리하기도 하였으며(91), 최근에는 정도전이 사공학을 수용한 점(101)을 지적하기도 하였다. 정호훈도 최근의 논고에서 정도전의 재상정치는 공업(功業)·사공(事功) 지향의 정치론임을 지적하였다(113). 도덕성에 기반한 주자의 정치론과는 달리 법제적으로 구축된 관제(官制)를 효율적으로 운영하는 것을 목표로 한다고 주장하였다.

한편 노비(奴婢)문제와 전제(田制)문제에 대해서는 많지 않지만 1편씩의 논고가 발표되었다. 박진훈(74)은 고려말 문제가 되었던 노비변정(奴婢辨正)에 대해 지적하며, 변정대상이 된 노비는 양인농민으로서 개인에게 사적(私的)으로 예속되어 국역부담에서 빠지고 사민화(私民化)·노비화(奴婢化)된 존재, 곧 조업노비화(祖業奴婢化)된 양인농민(良人農民)으로 파악하였다. 정도전과 조준은 이러한 양인농민에 대한 지배예속관계를 부정하면서 양인농민을 변정하여 국역을 부담시켜 통치의 대상을 확대해야 한다는 입장이었다. 하지만 이러한 입장은 구세력을 포섭하기 위해 안정을 기하려는 의도에서 인물추판도감(人物推辦都監)과 호구성적(戶口成籍)을 폐지함으로써 노비변정이 중단되었다고 보았다.

김형수(金炯秀)는 정도전과 조준의 전제관(田制觀)을 분석하였다(98). 그는 정도전과 조준이 우왕 축출 이후 공양왕 3년까지 사전개혁논의에서 주도적인 위치를 차지하였다고 파악하였다. 다만 둘 사이에는 약간의 차이가 있었는데, 그것은 근원적으로 정전제(井田制)의 실시 가능성과 관련된다고 보아, 정도전은 토지국유를 기반으로 정전론을 추구하였고, 조준은 수조권(收租權)의 재조정을 통해 문제를 해결하려고 하였다고 보았다.

90년대 이후 정도전의 연구에서 보이는 변화의 징표는 삼봉정도전선생기념사업회에서 2003년에 개최한 삼봉학학술회의와 그 결과로서 이듬해 출간된 『정치가 정도전의 재조명』(104)을 통해 확인할 수 있다. 대체로 이전에 발표한 논고이기는 하지만 최상용과 이익주, 박홍규, 문철영은 각각 정치가로서의 정도전, 시문(詩文)을 통해 본 정도전의 교유관계, '공요(功遼)' 기도로 본 전술가로서의 정도전, 역사심리학적 고찰로 본 정도전 등 정도전 연구의 다양한 측면을 검토하였다. 종합토론에서의 언급처럼 정도전 연구의 새로운 전기가 될 정도로 이전의 연구보다는 심화된 면이 있었다. 즉 기왕의 연구가 정치사상이나 개혁사상, 배불사상 등 과학적이고 합리적인 해석을 중심으로 전개된 면이 있었던 것에 비해, 시대적인 여건 속에서 정도전이라는 인물이 어떤 정서적인 판단을 하였는지, 교유관계를 유지하였는지, 또 정치적인 판단을 하였는지에 이르기까지 한 인물의 깊숙한 내면적인 곳까지의 이해를 시도하였다는 점에서 의미가 있다고 할 수 있다.

(3) 새로운 사상사적 모색

1) 대불교관

지금까지 이루어진 정도전 연구에서 그의 불교관에 대해서는 몇 가지 중요한 점이 해명되었다. 우선 기왕의 연구에서 정도전의 척불론의 성격에 대해 어느 정도 합의가 모색되었다. 정도전의 척불론은 주자의 설에 입각한 것으로 불교적 입장으로 볼 때는 피상적이고 천박한 것이라는 견해(이병도)와 벽불 논리가 불교뿐만 아니라 유교철학의 관점에서 보더라도 많은 약점이 있다는 견해(이종익)가 제기되었다. 다만 역사적 관점에서 볼 때 배불의 동기가 불교의 사회적 폐해를 극복하려는 것에 있었으며, 사회적 모순과 윤리의 타락을 공격한 것이라는 견해(한영우)도 있다.

한편 배불론, 또는 척불론의 관점에서 정도전을 이해하는 것에서 나아가 정도전의 척불론에 대비하여 호불(護佛)의 관점에서 비교하는 연구도 제시되었다(김용조). 또 배불과 호불의 관점을 넘어서 유교와 불교, 나아가 도교까지 포함하는 삼교회통(三教會通)의 관점에서 이 시기를 이해하려는 연구도 있다(한종만). 이러한 연구에서는 정도전의 불교에 대한 이해도 배불보다는 삼교에 대한 관심 속에서 비교하여 고찰하고 있다.

그리고 정치적인 관점에서 배불이 정치적인 논리로만 기능한 것이 아니라 신앙으로서 불교를 대체하려는 명확한 이데올로기적 목표를 지녔던 측면이 지적되면서 사상운동의 주체가 교체되는 면까지 고려되어야 함을 지적하게 되었다(김해영). 또 정도전의 척불논리를 그의 생애를 통해 복원함으로써 그를 수미일관한 척불론자로서의 면모로만 볼 수 없으며, 그의 저술 가운데 『심문천답(心問天答)』은 반공리(反公利)를 주창한 주자학적 저술임이 확인되기도 하였다(이정주).

정도전의 불교관에 대한 이러한 진전된 이해에도 불구하고 여전히 여말선초 유불교체라는 거대한 사상사적 전환이 지니는 의미에 대해서는 충분히 해명되지 못한 점이 있다. 우선 정도전의 배불사상이 동아시아에서 유래가 드문 불교에 대한 철저한 비판이라는 평가(한영우, 삼봉집 해제)는 좀 더 철저한 검증이 필요한 주장이다.[3] 정도전의 배불론, 척불론이 단지 정치적인 구호로 그친 것이 아니라 철학적인 면까지 포함하고, 새로운 세계를 구축하려는 비전을 포함한 것이었다면 이는 좀 더 포괄적인 시야에서 비교를 요하는 대목이다.

사실 불교에서 유교(성리학)로의 거대한 사상의 전환이 이루어진 것은

3) 이 주장의 근거는 『佛氏雜辨』에 쓴 권근의 (後)序에 나온 다음과 같은 말을 염두에 둔 것으로 추정된다. "(권근이)탄식하여 말하기를, "楊墨이 이 길을 막음에 맹자가 말로써 물리쳤는데, 佛法이 중국에 들어오니 그 폐해가 양묵보다 심하였으므로, 선유들이 이따금 그 그릇됨을 변박하였으나 책을 지을 만한 사람이 없었다. 당나라의 韓退之(韓愈) 같은 재주로도 張籍 · 皇甫湜의 무리들이 따라다니며 저서하기를 청했으나 역시 감히 저서하지 못 했거늘 하물며 그 아래 사람들이랴?" 『三峰集』 권5, 「權近(後)序」 참조.

중국에서는 당송(唐宋)교체기라는 이미 한 차례의 사례가 있다. 시간의 격차가 있지만 여말선초에 일어난 배불운동 역시 본질적으로는 유불교체라는 사상사적 전환이 핵심이었다면, 이를 정치적인 구호, 불교와 유교의 단순 논리비교, 불교에 대한 이해 정도라는 소극적 기준으로 접근할 문제가 아닌 것이다. 보다 적극적으로 중국의 경우와 비교하여 유불교체의 사상사적 전환에서 발생하는 필연적인 현상, 보편적인 현상이라는 관점에서 새롭게 접근해야 할 것이다.[4)]

이러한 관점에서 유불교체를 단순하게 척불이냐 아니냐의 관점으로 볼 것이 아니라 성리학과 불교 간에 받아들일 수 있는 토양, 예를 들어 고려 중기 이래 간화선(看話禪)이 유행하여 심성화(心性化) 경향을 이해할 수 있는 바탕이 마련되어 있었다는 지적은 의미가 있다(채상식). 그러나 이러한 지적도 중국의 경험을 모두 검토한 가운데, 나온 것은 아니다. 성리학에 대한 정도전의 인용과 마찬가지로 정도전의 척불논리에서도 단순하게는 중국에서의 척불논리, 혹은 구절의 인용까지도 상정할 수 있다. 물론 이러한 조사를 기반으로 당송교체기 유불교체의 상황에서 파악될 수 있는 척불론과의 논리적인 비교를 통해서 정도전의 척불론이 지니는 역사적, 전환기적 의의를 분명하게 설명할 수 있을 것이다.

2) 성리학 이해

정도전의 성리학, 혹은 성리학에 대한 이해는 그의 사상을 설명하는

4) 이와 관련하여 연세대학교 국학연구원의 연구발표회(2004. 12. 10)에서 발표된 신규탁의 「유교 측의 불교 비판과 그에 대한 불교 측의 대응-」 중국의 경우와 비교하는 관점에서-」이라는 논문에서 정도전의 『심문천답』의 논리가 당나라의 한유, 유종원, 유우석 사이에서 있었던 논쟁과 연결되거나 韓愈의 「原道」에 나타난 배불론이 송대 구양수에게 영향을 준 것 등을 지적한 선행 연구가 있다. 연세대 국학연구원 제360회 국학연구발표회 자료집 참조.

데 매우 핵심적인 의미를 지닌다고 말할 수 있다. 초기의 연구에서는 정도전의 성리학을 설명하는 데에 현전(現傳)하지 않는 『학자지남도(學者指南圖)』를 예로 들어 이 저서가 권근의 『입학도설(入學圖說)』에 영향을 미친 것으로 보아 그에 인용된 「십이월괘지도(十二月卦之圖)」와의 관련성을 설명하기도 하였다(이병도).

정도전의 사상을 전면적으로 해부한 한영우의 연구에서는 성리학을 지주적 성리학과 농민적 성리학으로 구분하여 정도전이 지주적 성리학보다는 농민적 성리학, 즉 자작농국가의 건설을 목표로 한 농민적 성리학을 추구하였다고 보았다. 다만 이를 실현하기 위해 의지한 모델은 『주례(周禮)』라고 하였다. 『정도전사상의 연구』의 제1판에서는 분명하게 하지 않았지만 나중에 『주례』를 설명하면서 성리학의 왕도주의(王道主義)에 대비해서 『주례』적 질서는 왕도(王道)와 패도(覇道)의 조화를 추구하는 것이라고 설명하였다(한영우, 1992).

정도전 연구에서 중요한 위치에 있는 한영우의 이와 같은 성리학에 대한 시각은 기본적으로는 성리학을 도덕주의, 혹은 이상주의로 전제한 데에서 유래하는 것으로 볼 수 있다.[5] 따라서 조선초기의 성리학에 대해서 성리학이 뿌리내리지 않았던 시기라고 본 것(1983, 한영우)은 16세기 이후 사림들이 추구한 성리학을 염두에 둔 이해와 크게 다르지 않다. 그러므로 한영우는 성리학의 도덕주의, 이상주의는 주로 가치의 영역에 관계하는 것이므로 실제로 현실을 움직였던 힘은 성리학 이외의 요소에서 찾으려는 것이었다. 『주례』의 질서를 왕도와 패도가 조화를 이룬 것으로 보아 '국가사회주의' 와 비슷한 성격으로 이해한 것은 성리학에 대한 이와

5) 대표적 철학자인 윤사순의 이해 역시 정도전 성리학에서 보이는 배불론으로 그의 성리학 전체를 규정하는 한계가 있었다. 즉 『조선경국전』이나 『경제문감』 역시 그의 성리학에서 나온 것으로 보지 않고, 배불론의 윤리질서까지만 성리학으로 보아 성리학을 역시 철학적인 방면으로 한정지운 한계가 있다.

같은 전제가 있었기 때문에 나온 것이다.

그러나 문제는 지주적 성리학과 농민적 성리학으로의 구분이 가능한가라는 점이다. 과연 정도전이 농민적 입장을 대변하였다는 근거는 무엇인지, 또 『주례』와 성리학을 분리한 점은 타당한 이해인지에 대해서는 재검토의 여지가 있었다.

조선 초 성리학에 대한 이와 같은 이해는 문철영에 의해 새로운 모색이 이루어진다. 문철영은 성리학이라는 단일 척도로만 보면 궁리(窮理)보다는 거경(居敬)에 치우친 조선 초의 유학은 주자학의 미성숙으로 단정짓게 되며, 이에 따라 정통의 주자학과는 다른 공리적(公利的) 요소가 주류를 이루는 이 시기의 학풍을 한당유학이나 선진유학으로 규정짓게 될 우려가 있다고 하였다. 이 시기 주자학이 본격적으로 발전하지 않은 점을 근거로, 철학사로는 미성숙이라고 부를 수는 있지만 사상사 측면에서는 적절하지 않음을 지적하였다.[6] 오히려 이 시기 신유학의 범주에 '격물치지(格物致知)'의 주자학을 중심으로 '명심(明心)'의 육학(陸學), 주(朱)·육(陸) 절충적인 '박학치지(博學致知)'와 '공리(功利)'를 내세운 여학(呂學) 등의 여러 학풍이 섞여 있었다고 하였다.[7] 이석규 역시 이런 논리에 찬동하여 성리학을 전면적으로 수용하지 않았다고 하여 이를 성리학에 대한 이해부족으로 돌리거나 성리학의 미성숙으로 인식하는 것은 부당하다고 이해하였다. 그래서 성리학 내에서 해결의 열쇠를 찾아 정도전이 기(氣)에 주목한 것이 그의 현실참여와 깊은 연관이 있다고 하였다.

성리학에 대한 이와 같은 이해와 비판은 근본적으로 성리학을 중소지

6) 주자학에 대한 정도전의 이해가 충분하지 않았다는 것이 연구 초기의 견해라면, 철학분야의 유인희의 연구(39)나 금장태의 연구(54)에서는 정도전이 주자학을 충분히 이해하고 있다는 쪽으로 이해하고 있다. 한국사상사학회 월례발표회(113차, 2007. 4. 14)에서의 토론에서도 정도전과 권근이 성리학자로서 모자람이 없다는 견해가 다수 제시되었다.

7) 문철영, 1986 「朝鮮初期의 新儒學 수용과 그 性格」 『한국학보』 36 참조.

주의 이데올로기로서 도덕지상주의와 연결시켜 설명한 데에서 출발한다. 그런데 필자가 보기에는 성리학에는 이미 현실을 설명하고 개혁할 수 있는 논리가 내포되어 있었다. 성리학은 도덕과 명분에 국한되고, 현실개혁적인 요소는 성리학 이외의 요소에서 찾는 것 보다는 정도전이 이해한 성리학에 이미 충분히 현실을 바꿀 수 있는 근거가 있다는 점이 주목되지 않았다. 왜냐하면 성리학에는 우주와 인간과 그리고 사회의 전체를 포괄하는 체계가 제시되어 있고, 그 각각에 대해 입론이 마련되어 있기 때문이다.

이런 점에 대한 연구는 도현철에 의해 보완되어 제시되었다. 도현철은 주자학을 받아들인 사대부들의 정치운영론 · 국가운영론이 깊이 있게 접근되지 못한 점에 주목하여 사대부들이 수용한 주자학의 학문체계와 이를 통한 정치 · 사회운영 방안을 살펴보았다. 그 결과 이 시기 사대부들이 주자학을 수용하였지만 크게 이색계열과 정도전계열로 나뉘었고, 그들은 정치적인 현안을 둘러싸고 왕조를 유지하려는 구법파와 체제변혁까지 모색하는 신법파로 나뉜다고 하였다. 그리고 이 둘 사이에는 주자학을 이해하는 방식에서 차이가 있어서 이색계열은 주자학의 명분론과 함께 사은(私恩) 등을 중시하며, 불교에 대해 허용적인 태도를 보이는 것에 비해 정도전계열은 주자학에 충실하고, 척불론을 주장하는 등 보다 주자학적 정치이념을 강조하였다고 보았다. 이러한 이해방식은 종래 명분과 의리, 혹은 도덕적인 관점에서 성리학을 접근한 시각에서는 볼 수 없었던 이해로, 정도전의 사상사적 의미를 새롭게 해석한 것이었다.

이후에도 도현철은 정도전이 근거한 성리학이 구체적으로 어디에서 유래하였는지를 추적하였다. 즉 『경제문감(經濟文鑑)』에 인용된 내용은 주로 『주례정의(周禮訂義)』 · 『산당고색(山堂考索)』 · 『서산독서기(西山讀書記)』 등에서 원용한 것으로 정도전의 독자적인 의견이 아니라 주자학 혹은 주자학과 일치하는 사공학 계열에서 영향을 받은 사실을 밝힌 것이다. 이는 정도전이 『주례』에 제시된 중앙집권적 정치체제를 고전 그대로 인용한 것이 아니라 송(宋)의 역사적 경험을 통해 수용하였다는 사실을 말해준다.

이러한 입론은 주자학의 범위를 이전보다 대폭 확장하여 주자학에 기반한 국가운영의 실체를 밝혔다는 점에서 연구의 수준을 한 단계 끌어올렸다고 할 수 있다. 그런데, 고려 말 수입된 성리학은 원나라를 통해서 들어오면서 사실은 원에서 교학화된 성리학에 영향을 받은 점도 간과할 수 없는 문제이다.[8] 주자학 계열의 학자들이 주자 이후 세대로서 주자학을 관학화하기 위해 남송에서 노력했지만 실제로 주자학이 현실적인 힘을 확보하여 국가운영에 본격적으로 활용된 것은 원대(元代)였다. 물론 원나라에서 활용된 주자학은 한계가 있는 것이기는 했지만 정도전의 스승이었던 이색이나 대부분의 고려 말 성리학자들에게 큰 영향을 끼쳤다. 또한 정도전의 사후 정도전과 정치적으로 반대편에 있던 세력들은 흔히 이색계열로 분류되는 인물들이 다수를 차지하였다. 이들은 태종대에 등장하여 조선 초 성리학에 큰 영향을 끼쳤다. 이들의 성리학과 정도전의 성리학은 조선에서 어떤 점이 같고 다른지에 대해 구체적으로 살펴볼 필요가 있다.

아울러 주자성리학에 초점을 맞추어 정도전을 설명할 때 해결해야 할 점은, 그가 대변한 사대부정치에서 그 근거가 되는 지주전호제가 분명하게 여말선초에 제시되었냐는 점이다. 이 시기 고려 말 조선 초의 사회경제상황을 보면 문제는 대토지 소유자, 농장의 소유자에게 집중된 토지소

8) 원대 성리학이 고려 말에 미친 영향을 검토한 글은 다음을 참조. 도현철, 2004 「원 성리학과 고려 성리학」 『여말 선초의 사상이행과정-불교에서 유교로-』, 연세대 국학연구원 제360회 국학연구발표회 자료집. 이 글에서도 고려후기에 수용된 성리학의 특징을 원의 사상동향과 연결하여 검토하였다. 다만 정도전의 경우는 이색이 원 성리학에 영향을 받은 것과는 달리 공민왕의 반원개혁과 명의 건국 이후 명의 문물제도 또는 송나라의 학문 전체와 연계된 분위기와 관련이 있는 것으로 보았다.

유와, 이 시기 문제가 된 신분문제, 즉 양인에서 사민화(私民化)·노비화(奴婢化)된 존재들을 해결해 주는 것이 급선무였다. 이를 위해 '지주전호제'를 강화하여 해결하였다기 보다는 양인농민의 확대를 통해 국가와 민의 연결을 극대화시키고, 중간지배층을 최소화하는 방향으로 문제를 해결하려던 시도가 있었다. 이런 점은 정도전의 성리학이 사대부의 이데올로기를 반영하는 것으로만 이해해서는 충분하지 않은 점이 있음을 시사해 준다.

3) 정치사상

정도전의 사상 가운데 가장 정채로운 부분은 정치사상이다. 정도전의 죽음이 극적인 것에서도 알 수 있듯이 그를 죽음에 이끌었던 원인 가운데 하나는 그의 정치사상과 깊이 연관되어 있다. 정도전은 기왕의 연구에서 충분히 지적된 것처럼 재상정치를 옹호하고 있다. 그의 대표적인 저술인 『경제문감』에서 재상제도에 대해 충분히 설명하고 있는데, 이러한 재상정치론은 기존 왕정체제의 문제점을 보완하는 것으로 이해할 수도 있고, 또 사대부 중심의 정치체제를 지향하는 제도로 이해할 수도 있다.

우선 정도전이 죽음으로써 '이씨국가(李氏國家)의 본질변화(本質變化)와 그 실력(實力)의 중심이 국가제조자(國家製造者)의 수중(手中)으로부터 그 반대파(反對派)의 장중(掌中)에 이전(移轉)'하였다는 이상백의 지적은 정도전에 대한 최초의 연구이지만 핵심적인 지적을 하였다고 여겨진다. 이 언급을 조금 더 진전시켜 보면 정도전의 죽음은 개인의 죽음이 아니라 조선건국을 둘러싼 세력(비록 이상백의 글에서는 조선건국을 둘러싼 세력과 그 갈등을 구체적으로 적시하고 있지는 않지만) 간의 총체적인 갈등의 결과였다고 할 수 있다.

정도전이 사후에 오랫동안 복권되지 못했던 이유가 고려왕조에 대한

'변절(變節)' 때문이라는 것은 대답에 충분하지 않다. 정도전의 죽음 이후 등장한 세력은 고려 말 조선의 개국에 반대하여 정도전이 제거하려고 작성한 즉위교서에 언급된 인물이 대부분이었다. 이들은 유사(流死)되었던 이숭인(李崇仁)·이종학(李種學) 등 7명을 제외하고는 거의 대부분 복권되거나 관직에 진출하였다.[9] 태종대에 활발한 활동을 펼치는 이들은 대부분 고려 말에 등과(登科)한 문신(文臣)들로서 특히 권근(權近)과 이방원의 좌주(座主)였던 우현보(禹玄寶)와 연결되었다. 따라서 정도전의 사후 정계는 급속하게 재편되었을 뿐만 아니라 사상계의 경우에도 조선의 건국세력(국가제조자)보다는 고려 말에 왕조를 유지하는 입장에 있던 이들의 사상이 보다 지배적인 위치를 점하게 되었다.

문제는 조선에서 정도전의 재상론이 갖는 의미가 무엇인가 하는 점이다. 조선은 원나라나 명나라와는 달리 의정부제도가 발달하였다. 이 점에서 곧 정도전의 재상정치가 실현된 것으로 볼 수도 있다. 그러나 조선초기의 정치현실을 고려해 보면 그 과정은 그리 간단하지만은 않았다. 조선초기에 중앙정치제도에서 재상중심의 의정부서사제는 육조중심의 육조직계제와 길항관계로 등락을 거듭하였다. 『경국대전』에는 의정부를 중심으로 제도화되었지만 성종 이전에 정치제도로서 의정부서사제와 육조직계제에는 변화가 적지 않았다.

『경국대전』에는 의정부의 기능을 '총백관(總百官), 평서정(平庶政), 이음양(理陰陽), 경방국(經邦國)'으로 규정하였다. 고려의 중서문하성 대신에 의정부라는 재상관청을 신설하고 여기에 세 사람의 의정이 동등한 지위에서 왕을 보필하도록 한 것이다. 이에 대해 대체로 정도전이 구상한 재상중심체제가 법제적으로 일단 채택된 것(한영우)이라는 설명은 조선전기라는 긴 호흡에서 보면 크게 틀린 설명은 아니지만, 조선초기의 정

9) 鄭治憲, 1991「麗末鮮初 科擧文臣勢力의 政治動向」『韓國學報』64 참조.

치가 끊임없이 의정부서사제와 육조직계제 사이의 갈등으로 점철된 점을 고려한다면 재검토의 소지가 있다.

오히려 조선 초의 경우 육조직계제가 보다 강력한 왕권의 뒷받침으로 인해 힘을 가지고 실천된 점을 고려할 필요가 있다. 또 국왕의 총애를 받은 의정(議政)이나 판서(判書)는 의정부나 육조가 중심이 된 국정운영체계에 구애받지 않고, 의정부나 육조의 권한을 강화하거나 제약하면서 국정을 주도하는 기능이 있었으며, 결국 정치운영체제와 관련 없이 국왕과 국왕의 신임을 받는 소수 재상(宰相)을 중심으로 한 정치가 이루어졌다는 실증적인 연구결과도 고려해야 한다.[10] 어떤 면에서는 조선 초의 정치에서 육조직계제가 활성화되었던 데에는 명나라에서의 변화도 고려에 넣어야 할 것이다.[11]

이런 점을 염두에 둔다면 정도전의 재상정치론이 얼마나 현실에 반영되었는가를 살피는 점은 매우 중요하다고 할 수 있다. 물론 이러한 점들을 해결하기 위해서는 조선 초의 제도사에 대한 심층적 이해가 필요하다고 할 수 있다.

한편 재상제도의 이해와 관련하여 중국과의 비교, 즉 명나라와의 비교도 필요하다. 조선에서는 의정부서사제와 육조직계제가 갈등을 거듭하면서도 의정부제도가 유지된 것에 비해 명나라에서 영락제 때에 재상제도가 폐지된 것은 조선의 경우와는 매우 다른 측면이다. 이 점에는 명나라와는 달리 조선에서 왕권의 집중도가 상대적으로 낮은 것을 추측해 볼 수도 있다. 또 최근 정도전의 경향성으로 지목된 공업(功業), 사공(事功) 지향의 정치론이 과연 원대에 체제교학화된 성리학과는 어떤 차이가 있는지 밝혀야 한다.

10) 韓忠熙, 1998 『朝鮮初期 六曹와 統治體系』, 계명대출판부, 제6장 六曹의 統治體系上 地位 참조.

11) 명초에 六曹의 典書가 3품에서 2품으로 올라간 것이 주목된다.

위와 같은 여러 점들을 고려해 볼 때 정도전의 사후 정도전이 정치적으로 위치할 곳은 더 이상 존재하지 않게 되었다는 점을 이해할 수 있다. 대신에 정도전과는 입장이 다른, 원에서 성리학을 받아들인 세력이 의미를 지니게 되었다. 다만 정도전의 사상이 전혀 무의미해진 것은 아니었다고 여겨진다. 우선 권근의 경우에도 정도전을 높이 평가하였으며, 정도전의 구상은 당시 활용 가능한 내용을 상당히 많이 포함하고 있었다. 이런 점에서 그의 정치사상이 구체적으로 영향을 미친 것이 무엇인지 혹은 교묘하게 배제된 측면은 무엇인지를 살펴야 한다.

(4) 맺음말

정도전 연구의 성과와 한계는 동시대 한국사연구에서 이룬 성취와 한계를 그대로 보여준다. 연구가 어느 정도 본격화된 1970년대 이래 정도전에 대한 연구도 내재적발전론(內在的發展論)에 입각하여 조선건국을 긍정적으로 파악하는 입장에서 새롭게 연구되었다.

의리와 변절이라는 도덕적 시각에서 벗어나 정도전을 객관화하여 조선건국에서 그의 역할을 조명하게 되었다. 이런 객관적인 시각으로 보았을 때 정도전은 고려 말에 수입된 성리학을 통해 새로운 개혁을 준비하였던 인물로 평가될 수 있다. 다만 그가 개혁의 무기로 삼았던 배불론, 성리학, 정치사상은 시대적인 한계에 따라 이해의 정도가 다를 수밖에 없었다. 연구가 쌓일수록 이런 점은 어느 정도 극복되어 정도전의 사상이 고려 말에서 차지하는 위치를 종적으로, 또는 횡적으로 이색 등과의 비교를 통해 알 수 있게 되었다.

하지만 아직도 정도전의 사상을 객관화하기에는 부족한 점이 없지 않다. 정도전의 배불론이 가지는 전환기적 의의는 역시 이미 같은 경험을 하였던 당송교체기의 유불사상의 변화를 비교, 고찰함으로써 한층 설득력을 지닐 수 있을 것이다. 성리학 방면 역시 정도전의 성리학이해가 국가운영 방안을 포함하는 것이라는 사실은 확인하였지만, 남송에서부터 원과 명에 이르는 동안 체제교학으로 기능하였던 중국성리학과 비교할 필요가 있다.

또한 정도전 정치사상의 핵심인 재상정치론이 조선초기에 왕권으로 권력이 집중되고 이에 따라 관료제가 작동되었던 현실 속에서 다양한 변화를 겪으며 정착되었던 의정부제도로 귀결될 수 있었던 과정도 보다 실증적으로 제도사적인 면과 중국과의 비교사적인 면에서 검토되어야 할 것이다.

인용문헌

1. 李相栢, 1935「三峯人物考(一)·(完)」『震檀學報』2·3, 진단학회.

2. ______, 1947『李朝建國의 研究』, 을유문화사.

3. ______, 1947「鄭道傳論」『韓國文化史研究論攷』, 乙酉文化社.

4. 末松保和, 1951「三峰集編刊考」『朝鮮學報』1.

5. 金龍國, 1958「서울 建設의 功勞者 鄭道傳과 朴子靑」『향토서울』4, 서울특별시사편찬위원회.

6. 신석호, 1959「조선왕조 개국 당시의 대명관계」『국사상의 제문제』1, 국사편찬위원회.

7. 李丙燾, 1959「鄭三峰의 儒·佛觀」『白性郁博士頌壽記念佛教學論文集』.

8. 申奭鎬, 1960「高麗史 編纂 始末」『海圓黃義敦先生古稀記念史學論叢』, 東國大學校史學會 黃義敦先生古稀記念論叢編纂會.

9. 李佑成, 1966「高麗末期 羅州牧 居平部曲에 對하여-鄭道傳의 謫居生活을 通해 본 部曲의 內部關係-」『震檀學報』29·30, 진단학회.
10. 洪以燮, 1968「鄭道傳의 朱子學的 政治理念」『韓國史의 方法』, 探求堂.
11. 李鍾益, 1971「鄭道傳의 闢佛論 批判」『불교학보』8, 동국대학교 불교문화연구소.
12. 金三守, 1972「李朝經濟思想研究(1)-鄭道傳의 經濟思想」『淑明女大 韓國政治經濟研究所 論文集』.
13. 江原 謙, 1972「三峰 鄭道傳の改革思想」『朝鮮史研究會論文集』, 朝鮮史研究會.
14. 琴章泰, 1972「鄭道傳의 闢佛思想과 그 論理的 性格」『東喬閔泰植博士古稀紀念儒教學論叢』.
15. 韓永愚, 1972「鄭道傳의 政治改革思想」『創作과 批評』제7권 제4호, 창작과 비평사.
16. ______, 1973「鄭道傳의 社會·政治思想」『韓國史論』1, 서울대학교 한국사학회.
17. ______, 1973『鄭道傳 思想의 研究』, 서울大學校文理大 韓國文化研究所.
18. 金元東, 1975「鄭道傳의 統治道德規範에 關한 研究」『慶熙大學校 大學院論文集』創刊號.
19. 韓鍾萬, 1975「麗末鮮初의 排佛·護佛思想」『韓國佛教思想史-崇山 朴吉眞博士 華甲紀念-』, 숭산 박길진박사 화갑기념사업회.
20. 崔鍾庫, 1975「鄭道傳의 法思想-韓國法思想에 대한 試論-」『文學과 知性』제6권 제3호, 일조각.
21. 朴天圭, 1976「文科 初場 講製是非攷-鮮初 科擧制度의 成立過程에 관한 一考察-」『東洋學』6, 단국대학교 부설 동양학연구소.
22. 朴元熇, 1976「朝鮮初期의 遼東攻伐論爭」『韓國史研究』14, 한국사연구회.
23. 韓永愚, 1977「15世紀 史書의 歷史認識에 관한 研究」『省谷論叢』9, 성곡학술문화재단.
24. ______, 1977「三峰集」『민족문화』3, 민족문화추진회.
25. 민족문화추진회 역, 1977『국역 삼봉집』, 민족문화추진회.
26. 宋昌漢, 1978「鄭道傳의 斥佛論에 對하여-佛氏雜辨을 中心으로-」『大丘史學』15·

16, 대구사학회.
27. 文璟鉉, 1980「麗末 性理學派의 形成」『韓國의 哲學』 9, 경북대학교 퇴계연구소.
28. 韓永愚, 1980「鄭道傳의 人間과 社會思想」『震檀學報』 50, 진단학회.
29. 鄭杜熙, 1980「三峰集에 나타난 鄭道傳의 兵制改革案의 性格」『震檀學報』 50, 진단학회.
30. 尹絲淳, 1980「鄭道傳 性理學의 特性과 그 評價問題」『震檀學報』 50, 진단학회.
31. 韓錫泰, 1980「朝鮮經國典의 政治學的 考察」『慶南大 論文集』 7, 경남대학교.
32. 朴性奎, 1981「鄭道傳 硏究-〈錦南雜歌〉, 〈錦南雜題〉를 中心으로-」『語文論集』 22, 고려대학교 국어국문학연구회.
33. 金容祚, 1982「己和와 그의 顯正論」『경상대학교 논문집』 21, 경상대학교.
34. 柳筍珠, 1982「鄭道傳의 思想에 關한 考察 ; 麗末鮮初 社會的 · 思想的 轉換을 基礎로」『儒學研究』 7, 성균관대학교 유학대학 유학과.
35. 李洪淳, 1983「論鄭道傳的排佛思想」『朝鮮問題研究叢書』.
36. 韓永愚, 1983『朝鮮前期社會思想研究』, 知識産業社.
37. ______, 1983『朝鮮前期社會經濟研究』, 乙酉文化社.
38. 金海榮, 1984「鄭道傳의 排佛思想」『淸溪史學』 1, 한국정신문화연구원 대학원 역사학과.
39. 柳仁熙, 1984「退 · 栗 이전 朝鮮性理學의 問題發展」『東方學志』 42, 연세대학교 국학연구원.
40. 韓鍾萬, 1985「朝鮮朝 初期의 老 · 佛融合論」『韓國宗教』 10, 원광대학교 종교문제연구소.
41. 文喆永, 1986「詩 · 文을 통해 본 鄭道傳의 內面世界」『韓國學報』 42, 일지사.
42. 江原謙 · 李洪惇 譯, 1986「鄭道傳的改革思想」『朝鮮史研究』.
43. 李康烈, 1987「三峯 鄭道傳의 田園詩 考」『漢文學論集』 5, 단국한문학회.
44. 趙興旭, 1987「鄭道傳의 文學觀과 그의 漢詩에 대한 小論」『한신논문집』 4, 한신대학교.

45. 金宗鎭, 1987「鄭道傳 詩觀의 한 局面 2 ; 吟風詠月에 對한 理解를 中心으로」『泰東古典研究』 3, 한림대학 부설 태동고전연구소.

46. 金鎔坤, 1988「麗末鮮初의 政治動向과 文廟從祀」『孫寶基博士 停年紀念 韓國史學論叢』, 지식산업사.

47. 曺圭益, 1989「鄭道傳樂章의 文學史的 意味」『숭실어문』 6, 숭실어문연구회.

48. 河且大, 1989「朝鮮初期 軍事政策과 兵法書의 發展」『軍史』 19, 국방부 전사편찬위원회.

49. 李碩圭, 1990「鄭道傳의 政治思想에 대한 研究 ; 儒教的 民本社會의 추구방식과 관련하여」『한국학논총』 18, 한양대 한국학연구소.

50. 金宗鎭, 1990「鄭道傳의 陶淵明에 대한 好尙」『벽사이우성선생정년퇴직기념국어국문학논총』, 동논총간행위원회.

51. 韓鍾萬, 1990「韓國의 儒佛道三教 會通論」『如山柳炳德博士華甲紀念 韓國哲學宗教思想史』, 동기념논문집간행위원회.

52. 李在龍, 1990「三峯 鄭道傳의 法思想」『민족문화연구』 23, 고려대 민족문화연구소.

53. 金忠烈, 1991「高麗 儒教精神의 脈絡-성리학의 수용과 사회적 기능」『한국사상사대계』 3, 한국정신문화연구원.

54. 琴章泰, 1991「性理學的 價值觀의 傳統」『한국사상사대계』 4, 한국정신문화연구원.

55. 韓永愚, 1992「鄭道傳의 政治·經濟思想」『三峰 鄭道傳先生의 學問과 思想』.

56. 이홍순, 1992「鄭道傳의 排佛思想」『애산학보』 12, 애산학회.

57. 최홍록, 1992「리조초기의 첫 군사훈련교범인 '진도'와 정도전의 '진법'에 대하여」『력사과학』.

58. 정대환, 1992「1. 정도전 성리학의 내용과 특징」『조선조 성리학 연구』, 강원대학교출판부.

59. 김대용, 1992「정도전의 정치이념과 배불론-조선왕조 창건의 이데올로기적 정당화를 중심으로」『호서문화연구』 10, 충북대 호서문화연구소.

60. 柳昌圭, 1993「高麗末 趙浚과 鄭道傳의 改革 방안」『국사관논총』 46, 국사편찬위원회.

61. 한영우, 1993「정도전의 업적과 사상」『계간 사상』, 사회과학원.

62. 채상식, 1994「성리학과 유불교체의 사상적 맥락」『역사비평』24, 역사비평사.

63. 부남철, 1996「조선 유학자가 佛教와 天主教를 배격한 정치적 이유-鄭道傳과 李恒老의 사례를 중심으로-」『韓國政治學會報』30집 1호, 한국정치학회.

64. 조윤식, 1997『정도전을 위한 변명』, 푸른역사.

65. 이정주, 1997「사상가로서 鄭道傳의 새로운 모습 佛教界 교류와「心問天答」속의 反功利思想-」『韓國史學報』2.

66. 趙麒永, 1997「三峰 鄭道傳의 관물태도와 시적 양상」『東洋古典研究』9, 東洋古典學會.

67. 李鎬澈, 1997「三峰集의 사회경제사상」『韓國의 哲學』25, 慶北大學校 退溪研究所.

68. 都賢喆, 1997「高麗末期의 教化論과 生業安定論-李穡과 鄭道傳 계열 사대부의 恒産·恒心論을 중심으로-」『韓國思想史學』9.

69. ______, 1997「고려 末期의 禮 認識과 政治體制論-李穡과 鄭道傳 계열 士大夫의 思想 比較를 중심으로-」『동방학지』97, 연세대학교 국학연구소.

70. ______, 1997「여말선초 신·구법파 사대부의 정치 개혁사상 연구 : 이색·정도전의 정치사상의 비교연구를 중심으로」, 延世大 大學院 사학과 박사학위논문.

71. 李迎春, 1998「鄭道傳의 排佛論과 그 性格」『한국사상과 문화』創刊號, 韓國思想文化學會 발행지역 서울 발행일 1998.

72. 金塘澤, 1998「高麗 禑王代 李成桂와 鄭夢周·鄭道傳의 정치적 결합」『歷史學報』158, 歷史學會.

73. 都賢喆, 1998「高麗末期 官僚制 運營의 禮的 原理-李穡과 鄭道傳 계열 사대부의 思想比較를 중심으로-」『韓國史研究』101, 韓國史研究會.

74. 박진훈, 1998「高麗末 改革派士大夫의 奴婢辨正策-趙俊·鄭道傳系의 方案을 중심으로-」『學林』19, 延世大學校 史學研究會.

75. 최연식, 1998「여말선초의 권력구상 : 왕권론, 신권론, 군신공치론을 중심으로」『한국정치학회보』, 한국정치학회.

76. 이정주, 1998「麗末鮮初 儒學者의 佛教觀 : 鄭道傳과 權近을 中心으로」, 고려대 대학원 사학과 박사학위논문.

77. 김성룡, 1998「麗末鮮初 轉換의 양상과 논리」『韓國文學論叢』23, 韓國文學會.

78. 김영수, 1999「이색과 정도전 : 여말선초 정치사상의 갈등」『한국정치사상의 비교연구』, 한국정신문화연구원.

79. 이종묵, 1999「島潭三峯과 鄭道傳」『문헌과 해석』9, 문헌과 해석사.

80. 김정식, 1999「鄭道傳의 宗教思想」『역사와 역사교육』3·4합집-愚齋安承周博士追慕 歷史學論叢-, 熊津史學會.

81. 鄭權洙, 1999『三峰 鄭道傳 思想研究-내가 죽은 후에는 밝혀지리라』, 抗辭犯主顔.

82. 한영우, 1999『왕조의 설계자 정도전』, 지식산업사.

83. 都賢喆, 1999「鄭道傳『經濟文鑑』의 朱子 글 援用과 그 意圖」『實學思想研究』10·11합집-홍이섭 선생 25주기 기념호-.

84. 박현숙, 1999「정도전의 문학론 연구」『원우논총』17, 숙명여자대학교 대학원 원우회 ; 2002,『조선건국기의 문학론』이회출판사.

85. 趙麒永, 1999「鄭道傳과 禪詩」『淵民學志』7, 淵民學會.

86. 문철영, 1999「鄭道傳 思想의 內面的 理解」『단국대학교 논문집』34-인문·사회과학 편, 단국대학교.

87. 장원목, 2000「조선 전기 성리학 전통에서의 理와 氣」『한국유학과 이기철학』, 예문서원.

88. 李漢洙, 2000「조선초 '개국주도파'와 '개국후 참여파'의 정치사상적 갈등-鄭道傳과 河崙을 중심으로-」『淸溪論叢』2.

89. 최연식, 2000「鄭道傳의 정치현실주의와 성리학 : 創業의 정치학」『정치사상연구』3, 한국정치사상학회.

90. 도현철, 2000「정도전의 정치체제론과 재상정치론」『韓國史學報』9, 高麗史學會.

91. 朴鴻圭, 2000「朱子學과 朝鮮建國(1)-高麗末期 朱子學의 受容과 適用-」『亞細亞研究』43권 1호, 高麗大學校 亞細亞問題研究所.

92. ______, 2000「朱子學과 朝鮮建國(2)-朝鮮建國과 鄭道傳-」『南冥學硏究』10, 慶尙大 南冥學硏究所.

93. 都賢喆, 2000「《經濟文鑑》의 引用典據로 본 鄭道傳의 政治思想」『歷史學報』165, 歷史學會.

94. 崔 淑, 2000「麗末鮮初 鄭道傳의 婚姻制 認識」『崔淑卿敎授停年紀念史學論叢』, 崔淑卿敎授停年紀念論叢刊行委員會.

95. 최연식, 2000「鄭道傳의 정치현실주의와 성리학 : 創業의 정치학」『정치사상연구』3, 한국정치사상학회.

96. 정재훈, 2000「여말선초의 性理學과 經世論」『韓國思想과 文化』10, 한국사상문화학회.

97. 이원명, 2001「조선전기 鄭道傳 사상연구-〈心氣理篇〉을 중심으로-」『인문논총』8, 서울여대 인문과학연구소.

98. 金炯秀, 2002「14世紀末 私田革罷論者의 田制觀-鄭道傳과 趙浚을 중심으로-」『慶北史學』25, 慶北史學會.

99. 이영춘 외, 2002『한국 정치사상사』, 집문당.

100. 이원명, 2003「여말선초 鄭道傳의 性理學 이해 연구-「心問天答」에 나타난 天人觀을 중심으로-」『서울문화』7.

101. 都賢喆, 2003「鄭道傳의 사공학 수용과 정치사상」『韓國思想史學』21, 韓國思想史學會.

102. 최상용, 2003「정치가 鄭道傳 연구」『아세아연구』46-1, 고려대 아세아문제연구소.

103. 金榮洙, 2003「鄭道傳 樂章文學 硏究」『東洋學』34, 檀國大 東洋學硏究所.

104. 삼봉정도전선생기념사업회, 2004『정치가 정도전의 재조명』, 경세원.

105. 文喆永, 2004「청년 鄭道傳의 自我 正體性 위기와 극복과정」『東洋學』35, 檀國大 東洋學硏究所.

106. 김용옥, 2004『삼봉 정도전의 건국철학』, 통나무.

107. 연세대 국학연구원 편, 2005『중세사회의 변화와 조선 건국』, 혜안.

108. 문철영, 2005『고려유학 사상의 새로운 모색』, 경세원.

109. 정재훈, 2005『조선전기 유교정치사상연구』, 태학사.

110. 이익주, 2006「고려 말 정도전의 정치세력 형성 과정 연구」『東方學志』134, 延世大學校 國學硏究院.

111. 林鍾旭, 2006「여말선초 漢詩에 나타난 견제와 수용의 논리」『溫知論叢』15, 溫知學會.

112. 정성식, 2006「여말선초 사상적 패러다임의 전환 탐구 포은과 삼봉의 유불관을 중심으로 」『溫知論叢』15, 溫知學會.

113. 정호훈, 2006「鄭道傳의 학문과 功業 지향의 정치론」『韓國史硏究』135, 韓國史硏究會.

114. 김영수, 2006『건국의 정치(여말선초 혁명과 문명 전환)』, 이학사.

2장

조선후기의 중화주의(中華主義)와 민족주의(民族主義)
–사서(史書)를 중심으로

(1) 머리말

이 글은 조선후기의 사서(史書)에 나타나는 중화주의와 '민족주의'에 대해 살펴보는 것이 목적이다. 이를 위해 중화주의, 내지 중화사상은 기자(조선)에 대한 인식의 변화에서 살피고, '민족주의'에 관련된 부분은 단군조선의 인식에 대한 변화에서 고찰하고자 한다. 그리고 비교적 중화주의와 '민족주의'의 성향이 결합되어 나타났다고 보여지는 수산(修山) 이종휘(李種徽)의 『동사(東史)』를 통해 조선후기의 역사의식을 살피고자 한다.

이와 같은 내용을 다루게 된 계기는 조선후기의 실학(實學)에 대한 연구사적 반성에서 기인한다. 우선 실학에 대해서는 그사이 많은 연구가 되었음에도 불구하고 실학의 개념이나 연구방법론에서 여전히 풀리지 않은 의문점이 적지 않다. 그 이유는 연구의 출발점에서 실학의 개념을 '근대지향'과 관련되어 어떻게든 조선후기의 학술 경향을 설명하려는 데서 유래한다고 여겨진다.

주지하다시피 조선후기의 사회 · 경제, 혹은 정치 · 사상에는 분명 이전 시기와는 다른 근본적 변화가 여러 방면에서 진행된 것은 사실이라고 판단된다. 하지만 그 변화가 근대를 지향하였는지, 혹은 조선시대 자체의 변화에서 멈춘 것인지, 혹은 이 둘 사이에 어떤 지점인지는 분명하지 않다. 실학에 대한 연구는 사실 '일방' 적으로 근대지향의 어떤 의식을 규정함으로써 조선후기의 변화를 폭넓게 수용하는 데 어느 정도 한계에 다다른 느낌이 적지 않다. 근대지향의 관점보다는 조선 전래의 흐름에서 설명해야 하는 문제도 적지 않거니와 그런 관점과 근대지향의 관점을 보다 분별있게 살펴보아야 할 문제도 적지 않다.

역사학분야에서 실학(實學)과 관련지어 조선후기의 새로운 경향으로 주목한 점은 경사일치(經史一致)의 역사인식에서 벗어나 역사학이 독립적인 학문의 영역으로 발전한 점, 자국사에 대한 독자성이 증대된 점 등을 역사인식의 측면에서 지적한 견해가 있다.[12] 또 이어서 정통론의 도입이나 역사연구 방법에서 고증학적 문헌비판에 의거한 사료비판의 발달, 서술의 객관화, 인식의 체계화, 연구대상의 확대 등을 지적하기도 하였다. 또 이미 사학사에 대한 반성에서 실학연구와 관련하여 지나치게 민족적, 근대적 요소가 있었음을 반성한 지적도 있었다.[13]

그런데 문제는 실학과 관련된 사학사의 연구사에서도 나타나지만 우리 역사에서 '근대' 는 전통시대와 연결되기보다는 단절이 된 측면이 크다는 점이다. 조선후기는 근대와의 접점이기는 하되, 그 역사적인 추이의 대세는 근대보다는 조선전기와 중기의 흐름 속에서 보다 많은 영향을 받

12) 조광, 1985 「朝鮮後期의 歷史認識」『韓國史學史의 研究』, 을유문화사 참조.
13) 조성을, 1987 「조선후기 사학사 연구동향」『韓國中世社會解期 諸問題』, 한울; 1994 「조선후기 사학사 연구동향(1985~1994)」『韓國史論』 24, 국사편찬위원회; 1997 「朝鮮後期의 歷史學의 발달」『김용섭교수정년기념한국사학논총』 1, 지식산업사.

고, 이에 대응하는 데 더 많은 사실이 집적되어 있다는 점이다. 따라서 전통적으로 이해되어 오던 가치와 개념들이 이 시기 어떻게 변화를 겪게 되는지를 살펴보는 것은 근대와의 접점, 근대와의 구분, 근대에의 영향을 고려해 볼 때 반드시 살펴야 될 문제이다.[14)]

한국역사학에서 단군(檀君)과 기자(箕子)로 대표되는 단군조선과 기자조선은 연구의 초기부터 민족주의(民族主義)와 중화주의(中華主義)의 대표격으로 인식되어 왔다. 그러나 조선후기에 들어서 단군과 기자에 대한 인식은 그렇게 간단하게 정리되지는 않는다. 단군(조선)이 민족의 혈연적 시조로서 전근대 민족에 대한 자각을 불러일으키기도 하였지만 기자문화와 연결되어 독자적인 문화공동체의 시조로서 인식되기도 하였고, 기자(조선) 역시 중화주의(中華主義)의 대표로서만이 아니라 단군과 연결되어 우리 고유문화의 일부로서 인식된 경우도 있었다. 그리고 단군과 기자는 결합되어 나타나기도 하였다. 이런 역사의식으로 볼 때 조선후기의 경향을 근대와 전근대로 나누어 살피기 힘든 요소가 있음을 확인시켜 준다.

(2) 중화주의(中華主義)의 전면화와 기자조선(箕子朝鮮)

조선에서 기자조선에 대한 이해와 관심은 조선초부터 지속되어 왔다. 조선초에는 고려에서부터 전해진 기자에 대한 인식이 바뀌어졌다. 곧 고려말에 기자는 유교를 상징하는 존재라기보다는 민간신앙과 연결되어 인식되었다. 삼국시대부터 이어오던 시조신(始祖神)으로서 받아들여진 면

14) 이런 문제 의식 속에서 사학사의 연구사를 비판적으로 살펴본 연구는 오항녕, 2000 「조선시대 사학사: 전제의 검토, 과제의 제기」『조선후기사 연구의 현황과 과제』, 창작과 비평사를 참조함.

이 강했다.[15] 이에 비해 조선의 건국을 즈음해서는 기자는 단군과 함께 주목되었는데, 단군이 처음 수명(受命)한 군주라는 인식과 더불어 교화(敎化)의 주체로서 단군과 함께 존숭되었던 것이다.[16] 기자문화를 삼대지치(三代至治)의 중화문화의 전달자로서 존숭하기 시작하였던 것이다. 여기에서 고려말과는 달리 이미 조선초부터 기자는 중국의 중화문화(유교문화)를 상징하는 존재로서 주목받았음을 확인할 수 있다.

사림이 등장하면서 기자(조선)에 대한 인식은 보다 전면화되고 강조되었다. 기자조선을 대상으로 이를 소개하는 윤두수(尹斗壽)의 『기자지(箕子志)』와 이이(李珥)의 『기자실기(箕子實記)』가 저술되기도 하여 기자에 대한 관심이 고조되었음을 알 수 있다.[17] 그런데 이이는 『기자실기』에서 기자를 단순한 교화(敎化)의 군주가 아니라, 공자와 맹자, 나아가 정주(程朱)에 비견하는 동방(東方)의 성현(聖賢)으로 격을 높여 존숭하였다. 기자의 업적 가운데서도 특히 윤두수의 『기자지』에서는 생략된 홍범(洪範)의 내용을 자세하게 소개할 만큼 기자를 통해 왕도정치를 실현할 전범(典範)을 찾았다.[18] 기자를 중화문화의 중개자에서 중화문화를 자기화

15) 朴光用, 1980 「箕子朝鮮에 대한 認識의 변천」 『韓國史論』 6, 253~258쪽.

16) 『太祖實錄』 권1 太祖 1년 8월 庚申. "禮曹典書 趙璞 등이 上書하였다. (전략) 조선의 檀君은 東方에서 처음으로 天命을 받은 임금이고, 箕子는 처음으로 敎化를 일으킨 임금이오니, 平壤府로 하여금 때에 따라 제사를 드리게 할 것입니다. 고려의 惠王・顯王・忠敬王・忠烈王은 모두 백성에게 공이 있으니, 또한 麻田郡의 太祖廟에 붙여 제사지내게 할 것입니다."

17) 尹斗壽의 『箕子志』는 李珥의 『箕子實記』보다 먼저 지어졌다. 윤두수가 선조 10년(1577)에 明에 謝恩使로 갔다가 기자에 대한 질문을 중국인으로부터 받았는데, 제대로 답변하지 못한 것이 저술의 계기가 되었다. 한편 이이의 『기자실기』는 윤두수의 『기자지』가 잡다하게 편찬되어 줄거리를 알기가 힘들기에 간략하게 다시 만든 것이다. 규장각에 있는 『기자지』에는 윤두수와 이이의 저술이 합쳐져 소장되어 있다.

18) 韓永愚, 1981 「제4장 16세기 士林의 道學的 歷史敍述」 『朝鮮前期史學史硏究』, 서울대출판부, 267~270쪽.

하여 보편적인 왕도정치를 실현할 수 있는 근거자로서 파악하는 등 기자 이해와 활용의 수준을 한 단계 높였다.

임진왜란과 병자호란 이후 기자(조선)에 대한 인식은 대체로 극단화되는 측면이 나타난다. 이는 현실에서 양란 이후 피폐된 사회를 어떻게 회복시킬 것인가의 문제와 관련되어 붕당간에 다른 입장의 해결책이 나온 것처럼 기자에 대한 인식에서도 각자 차이가 났다. 한편에서는 사서(史書)에서 기자의 존재를 부정하는 의견이 제시되기도 하고, 다른 한편에서는 기자 및 기자조선의 존재를 매우 강조하는 경향도 나타났다.

우선 기자를 부정하거나 소극적으로 평가한 경우는 서인(西人)인 유계(兪棨: 1607~1664)의 『여사제강(麗史提綱)』에서 기자의 문화를 인정하지만 그 실체에 대해서는 알 수 없다는 식으로 설명하는 것에서 볼 수 있다.[19] 이 밖에도 위서(僞書)로 의심받기는 하지만 『규원사화(揆園史話)』에서는 기자를 전혀 인용하지 않는 경우도 있다.[20] 반면 기자를 적극적으로 평가하여 고대 역사의 중심으로서 기자를 재인식하려는 경우는 남인(南人)인 홍여하(洪汝河, 1621~1678)의 『동국통감제강(東國通鑑提綱)』이 대표적인데, 여기에서는 조선초 이래 전통적인 이해방식이었던 단군조선(檀君朝鮮)-기자조선(箕子朝鮮)-위만조선(衛滿朝鮮)의 삼조선(三朝鮮) 대신 기자와 마한(馬韓)을 정통(正統)으로 인정하는 경향도 나타났다.[21] 이밖에도 허목(許穆)의 『동사(東事)』에서도 기자의 문화를 적극적으로 평가하는 경향이 나타났다. 기자의 교화(敎化: 文化)를 삼대(三代)

19) 『麗史提綱』 「凡例」 "我東方自箕子以後卽有文字, 而載籍無徵, 三國分爭, 各有文史, 然多不傳(후략)".

20) 韓永愚, 1976 「17世紀 反尊革的 道家史學의 成長」 『韓國의 歷史認識』 上, 창작과 비평사 참조.

21) 韓永愚, 1985 「17世紀 중엽 嶺南南人의 歷史敍述-洪汝河의 『彙麗史』와 『東國通鑑提綱』-」 『邊太燮博士華甲紀念史學論叢』 참조; 韓永愚, 1989 『朝鮮後期史學史研究』, 一志社에 재수록.

에도 없던 훌륭한 것이라고 지적한 것[22]은 기자문화의 독자성을 중국과 대비시킨다는 점에서 종래 중화주의(中華主義)와는 달리 그 폭을 더 적극적으로 확대한 것이라고 할 수 있다.

18세기에는 이전에 기자를 이해하던 경향이 보다 심화되는 면이 있었다. 양란 이후 17세기와 18세기에는 주자성리학의 대표적 역사서술방식인 강목체(綱目體)가 유행하게 되면서 자연스럽게 정통론(正統論)에 대해서도 깊이있는 이해가 있게 되었다.[23] 홍여하의 『동국통감제강』도 비슷한 사례였지만 18세기에는 남인(南人)인 안정복(安鼎福, 1712~1791)이 『동사강목(東史綱目)』을 지어 강목체 사서의 대표적인 사례를 제시해준다.

안정복은 『동사강목』에서 기자조선에 대해 단군조선에 이어 정통으로 파악하였다. 그 이유는 단군조선과 마찬가지로 '신성지치(神聖之治)'가 실현되었기 때문으로 설명한다. 즉 기자는 홍범(洪範)의 팔정(八政)을 가지고 팔조교(八條敎)를 시행하고, 정전제(井田制)를 시행하여, 공자가 '군자국(君子國)'으로 부르며 조선으로 이민(移民)을 오고 싶어할 정도의 나라를 만들었기 때문이다.[24] 그래서 기자는 단군과 함께 동시에 존중되었다. 다만 기자뿐만이 아니라 단군에게도 교화의 주체임을 인정하여 기자 이전에 요(堯)와 함께 다스림을 시작한 단군을 주목하는 경향이 전제되어 있었다.

이러한 경향은 17~18세기에 유행한 강목체의 역사서술 형식과 일정한 연관이 있었다. 강목체는 성리학적 역사서술의 경향이 비교적 뚜렷한 서체로서 흔히 정통론과 연관지어 설명된다. 즉 임진왜란과 병자호란의

22) 『記言』 권32, 「箕子世家」.
23) 金英心 · 鄭在薰, 2000 「朝鮮後期 正統論의 受用과 그 變化」 『韓國文化』 26, 서울대 한국문화연구소 참조.
24) 『東史綱目』 권1, 王準二十八年條.

양란 이후에 조선에서는 전반적으로 중화주의가 심화되는 경향이 나타났다. 한편으로 주자성리학을 중심으로 한 중화주의에 반발하는 경향도 없지 않았지만 대체로 명나라의 멸망 이후에 새롭게 등장한 청나라에 대해 조선은 '소중화(小中華)'라고 여기는 경향이 짙어졌다. 나아가 '소중화'에서 '조선중화(朝鮮中華)'로까지 변화하는 시기가 이 때였다. 곧 명나라가 멸망한 동아시아 사회에서 유교문화를 담지하고 있는 정통은 조선이 계승하였으므로 조선이 중화라는 의식이 조선중화주의로 성립된 것이었다.[25)]

따라서 기자에 대한 인식이 이전보다 깊이있게 전면화된 분위기에는 중화주의에 대한 변화된 인식이 자리잡고 있었다. 기자에 대한 인식도 이에 따라 약간의 변화가 있었다. 전반적으로 기자에 대한 인식이 강조되고 심화되는 면은 유교문화의 담지자가 조선이라는 의식 속에서 충분히 예상 가능한 일이다. 기자의 절의(節義)를 강조한다든지, 기자를 '은왕지자(殷王之子)'로 높여서 주(周) 무왕(武王)과 대등하였던 점을 강조한다든지, 기자의 교화(敎化)를 높이 평가하는 것은 모두 기자로 대표되는 유교문화가 전면화되는 분위기를 반영하는 사례들이다.[26)]

한편 기자가 중화주의의 대표격으로 선진문화를 대변하는 존재로 이해되는 주조(主潮) 아래에는 기자를 중화문화의 일부로만 이해한 것이 아니라 우리 고유문화의 일부로서 받아들인 경향도 함께 있었다. 임진왜란 직후에는 『동사찬요(東史纂要)』와 『동사보유(東史補遺)』에서 기자가 주(周)나라에 수봉(受封)하였다는 지적[27)]이 있기도 하였으나, 홍여하의 『동국통감제강』에서는 기자를 은나라의 자손으로 파악함으로써 주나라의 무왕과 비슷하게 평가하고, 조선으로 기자가 피신하여 오자 우리나라

25) 정옥자, 1998 『조선후기 조선중화사상 연구』, 일지사 참조.
26) 朴光用, 1980 앞 논문, 267~276쪽 참조.
27) 朴光用, 1980 앞 논문, 267~269쪽 참조.

사람〔동인(東人)〕들이 받들어 왕이 되었다고 강조하기도 하였다.[28] 이런 점은 기자가 중국에서 오기는 하였지만 기자를 받아들이고 그 문화를 발전시킨 조선의 역량에 대해 자부하는 심정에서 나온 내용이었다. 따라서 기자가 강조되었다고 하여 무조건 중화주의가 강화된 것은 아니었고, 그 안에는 기자문화가 조선문화의 중요한 구성요소로서 고유문화의 발전을 도모하는 요소로서도 작용하였다고 여겨졌던 인식상의 변화가 있다는 점에 주목해야만 한다.

(3) 민족(民族)에 대한 자각과 단군조선(檀君朝鮮)

단군이 우리 민족의 시조로서 한국인들에게 보편적으로 받아들여진 시기가 고려말이라는 것은 그 간의 연구에서 밝혀진 주지의 사실이다. 곧, 14세기까지 대체로 단군은 평양 지방의 시조신, 또는 황해도 구월산 삼성산을 중심으로 하는 민간신앙의 대상이 되는 신이었다고 추정된다.[29] 이후 몽고 침략기를 거치면서 단군은 지방의 시조신에서 우리 역사의 공통적인 조상, 국가적인 시조로 변화되어 인식되었다. 이 점은 일연(一然)의 『삼국유사(三國遺事)』와 이승휴(李承休)의 『제왕운기(帝王韻紀)』에서 공통적으로 확인되는 사실이다.

조선의 건국 즈음에 기자가 유교라는 선진문화의 대변자로서 인식된 것에 비해 단군은 곧 혈연적인 시조로서 국호(國號)의 대상이 될 만큼 보편성을 지니게 되었다. 이러한 인식은 사서(史書)에도 반영되었다. 우선

28) 『東國通鑑提綱』 권1, 「朝鮮記 上 殷太師」, "太師既至, 東人尊而君之 (中略) 義之從而歸之爾. 太師意決東, 武王亦許之, 已定不臣, 用賓主之禮, 故武王來訪, 而太師固無嫌於陳範也."

29) 崔炳憲, 1994 「고려시대 檀國神話 傳承文獻의 檢討」 『檀君-그 이해와 자료』, 서울대출판부, 153~156쪽.

정도전(鄭道傳)의 『조선경국전(朝鮮徑國典)』에서는 『제왕운기』에서 체계화된 단군조선 → 기자조선 → 위만조선으로 이어지는 삼조선설(三朝鮮說)을 주장하여 국호 사용의 근거를 제시하였다.[30] 이후 권근(權近)의 『동국사략(東國史略)』과 노사신(盧思愼) 등의 『삼국사절요(三國史節要)』에서도 단군 관련 기록은 삼조선설로 정리되어 나타났다. 그러나 15세기 말에 편찬된 『동국통감(東國通鑑)』에서는 단군 및 단군조선 관련 기록이 부정되고, 기자 및 기자문화를 강조하는 경향이 나타나는 등 16세기 이후 기자가 강조되는 전조(前兆)를 보여준다.

그러는 와중에서도 조선 초에는 사서(史書) 뿐만이 아니라 국가적인 차원에서 신앙의 형태로 단군을 제사지내거나 단군에 관련된 유적을 찾는 노력도 기울여졌다. 1429년(세종 11)에 평양에 단군사당이 세워지고, 1456년(세조 2)에는 단군의 위패를 조선시조로, 기자의 위패를 후조선시조로 정하기도 하였다. 『세종실록(世宗實錄)』 지리지(地理志)에는 환인(桓因)·환웅(桓雄)·단군(檀君)을 모신 삼성사(三聖祠)나 참성단(塹星壇) 등 단군 관련의 유적도 기록되어 있다.

이런 흐름은 곧 단군이 국가적인 시조로서 그 위상을 명확하게 지니게 되었음을 말해준다. 곧 혈연적인 의미에서 단군은 우리 민족의 시조로서 받아들여지게 된 것을 말한다. 흔히 민족을 구성하는 요소로서 혈연이나 문화공동체를 지적하고 있는데, 이 시기에 혈연적으로 단군을 공동체의 시조로서 받아들이게 된 것은 곧 민족의식을 가지고 된 것이라고 할 수 있다. 다만 이 시기의 민족의식이라는 것은 근대적 민족의식과는 약간의 차이가 있을 수 있다. 곧 전근대의 시기에는 신분이나 계급에서 평등이 보장되어 있지 않았기 때문에 이 당시에 형성된 민족의식이 한반도의 전 주민을 골고루 포괄하는 것에는 미치지 못했던 점을 인정해야만

30) 『三峰集』 권7, 「朝鮮徑國典」 上, 國號條.

한다. 물론 그렇다고 하여 민족의식의 단초가 형성됨을 부정해서도 안 될 것이다.[31]

조선초에 형성된 단군에 대한 자각과 민족의식은 16세기의 사림 주도기에는 주춤해진다. 이 시기는 성리학에 대한 새로운 관심이 고조되면서 기자에 대한 관심이 높아진 것은 앞서 살펴본 바와 같다. 기자에서부터 출발하는 소중화의식(小中華意識)과 문화를 강조하는 사림들의 입장에서는 중국의 삼대문화(三代文化)와 기자문화(箕子文化)가 연결되는 것은 자긍심의 바탕이 될 수 있는 요소였다. 이에 따라 단군과 단군조선이 위치할 수 있는 영역은 상대적으로 축소될 수밖에 없었다. 이이(李珥)의 경우 문헌이 없어 단군을 헤아릴 수 없고, 기자가 군주가 되어서 비로소 조선이 오랑캐가 되지 않고, 중화의 문명국이 되었다[32]고 파악한 것은 단군보다는 기자를 중심으로 우리 역사를 이해하고자 하는 분위기를 보여주는 사례라고 할 수 있다. 이는 15세기부터 내려오는 혈연중심의 민족의식보다는 문화의 보편성에 초점을 맞추었던 것으로 이해할 수 있다.

17세기 초·중반까지 기자에 비해 단군을 적극적으로 평가하지 않는 분위기는 이어진다. 그런데 이 시기에도 단군조선을 비롯한 삼조선에 대한 인식이 없었던 것은 아니었다. 한백겸(韓百謙, 1552~1615)은 이원적(二元的) 역사인식을 제시했는데, 북부로는 고조선 → 한사군 → 부족국가 → 고구려로 이어지고, 남부로는 진국 → 삼한 → 삼국으로 연결되었다는 주장이다.[33] 한백겸의 주장은 남부의 진국에서 삼한으로 이어지는 '한(韓)' 중심의 역사인식이 특징적이기는 하지만 단군에서 기자로 이어지는 삼조선으로 고조선을 파악한다는 점에서 여전히 단군조선의 위상

31) 이와 비슷한 지적은 한영우, 1981 앞 논문 참조; 박광용, 1990「한국인의 역사의식」『한국사특강』, 서울대출판부 참조; 朴光用, 1997「檀君 認識의 變遷」『于宋趙東本先生停年紀念論叢 I - 韓國史學史硏究』 참조.

32)『箕子實記』.

33)『久菴遺稿』 卷上「東史纂要後序」.

이 사라지지 않았음을 확인할 수 있다.

한편 단군조선의 존재를 완전히 부인해 버린 경우도 있었다. 홍여하(洪汝河)의 경우, 『동국통감제강(東國通鑑提綱)』에서 삼조선으로 구성되는 고대사체계를 완전히 부정하고 단군조선은 동이족(東夷族)의 4개 계열 가운데 하나의 흐름일 뿐이라고 하였다.[34] 대신에 기자조선을 마한으로 이어서 마한에서 다시 신라로 정통이 이어진다고 보았다.[35] 이런 흐름은 기본적으로는 16세기 사림이 등장한 이후 기자를 중심으로 고대사를 파악하려는 경향의 일부분이었다.

그러나 다른 한편으로 17세기 중반 이후 단군에 대해 다시 주목하는 경향이 등장하였다. 이러한 분위기는 임진왜란과 병자호란이라는 민족적 위기와 무관하지 않았다. 대표적인 예가 허목(許穆)으로 그는 『동사(東事)』에서 단군을 재평가하였다. 단군조선의 출자(出自)에 대해 종래에 단군과 요(堯)임금을 대비시켜서 시초로 파악하던 것에서 '신시(神市)·단군의 시대는 중국의 제곡(帝嚳)·당우(唐虞: 堯舜)의 시대와 같다'[36]고 하여 시조를 단군 이전의 신시로까지 올려 잡았다. 단군조선의 문화에 관해서도 군신(君臣) 관계는 생겼지만 인구도 적고, 정치와 풍속이 순박했기 때문에 천여 년 동안 치세(治世)가 이어질 수 있다고 하여 정치의 본보기로 제시하였다.[37]

홍만종(洪萬宗, 1643~1725)도 단군에 대한 재평가에 참여하였다. 홍만종은 『동국역대총목(東國歷代總目)』(1705)에서 단군은 '수출(首出)의

34) 『東國通鑑提綱』 권1, 「朝鮮紀」 上, 殷太師.

35) 그런데 이런 경향 가운데서도 단군이 요임금과 동시기에 즉위했다고 한 사실을 주목한 점, 일본이나 여진, 거란을 외이열전(外夷列傳)으로 분리하여 서술하고 있는 점은 소중화사상이지만 나름대로 주체성을 담보하였던 측면을 보여준다.

36) 『記言』 上, 「東事」 序.

37) 韓永愚, 1989 「17세기 중엽 南人 許穆의 古學과 歷史認識」 『朝鮮後期 史學史研究』, 일지사, 115~117쪽 참조.

신군(神君)' 이기 때문에 이전 『동국통감(東國通鑑)』에서 단군과 기자를 외기(外紀)에 기록한 것을 비판하며,[38] 단군을 정통으로 보아 이것이 기자로까지 이어진다고 하였다. 여기에서 이제까지 단군-기자로 이어지는 정통론이 새롭게 주목받게 되었다. 즉 이전까지는 단군-기자로 이어지는 것이 정통론의 차원에서 명확하게 강조되지 못하고 『동국통감』에서처럼 외기로 처리되거나 『동국통감제강』처럼 기자가 우리 민족의 정통의 시발에 놓이는 등 한계가 있었다. 이에 비해 『동국역대총목』에서는 명백하게 정통의 시발을 기자에서 단군으로 옮겨 단군-기자로 이어지는 '단기정통론(檀箕正統論)' 을 제시하였는데, 이는 정통론으로써 우리 역사의 초기를 규정하는 중요한 시도라고 할 수 있다.[39] 이 중에서 특히 정통론의 측면에서 단군과 기자를 주목한 것은 이 시기 이후의 사서(史書)에 많은 영향을 주었던 것으로 생각된다. 특히 단군을 문화적 측면에서 주목하여 단군시대의 편발(編髮)·군신(君臣)·남녀(男女)·의복(衣服)·거처(居處)의 제도 등에서 우리의 독자적 문화공동체의 원형을 제시한 것은 후대 남인(南人)계열에 이어졌다.[40]

단군에 대해 재평가하는 분위기는 18세기에 들어 남인(南人)계에서 두드러지게 나타났다. 이익(李瀷)은 매우 실증적인 입장에서 단군에 관련된 기록에서 문제가 되는 신화적 내용을 비판하였지만 단군조선의 문화적 수준은 상당히 높은 것으로 이해하는 등 기자 이전에도 단군조선의 문화를 인정하는 입장이었다. 그리고 단군-기자-마한으로 이어지는 정통의 흐름을 인정하였고, 홍만종과 같이 머리를 땋고 덮게 하였다는 단

38) 『東國歷代總目』「凡例」(太學社 영인본) "一 檀君箕子, 東國通鑑以外紀載之, 盖緣世代事蹟不能詳也. 然檀君乃首出之神君, 箕子卽位立敎之聖后, 歷年始終, 猶可考信, 故尊而書之於東國統系之首."

39) '檀箕正統論' 에 대한 지적은 韓永愚, 1991 「17세기 후반~18세기초 洪萬宗의 會通思想과 歷史認識」『韓國文化』 12에서 이미 행해졌다.

40) 朴光用, 1997 앞 논문, 91~94쪽.

군문화가 중국 하(夏)나라의 유풍(遺風)이라고 인정하여 단군을 긍정하였다. 나아가 안정복의 경우 『동사강목(東史綱目)』에서 단군이 족속상으로는 동이(東夷)에 속하지만 그 문화는 중화문화권으로 이해하여 '신성지치(神聖之治)' 가 가능하다고 파악하는 것은 단군에 대한 이해가 종족적인 측면에서만 그친 것이 아님을 보여주는 사례였다.

이와 같이 단군문화에 대한 재평가가 가능했던 이유는 임진왜란과 병자호란으로 인한 민족적 위기와 관련이 있다. 하지만 17세기 중반 이후에 단군을 주목하는 경향은 민족적인 위기를 단군이라는 시조를 내세워 극복하려는 것만이 아니라 단군조선의 문화까지 인정하는 것으로 바뀌어 있었다. 이 점은 기자에 관한 인식에서도 더 이상 중국의 선진문화인 유교문화를 전달한 사람으로만 보는 것이 아니라 단군조선의 문화를 풍부하게 하여 이를 계승하는 데에 보다 의미를 두는 쪽으로 바뀐 것과 비슷한 맥락이다. '단기정통론(檀箕正統論)' 이라고 하여 단군과 기자를 일체로 인식하여 우리 역사의 정통의 흐름으로 인정하는 분위기에는 더 이상 단군은 혈연적인 시조, 기자는 문화적인 시조라는 식의 구분만이 아니라 단군과 기자를 우리 역사의 한 부분으로 파악하여 그 안에서 조선의 고유함을 찾으려는 맥락이 숨어 있었다. 이러한 역사인식을 보다 극명하게 보여준 사서(史書)는 수산(修山) 이종휘(李種徽)가 지은 『동사(東史)』였다.

(4) 이종휘(李種徽)의 『동사(東史)』에 보이는 역사의식

이종휘(李種徽)가 지은 『동사(東史)』는 본기(本紀), 세가(世家), 열전(列傳), 연표(年表), 지(志)의 편목으로 구성되어 있다. 『동사』의 서술체계 및 역사인식에 대해서는 그간 많은 언급이 있었다. 그에 대한 평가 또한 그다지 큰 차이는 없다. 기전체(紀傳體)가 체계적으로 적용된 최초의 저술이라는 점, 또 이 기전체는 강목체(綱目體)에 비하여 보다 탄력성있는 역사서술이 가능한 체재라는 점이 먼저 주목되었다. 역사계승체계도 한백겸(韓百謙), 허목(許穆)에 의해 제기되어온 이원적인 계통론을 잇고 있으면서도, 북방계인 고구려 중심의 인식을 가지고 상고사의 영역을 확대해 보고 있다는 점이 지적된 바 있다.[41]

고대사를 보는 기본적인 틀이 반영된 본기와 세가의 항목을 먼저 살펴본다면, 본기 항목은 단군본기(檀君本紀), 기자본기(箕子本紀), 삼한본기(三韓本紀), 후조선본기(後朝鮮本紀)로 구성되어 있고, 세가는 기자세가(箕子世家) 보유(補遺), 부여세가(扶餘世家), 발해세가(渤海世家), 가야세가(伽倻世家)로 되어 있다. 본기의 항목은 다분히 정통론적인 시각이 반영된 것으로 단군에서 기자, 기자에서 삼한으로 이어지는 체계와 단군에서 기자, 위만으로 이어지는 체계를 상정하고 있는 것으로 보인다. 우리 역사 계통을 이원적(二元的)으로 파악하는 인식은 한백겸의 『동국지리지(東國地理誌)』에서 시작되고,[42] 허목에 의해서도 단군-부여-고구려·백제의 북방계와 기자-마한-신라의 남방계의 이원적 체계가 상정되고 있는데, 이종휘는 이러한 이원적 계통론을 이은 것으로 보인다.

『동사』에서 본기와 세가를 구분한 기준은 자세하지 않다. 기자가 본기와 세가의 항목으로 나뉘어 있고, 단군의 후예인 부여세가와 고구려의 계

41) 李萬烈, 1974「17·8세기의 史書와 古代史認識」『韓國史研究』 10, 120~122쪽; 李佑成·姜萬吉, 1976『韓國의 歷史認識』(下)에 재수록; 金哲埈, 1974「修山 李種徽의 史學」『東方學志』 15; 1990『韓國史學史研究』, 서울대출판부, 395~398쪽에 재수록; 全炯澤, 1980「朝鮮後期 史書의 檀君朝鮮 敍述」『韓國學報』 21, 129~130쪽; 韓永愚, 1987「18세기 중엽 少論 李種徽의 歷史認識」『東洋學』 17 참조; 1989『朝鮮後期史學史研究』, 일지사, 273~275쪽에 재수록; 朴光用, 1997 앞 논문, 93~94쪽.

42) 鄭求福, 1978「韓百謙의『東國地理誌』에 대한 一考-歷史地理學派의 成立을 중심으로-」『全北史學』 2, 56~60쪽.

승국인 발해세가, 가야세가 정도만이 실려 있어 구분 기준이 분명하지 않다. 다만 기자본기와 기자세가의 차이는 기자본기는 단군본기와 삼한본기를 연결하는 정통론으로서의 성격을 띠는 반면, 기자세가는 『한씨보(韓氏譜)』, 『기씨보(奇氏譜)』, 『기자통기(箕子通紀)』 등을 인용하여 만든 보유(補遺)의 성격이 강하다. 삼국에 관한 기록은 본기와 세가 모두에 빠져 있는 것이 주목된다.

열전에는 예맥(濊貊)·옥저(沃沮)·비류(沸流)·낙랑열전(樂浪列傳), 고구려가인열전(高句麗家人列傳), 고구려종실열전(高句麗宗室列傳), 탐라열전(耽羅列傳), 합(陜)·부(扶)·을(乙)·송열전(松列傳), 을지문덕열전(乙支文德列傳), 설총(薛聰)·최치원열전(崔致遠列傳) 등의 항목이 있어 고구려와 관련된 열전이 주를 이루었다. 그러나 열전 내의 항목은 전체적으로 균형이 맞지 않는다. 개인에 관한 전기(傳記) 형식을 띠고 있는 것도 있지만, 예맥·옥저·비류·낙랑열전이나 탐라열전과 같이 세가의 항목으로 설정하는 것이 타당할 것 같은 항목도 굳이 열전에 배치하였기 때문이다. 또 본기 항목은 물론 세가 항목에도 고구려·백제·신라 등 삼국이 들어가지 않은 이유는, 당시 정통론적인 서술이 일반적인 흐름과의 충돌을 피해가면서도 고구려의 문화나 역사를 정리하기 위한 방편으로 열전이나 지에서 고구려 관계 서술을 많이 한 것과 관련있을 것으로 추정된다.

지(志)의 서술이 많은 것도 형식상 특징의 하나이다. 예악지(禮樂志)·식화지(食貨志)·신사지(神事志)는 고구려가 앞에 호칭되지 않았으나, 예문지(藝文志)·율력지(律曆志)·천문지(天文志)·지리지(地理志)·형법지(刑法志)·오행지(五行志) 등은 모두 고구려라는 호칭이 함께 붙어서 만들어진 항목명이라는 점에서 고구려 중심의 서술이 이루어지고 있음이 드러난다. 지(志) 편목 중에서 가장 주목되는 것은 「신사지(神事志)」가 설정되어 있는 점이다. 「신사지」의 기술 목적은 단군·기자 이래 귀신의 일을 차례로 논하여 삼대(三代)의 법도에 절충시키고, 신선황괴(神仙荒怪)의 이야기를 모두 드러냄으로써 후대의 군자가 참고로 삼도록 하기 위해서였다.[43] 신선황괴한 일은 사실 유교적인 역사서술태도에 입각할 때는 기술할 수 없는 내용이다. 이종휘의 표현 그대로 「신사지」 서술의 목적은 다분히 유교적인 차원에 있는 것이었지만, 이러한 내용의 지(志)를 설정한 것 자체가 이종휘의 역사서술 태도에는 탄력성이 있음을 말해준다.

형식적인 측면에서 『동사』의 중요한 특징 가운데 하나는 한국사 서술에서 최초로 「단군본기(檀君本紀)」를 설정하고 있다는 점이다. 허목(許穆)의 『동사(東事)』에는 「단군세가(檀君世家)」로 되어 있고, 홍만종(洪萬宗)의 『동국역대총목(東國歷代總目)』에는 단군–기자–마한–무정통(無正統, 삼국)–신라(문무왕 이후)로 이어지는 정통체계는 상정했지만 강목체 서술이었다. 따라서 기전체사서인 『동사』에서 최초로 「단군본기」가 설정된 것의 의미는 큰 것이다.

이종휘가 단군과 기자로 이어지는 역사체계를 상정한 것은 허목과 홍만종에 영향받은 바가 많은 것으로 보인다. 허목은 「단군세가」에서 단군조선을 필두로 하여 고대사체계를 구상하였는데, 최초의 교화주를 신시(神市)로 보아 신시 때에 생민지치(生民之治)를 가르쳐서 백성이 와서 복종했다고 보고 있다.[44] 홍만종은 단군으로부터 정통이 시작되고 그 정통이 입교(立敎)의 성후(聖后)인 기자로 이어졌다고 본 「단기정통론(檀箕正統論)」을 제시하였는데,[45] 이는 이종휘의 단군–기자관과 유사하기 때

43) 『修山集』 권12, 『東史』 志 「神事志」 "於是, 論次檀箕以來鬼神之事, 而折衷於三代之法度, 且及其神仙荒怪之說, 以具見其表裏, 後有君子得以考焉."

44) 『記言』 권32, 外篇 『東事』 1, 「檀君世家」, "上古九夷之初, 有桓因氏, 桓因生神市, 始敎生民之治, 民歸之, 神市生檀君."

45) 韓永愚, 1991 앞 논문, 404~406쪽.

문이다.

종래 이종휘의 고대사 인식과 관련하여서는 단군에 대한 인식과 고구려 중심의 삼국사인식이 자주 거론되어 왔다. 본기나 세가에 수록된 기자조선 관련 기록의 분량을 고려한다면 이종휘의 기자 및 기자조선 인식에 대해서는 상대적으로 덜 주목되었다고 할 수 있다. 그러나 이종휘의 역사인식의 전모를 파악하기 위해서는 단군 및 기자에 대한 인식을 아울러 살펴볼 필요가 있다.

「단군본기(檀君本紀)」에 서술된 내용은 기실 이전의 역사서에서 전해오는 것을 계승한 측면이 두드러진다. 단군이 백성들에게 편발개수(編髮蓋首)를 가르쳐 군신과 남녀, 음식·거처에 절도가 있게 되었다는 내용이나, 팽오(彭吳)를 단군시대의 신하로 보는 것 등은 홍만종의 『동국역대총목』에도 나오는 내용이다.[46] 또 환인(桓因)-환웅(桓雄)-단군(檀君)-부루(扶婁)로 이어지는 세계(世系)는 밝혀 놓았지만, 부루 이후는 전하지 않는다고 보았다. 단군의 아들 부루가 하우씨(夏禹氏)의 도산조회(塗山朝會)에 참가했다는 사실을 수록하고 있는데, 이는 단군과 고조선의 실재(實在)에 신빙성을 더하기 위한 목적에서였다. 중국의 고사(古史)에 단군왕검의 이름이 현저했다고 말한 것도 유자들에 의해 부정되던 단군을 역사적 실체로 부상시키려는 이종휘의 의도가 반영된 것이다.

한편 「신사지(神事志)」에서는 단군 이전부터 있었던 우리의 고유한 종교문화, 즉 신선신앙이나 귀신숭배의 전통이 구체적으로 언급되고 있다. 환인을 환국(桓國)의 제석(帝釋), 환웅(桓雄)을 신시천왕(神市天王), 그의 아들을 단군이라 하고, 신시 세상에서는 신(神)으로써 가르침을 베풀었다는 이신설교론(以神設敎論)도 주장하고 있다.[47] 단군신화의 내용과 단

46) 『東國歷代總目』, 「檀君朝鮮」條, "戊辰元年 [唐堯二十五年] 敎民編髮蓋首 [君臣男女飮食居處之制 亦自此始云]", "命彭吳治國內山川 以奠民居."

47) 이종휘의 以神設敎論에 대해서는 허목이 단군문화의 원천으로 내세운 神市文化論

군 관련 유적이 아울러 소개되고 기자 홍범구주의 세 번째 항목인 팔정(八政)의 사(祀)도 신명(神明)과 교제하는 것으로 보았던 것이다. 단군의 후세인 부루 · 금와(金蛙) · 주몽(朱蒙)에 관한 내용, 고구려의 제천의례와 신에 대한 제사의례, 100여 세 이상을 누린 고구려의 동명왕(東明王) 이하 역대 왕과 수로왕(首露王)에 관한 기사, 신이한 행적을 남긴 신라 시조 · 선도(仙桃) · 성모(聖母) · 문무왕 · 사선(四仙)에 관한 내용이 수록되어 있다.[48]

이처럼 「단군본기」에서 단군에 의해 비로소 교화가 시작된 것으로 본 위에, 기자의 팔조지교(八條之敎)로 우리나라가 바야흐로 풍속이 바르게 되었다고 본 것은 단군과 기자를 동시에 교화의 주체로 인정한 것이다. 또한 「신사지」에서는 웅녀(熊女)가 신시천왕(神市天王)과 야합해서 단군을 낳았다는 기록 바로 다음에 기자가 동쪽으로 와서 문물예악이 다스려졌다고 기술을 하고 있어 단군과 기자의 계승관계는 교화라는 차원에서 이어지고, 「고구려지리지」에서는 지역적인 측면에서 기자조선이 단군조선을 잇고 있음을 피력하고 있다. 따라서 단군에서 기자로 이어지는 관계는, 종족인 측면에서 단군의 후예로 상정되는 부여 · 고구려와 단군의 관계와는 다름을 알 수 있다.

「기자본기(箕子本紀)」, 「기자세가(箕子世家) 보유(補遺)」의 기록을 통해 나타나는 이종휘의 기자에 대한 입장은 다음과 같다. 은(殷)나라의 멸망 이후 기자가 주(周)나라 무왕에게 홍범구주를 베풀고 조선으로 피해

과 홍만종의 한국 수련 전통적인 檀君文化論을 계승하여 우리 문화의 원류를 설명한 것이라고 보는 견해도 있다. 金一權, 1996 「단군이해의 민족주의적 경향(2)」 『宗敎學硏究』 15, 55~58쪽.

48) 「神事志」의 내용은 중국 도교의 영향을 인정하지 않고, 檀君을 시조로 하여 우리나라 道家의 독자적인 흐름을 체계화한 洪萬宗의 『海東異蹟』의 내용과 상통하는 측면이 많다는 견해가 있다(韓永愚, 1991 앞 논문, 385~387쪽). 「神事志」라는 항목의 설정이 『海東異蹟』의 영향을 많이 받은 것으로 추정해 볼 수 있다.

왔으나, 주나라에서는 그것을 막을 수 없었고, 후작(侯爵)을 내려주기는 했지만 신하로 삼지는 않았음[기자불신설(箕子不臣說)]을 밝히고 있다. 기자의 동래시에 단군은 백악으로 옮겨감으로써 단군에서 기자로 이어지는 과정은 매우 순조로웠고, 팔조범금(八條犯禁)이나 정전법(井田法)의 실시로 백성들의 호응도 상당히 컸음을 알 수 있다. 기자의 교화로 동방이 시 · 서 · 예 · 악의 나라가 되었다고 본 것은 다른 사서들과 다를 바가 없으나, 교화가 쉽게 이루어질 수 있었던 것은 우리 백성의 천성 자체가 유선(柔善)한 때문이었다는 것을 부기한 점에 기자문화에 대한 평가의 특색이 있다.[49] 기자문화의 일방적인 영향이 아니라 우리가 그 문화를 받아들일 수 있는 기본 바탕을 갖추고 있었음을 말한 것이다. 또한 천여 년간 조선 · 마한이 이어져서 우리나라 백성들이 아직도 기자의 인현(仁賢)의 교화를 칭송한다는 것은 조선시대에 이르기까지 기자가 살아있는 숭배의 대상이었음을 강조한 것이다.[50]

「기자세가」는 『기씨보(奇氏譜)』에 실린 42대 929(8)년의 왕계를 그대로 받아들여 작성한 것이다. 사료로서의 가치에 대해 논란이 있으나, 최초로 『기씨보』를 사료로 채택한 점이 주목된다.[51] 한편 「후조선본기(後朝鮮本紀)」를 설정하여 위만조선을 다루고 있는 것은 기자 · 마한으로 이어지는 정통론의 견지에서 볼 때 위만에 대한 역사적 평가는 폄하되어야 하지만, 기씨의 영역을 차지했다는 현실적 상황을 인정한 때문으로 보인다.[52]

---

49) 『修山集』 권11, 『東史』 本紀 「箕子本紀」, "箕子治東方, 朞年, 民知有禮義之方, 三年民大化, 爲詩書禮樂之方, 崇信讓篤儒術, 邑無狗吠之盜, 夜戶不閉, 婦人貞信, 無淫辟之行, 蓋東民柔善, 敎化易入, 其天性然也."

50) 『修山集』 권11, 『東史』 世家 「箕子世家 補遺」, "朝鮮馬韓相繼, 千餘年不絶, 而東方之民, 至今頌其仁賢之化, 流澤不斬, 可謂盛矣."

51) 韓永愚, 1989 앞 논문, 259쪽 참조.

52) 李萬烈, 1984 「朝鮮後期의 高句麗 硏究」 『東方學志』 43, 202쪽.

이종휘가 기자불신설(箕子不臣說)을 취한 것은 기자가 주 무왕에게 신복하지 않았다는 것을 강조함으로써 기자의 문화를 계승한 우리나라가 중국과 거의 대등한 문화를 누렸음을 강조하기 위한 의도가 담긴 것으로 추정된다. 더 나아가 진한 이후의 중국의 타락한 사회는 삼대의 유풍이 남아 있지 못한 반면, 기자조선은 삼대의 성인인 기자가 와서 건국하고 교화한 것이기 때문에 오히려 삼대의 유풍이 남아 있다[53]는 소중화적(小中華的) 발상으로 이어질 수도 있었다.[54]

이전의 역사서에서 내려오던 단군에 대한 인식을 심화시켜 종족적인 관념에서는 「단군본기」를 설정하여 단군을 부각시키고, 동이문화의 원천으로 기자문화를 인식하고 중국문화와 대등한 수준의 기자문화의 유풍이 고구려에 계승된다고 봄으로써 단군과 기자에 대한 통합적인 이해와 주체적인 소화가 가능하게 했던 것이다. 특히 고구려를 단군의 혈통과 기자의 문화를 동시에 계승한 것으로 이해함으로써 단군과 기자를 동시에 높이고 적절하게 의미 부여를 하여 하나의 전형을 제시한 것이 바로 『동사』라고 할 수 있을 것이다.

그리고 열전과 지의 내용을 종합해보면, 고구려는 보본사신(報本祀神)의 예, 부부의 예, 군신 · 부자 · 형제의 예가 갖추어지고, 의관 · 문물이나 음악이 정비된 나라였다. 기자의 유풍을 계승함으로써 신라나 백제에 비해 유교문화가 훨씬 발달했기 때문에 고구려가 고대사의 중심으로 평가되었다고 할 수 있다. 여기에 강역이 사방 4, 5천 리에 이르는 대국이고, 중국이 갖춘 풍토와 기후의 다양성을 갖추고 있어서 문화적인 측면에서

53) 『修山集』 권12, 『東史』 表 「三韓之際七十八國分屬表」 "天下六國而一於秦 蓋後世德衰而兼並之患滋也 至於方外別國 秦之害未至 而隆古之風猶存." 이종휘가 秦漢 이전의 三代를 이상사회로 보고 진한 이후는 타락한 사회로 본 것은 허목의 古學과 상통하는 측면이 있다. 鄭玉子, 1979 「眉叟 許穆硏究」 『韓國史論』 5, 204~205쪽.

54) 曺永祿, 1982 「17~18世紀 尊我的 華夷觀의 한 視角」 『東國史學』 17, 43~45쪽.

는 물론 자연환경에서도 소중화의 조건이 구비되었던 나라가 바로 고구려였던 것이다.[55]

이에 비해 신라에 대해서는 사론에서 언급하는 내용이 주로 불교에 깊이 감화되었다든지,[56] 삼교(三敎) 중에서 노장(老莊)에 특히 관심을 기울여 정수를 얻어 이에 능하다고 하였고, 명목은 유교지만 실제로는 노장(老莊)이 행해졌다고 하여서 유교가 신라에서는 제대로 행해지지 않았음을 비판하였다.[57] 이러한 생각은 고려 태조가 이룬 통일의 공도 기자의 교화를 이어서 신라의 구차함을 일변한 것에서 찾았던 데에서도 확인된다.[58]

종족, 지역, 문화적 측면에서 소중화의 여건을 구비한 고구려에 대한 평가는 그 계승국인 발해에 대한 평가로까지 이어졌다. 신라의 삼국통일에 대한 이종휘의 부정적 평가는 고구려의 계승국인 발해를 우리의 고대사체계에 적극적으로 자리매김하려는 의도가 내포된 것이었다. 발해를 독립된 세가로 다룬 것도 그러한 의지의 표현이었다. 발해가 5천 리의 땅을 차지했으며, 백성들에게 의관 · 예악을 갖추게 한 지 수백 년만에 소중화의 나라가 되었다는 점에서 대조영(大祚榮)을 기자 이래 으뜸가는 위인으로 꼽았던 것이다.[59] 발해의 5경(京)을 숙신(肅愼) · 예맥(濊貊) · 옥저(沃沮) · 고구려 지역에 비정하고, 현재의 영토는 3/5이 상실되어 생숙(生

55) 이는 韓永愚, 1989 앞 논문, 264~265쪽; 김문식, 1994「이종휘」『한국의 역사가와 역사학』, 창작과비평사, 263~266쪽에도 이미 지적된 바 있다. 하지만 이것을 종족적 · 지역적 · 문화적인 측면에서 구분하여 언급하지는 않았다.

56)『修山集』권6,『史論』「新羅論 二」.

57)『修山集』권6,「新羅論」一, "然無其爲老之名, 而實已行於爲國, 如新羅之得其精, 蓋不學而能之也. 凡此可以析儒老之淺深, 吾故表而論之, 以告儒名而老其行者."

58)『修山集』권6,「麗太祖論」, "由是言之, 如太祖之得國, 可謂正矣, 而況居太師遺化之邦, 合三分離合之勢, 其一變新羅之陋而之乎."

59)『修山集』권11,『東史』世家「渤海世家」, "大祚榮以高麗一餓隷, 乘時鵲起, 奄有東北諸夷五千里地, 折獰詭兇獷之心, 以衣冠禮樂於椎髻引弓之民, 爲餘屢百年, 小中華之國, 蓋太師以來, 一人而已, 可謂盛矣."

熟)·여진(女眞)이 차지하고 있는 상황임을 안타깝게 여기고 있어,[60] 이러한 북방 영토에 대한 관심이 후대 민족주의사학자의 북방고토 즉, 만주에 대한 수복론으로까지 전개되어 나갔다고 할 수 있다.

(5) 맺음말

이상에서 조선후기의 사서(史書)에 나타난 중화주의(中華主義)와 '민족주의(民族主義)'에 관해 단군조선(檀君朝鮮)과 기자조선(箕子朝鮮)에 대한 인식의 변화와 연관지어 살펴보았다. 통상 조선후기의 사학사(史學史)에서 실학(實學)과 관련되어 새로운 요소로서 주목한 것 가운데 하나는 기자로 대표되는 중화주의가 극복되고 단군으로 대표되는 민족적 요소가 새롭게 등장하였다는 사실을 지적한 것이다.

이러한 인식은 한국의 경우 근대 민족주의가 식민지배에 저항하는 가운데 형성되었다는 사실과 더불어 민족의 시조로서 단군이 극단적으로 주목되는 경향과 관련이 있었다. 곧 기자(箕子)는 중국문명, 중화주의의 대표로서 파악되었고, 그에 비해 단군은 중화주의에 상대편에 있는 민족의 한 요소로서 주목되었다.

하지만 조선후기의 사서에 나타난 단군과 기자의 모습은 그렇게 간단하지가 않았다. 기자가 중화주의의 대표격으로 선진문화를 대변하는 존재로 이해되는 주조(主潮) 아래에는 기자를 중화문화의 일부로만 이해한 것이 아니라 우리 고유문화의 일부로서 받아들인 경향도 함께 있었다. 곧 기자조선으로 대표되는 기자문화는 조선문화의 중요한 구성요소로서 조

60) 『修山集』 권11, 『東史』 世家 「渤海世家」. "今其中東西南四京之地, 入我朝者, 五之二, 而其餘一京十一府五十餘州, 皆爲生熟女眞諸部所分."

선 고유문화의 발전을 도모하는 요소로 작용하였다는 인식상의 변화가 자리하고 있었다.

단군조선에 관한 인식도 마찬가지였다. 조선시대에 단군은 혈연적인 시조로서 보편성을 띤 존재라는 인식이 이미 조선초부터 형성되었다. 이런 인식은 단군조선을 필두로 하여 기자조선과 위만조선으로 이어지는 삼조선(三朝鮮)의 형태로 제시되어 사서(史書)에도 등장하였다. 문제는 이렇게 형성된 단군에 대한 인식이 16세기에 사림이 등장한 후 성리학(性理學)에 몰두하는 분위기 속에서 기자에 밀리는 상황에까지 이르렀다는 것이다. 그러나 양란(兩亂)을 계기로 하여 단군조선은 새롭게 조명되어 민족적인 위기를 단군이라는 시조를 내세워 극복하려고 하였다. 그런데 이때 새롭게 주목된 단군에 대한 관심 속에는 단군조선의 문화까지 인정하는 형태로 인식이 바뀌게 되었다.

이러한 배경 위에서 이종휘(李種徽)는 단군과 기자조선에 대해 신선한 재구성을 하였던 것이다. 그가 지은 『동사(東史)』에서는 고대사의 단군(檀君)과 기자(箕子)의 위상을 다시 주목하여 이 때에서야 비로소 단군과 기자가 우리 고대사의 정통에 위치지워지게 되었다. 즉 이전까지 기자(箕子)를 한국 역사의 시조로 파악하는 사림(士林)계열의 역사의식에서 벗어나서 단군에서 기자로 이어지는 우리 역사의 정통론을 새롭게 자리매김하게 되었던 것이다.

그런데 이때 이루어진 단군과 기자에 대한 관심은 당시 유행하던 소중화주의(小中華主義) 내지 조선중화주의(朝鮮中華主義)와 관계없이 주목된 것은 아니었다. 조선 '중화민족'의 원형을 찾으려는 관심의 연장선상에서 중국의 중화민족에 대응하는 것으로서의 단군이 주목되었고, 이러한 관심은 곧 단군에서 부여나 고구려까지 이어지게 되었던 것이다. 또 한편으로 단군과 기자의 영역에 대한 관심 속에서 우리 고대사의 강역에 대해 새로운 관심을 가지게 되었고, 이것이 삼국(三國) 중에서도 단군과 기자의 강역을 가장 많이 포함하였던 고구려(高句麗)에 대한 관심으로 이어질 수가 있었다. 이런 관점은 곧 수산(修山) 이종휘(李種徽)의 사학으로 연결되었던 것이다.

조선후기의 역사학자였던 수산 이종휘(1731~1797)는 기전체 사서인 『동사(東史)』에서 단군본기(檀君本紀)와 기자본기(箕子本紀)를 나란히 설정함으로써 단군과 기자를 통합적으로 이해한 측면이 보인다. 중국문화와 동 궤도에서 기자가 문화를 일으킨 것을 평가하고, 기자의 유풍(遺風)이 고구려에 계승됨으로써 고구려의 문화가 유교문화를 꽃피웠던 것이라고 했다. 또 고구려는 부여와 함께 단군족(檀君族)의 혈통을 계승하였으므로 단군의 혈통과 기자의 문화를 동시에 계승한 것이, 고구려를 중심으로 삼국사(三國史)를 인식하게 된 근거가 될 수 있었던 것이다. 중국문화와 대등한 수준으로 기자와 고구려의 문화를 평가하고, 기자와 단군을 통합시켜 이해할 수 있었던 관점은, 곧 18세기 단계에 이르러서는 중국의 문화를 받아들이면서도 이미 이것을 주체적으로 소화시켜 조선화(朝鮮化)할 수 있었음을 말해주는 것이다.

3장

청조학술(清朝學術)과 조선성리학(朝鮮性理學)

(1) 머리말

전근대 우리나라와 중국 간에는 문화교류가 상당히 활발하였다. 특히 조선시대의 경우 중국문화가 우리에 비해 선진문화, 보편문화적인 성격을 지녔으므로 이를 수입하고 모방하였다는 견해가 일반적이었다. 즉 일방적으로 선진문화인 중국문화를 수입하여 모방함으로써 과도하게 중국화되었고, 중국문화를 공유하였다는 것이다.

하지만 선진문화로서 중국문화의 수입과 모방, 혹은 변용이라는 변수 이외에 이러한 관계를 다시 살펴본다면 이러한 현상 아래에는 조선이 중국으로부터의 정치적 압력을 피하고 기존의 문화나 정치체제를 보존하는 면도 없지 않았다. 현상적으로는 '과도한 중국화'라는 현상으로 나타난 선진문화 수입의 이면에는 자기보전을 위한 전략으로서 택한 주체적 목소리가 내재되어 있었다.

이러한 점은 중국문화와 우리문화 사이의 간격이 거의 시간적 차이가 없을 정도로 동시대적으로 이루어졌다는 점에서 확인된다. 조선초기의 경우 현상적으로는 일방적으로 원-명으로부터 성리학을 수입하는 형태를 띠기도 하지만, 실제로는 원과 명에서 이루어진 체제교학적 성리학의 성격을 그대로 취하여 중국의 성리학 발전성과와 동일하게 진행되었던 것이 실상이다.[61] 그리하여 조선전기에 우리의 성리학 수준은 송대 성리학을 표방하였으나 이를 체제교학화하여 국가가 중심이 되는 학문으로 구현하였던 원·명대의 성리학과 동일한 발전선상에 있었다고 할 수 있다.

사정은 조선후기에도 마찬가지였다. 명나라의 멸망은 조선에게는 충격적인 변화였다. 이에 대해 조선에서는 이적(夷狄)에 굴복할 수 없기에 북벌(北伐)의 논의가 먼저 이루어졌다. 그리고 명문화(明文化)의 계승을 주장하여 마치 중국의 정통을 우리가 계승한다고 하였다. 물론 중국문화의 정통, 중화(中華)의 정통을 계승한다는 주장은 실제 중화의 민족적, 지리적 계승이라기보다는 문화적 정통의 계승이라는 측면에서 조선중화(朝鮮中華)를 내용으로 하는 것이었다.[62] 따라서 중화의 형식을 빌려 실 내용은 자기문화 창조를 이루어 낸 것이었다.

하지만 청나라의 학술, 문화가 발달하면서 북벌은 점차 북학(北學)에 대한 논의로 바뀌고 이에 따라 우리 문화의 고정된 틀에서 벗어나 다시 자기문화의 외연의 폭을 확대하려는 경향이 나타났다. 이때 청의 학문은 건(乾(隆))·가(嘉(慶)) 연간(1736~1820)의 고증학(考證學)이 유행하여 이미 상당한 수준의 학술적 성취를 이룬 상태였으므로 다시 이를 수입하였던 것이다.

그렇다면 조선후기에 유행하였던 북학의 실제적 내용에 해당하는 고증학은 어떤 학문이고, 과연 청에서는 어떻게 발전하였는가를 살펴볼 필

61) 정재훈, 2005『조선전기 유교정치사상 연구』, 태학사 참조.
62) 鄭玉子, 1998『朝鮮後期 朝鮮中華思想硏究』, 일지사 참조.

요가 있다. 그리고 청 학술의 변화를 보여주는 고증학이 조선에는 어떻게 투영되었는가, 왜 북학시대에 고증학이 문제가 되었는지를 살펴볼 필요가 있다. 단지 청의 선진사상이었기에 수입되었는지 아니면 어떠한 발전적 요소를 내포하였기에 적극적 관심이 되었는지를 해명해야 한다. 그리고 왜 고증학이 청나라 초기부터 경사학(經史學)의 방법으로 제시되어 주목되었고 이것이 결국 독립적인 학문으로까지 발전했음에도 불구하고 북학시대 이전에는 그다지 관심의 대상이 되지 못했는지에 대해서도 살펴보도록 하겠다.

(2) 명말청초(明末淸初) 경세학(經世學)과 그 영향

명 왕조가 농민반란으로 멸망할 무렵 만주족은 산해관(山海關)을 넘어 농민군을 물리치고 이어 한족의 남명(南明)정권을 진압함으로써 이민족 정복왕조인 청을 건설하였다. 명 · 청교체기는 절동(浙東)의 황종희(黃宗羲)의 표현대로 '하늘이 무너지고 땅이 갈라지는(天崩地解)' 엄청난 변화를 겪은 시기였다. 이는 기존의 세계관이었던 춘추대의(春秋大義), 곧 군신(君臣)과 화이(華夷)로 상징되던 보편적 질서 속에 놓여 있던 이적(夷狄)이 중화(中華)를 차지하면서 뒤바뀌었던 현실을 절망적으로 상징한 표현이었다. 이러한 표현은 곧 학문의 분야에서도 과거 명대를 풍미하였던 양명학(陽明學)적 경향, 혹은 양명학과 함께 시대를 이끌었던 주자학적(朱子學)적 경향에 대한 반발로서 청대에는 고증학이 풍미하는 현상으로 나타났다.

그러나 청조(淸朝)의 학술에 관해서 반드시 명조(明朝)의 학문에 대한 반동의 관점에서 파악하는 전통적인 견해에는 한계가 있다. 이미 명조의 후반인 가정(嘉靖, 1521~1567) · 만력(萬曆, 1572~1620) 연간에 국가를 유지하는 틀은 와해되기 시작하여 말기에 이르러서는 농민 반란이 격화되었고, 이에 따라 많은 중국인들이 만주사회로 이탈해 명조의 멸망에 기여하였다. 청조가 들어선 이후에도 한인(漢人)들은 청조의 조정에 참여하였고, 만주족들도 명나라의 이념과 정치 · 사회의 여러 조직을 온존시켰다. 이런 사실은 단순히 반발과 반동의 이분법으로 명의 학문과 청의 학문을 나누기가 쉽지 않음을 보여준다.[63]

대체로 명말청초 사이 학술의 대체적 경향은 민간에서는 양명학이 큰 영향을 미치는 가운데, 국가적 차원에서는 성리학이 관학의 이학(理學)으로서 영향을 미치는 상황이었다. 이때의 지식인들은 명나라 중기부터 고심하였던 사회혼란의 원인과 새로운 왕조에 출사하여야 하는가의 문제로 갈등하였다. 청조에서는 반청(反淸) 무장(武將)세력에게는 군사적 진압을 시행하였고, 문화적인 방면으로도 지속적인 통제정책을 추진하여 집단적인 반발은 불가능하게 되었다.

이 가운데 은일적 분위기가 팽배하기도 하나 직접 반청의 거병(擧兵) 활동에 참여하였던 황종희(黃宗羲)나 고염무(顧炎武) 등과 같은 저항적 지식인들은 경세치용(經世致用)을 지양하는 경사학(經史學)을 통해 학문적 실천을 하였다. 이들은 주로 재야에서 정치에 참여하지 않고 다만 학술연구의 대상으로 비판적 분석을 시도하였다. 여기에는 정주학(程朱學)과 양명학의 절충을 통해서나 송 · 명의 도학(道學) 모두를 비판한 실천파, 천문(天文) · 역산(曆算) 등에 관심을 가졌던 기술파도 있으나 황종희 · 고염무 · 왕부지 등으로 대표되는 삼유로(三遺老)와 방이지(方以智) · 만사동(萬斯同), 염약거(閻若璩) 등의 경사학파(經史學派)가 있었다.[64]

물론 한족의 경우 모두 자진하여 참여한 것은 아니었다. 명말(明末)에

63) 유흔우, 1999 「탈성리학적 경향과 전통 철학의 황혼」 『역사 속의 중국철학』, 예문서원, 343~349쪽 참조.

64) 山井 湧, 1980 『明淸思想史の硏究』, 東京大學出版會, 第二部 참조.

태어나 청대의 초기에 활동한 황종희, 고염무, 왕부지(王夫之), 안원(顏元) 등의 유로(遺老)들은 망국(亡國)·망천하(亡天下)의 자책 속에서 정치적인 방면에서 신랄한 비판을 가하기도 했고, 혹은 독자적인 체계의 철학을 수립하기도 하며, 현실주의적 경향을 띠기도 하면서 저항적인 반청의식을 키워가기도 하였다. 이들은 청조에서 시행한 지속적 문화통제정책의 결과 반청의 분위기는 점차 퇴색되어 가고 점차 시주(詩酒)를 일삼는 퇴폐적인 분위기로 전환되어 가는 시대사조 속에서도 저항적 학문의 마지막 근거로서 경사학(經史學)을 바탕으로 한 경세학(經世學)의 끈을 놓치지 않았다.

황종희(黃宗羲, 1610~1695)는 유종주(劉宗周)에게서 양명학을 배웠고 스승의 이론을 계승하여 유심론(唯心論)을 주장하였으며, 현실에 적용할 수 있는 학문을 강조하면서 경학(經學)과 사학(史學)에도 관심을 기울였다. 『명유학안(明儒學案)』·『송원학안(宋元學案)』 등의 저술도 있지만 황종희는 대표적 저술인 『명이대방록(明夷待訪錄)』에서 전제군주체제를 체계적이고 논리적으로 비판하였다. 그에 의하면 천하가 주(主)이고 군주는 객(客)이며, 천하는 일가(一家)의 법이 아니라 천하의 법으로 다스려야 하고, 관료는 군주를 위해서가 아니라 천하 만민을 위해 존재하는 것이라고 했다. 그럼에도 불구하고 현실에 존재하는 명과 청의 군주는 원론과는 반대로 천하를 자기 재산처럼 여기는 전제군주제를 유지하는 것에 불과하다고 하였다. 따라서 군주와 공치(共治)해야 할 재상권을 훔친 환관(宦官)을 제어하여 재상권을 회복하고 학교를 신사(紳士)의 대의기관으로 삼아 공론(公論)에 의해 이루어지는 정치를 주장하였던 것이다.[65]

고염무(顧炎武, 1613~1682)의 경우에도 명조의 멸망원인을 성리학과 양명학이라고 보고 이를 비판하였다. 그는 사회에 실제로 필요한 경세치

65) 黃宗羲, 2000『明夷待訪錄』, 한길사 참조.

용(經世致用)을 주장하면서 이에 입각하여 많은 저술들을 남겼다. 대체로 공허한 이론의 주장을 거부하고 구체적인 역사사실들을 강조하였는데, 특히 30년에 걸쳐 저술한 『일지록(日知錄)』에서는 경학(經學)·정치(政治)·풍속(風俗)·제도(制度) 등 수많은 문제들을 다루면서 경세를 위한 지침을 제시하였다. 고염무도 황종희와 마찬가지로 전제군주제의 제한을 위해서는 관료공치(官僚共治)와 지방자치를 주장하였고, 향론(鄕論)과 청의(淸議)를 지지하였다. 이런 점은 황종희와 마찬가지로 명나라가 망한 원인을 통찰하면서 전체군주정치가 가져다주는 폐해에서 그 일단을 찾은 것으로 신사층의 도덕적 자기 회복과 황제의 선의(善意)를 통해 문제해결을 시도하려는 정통주의적 관점의 연장이었다. 특히 이들의 이러한 입장은 모두 붕당에 대해 어느 정도 공감하면서 전제군주권을 비판하기 위해 봉건제의 효용성을 빌어 군현제를 비판한 것으로 이해할 수 있다.[66]

이에 비해 왕부지(王夫之, 1619~1692)는 주자학이나 양명학에 대해 비판하고 그 한계를 기(氣)의 철학을 통해 극복하려고 하였다. 그는 삼대(三代) 이래 도통(道統)이 지속되는 속에서 중국 문화의 보편성과 한족 사대부의 주체성을 재확인하였으며 역사가 보다 나은 방향으로 발전하며 각각의 시대에 부합하는 제도와 질서가 필요하다고 하였다. 이에 따라 봉건제로부터 군현제로 발전하는 것이 필연적인 추세라고 이해하였고, 다만 군권(君權)은 전횡되어서는 안 되며 적절하게 분권이 이루어져야 한다고 하였다. 왕부지는 전통적인 법치(法治)에 대해서도 의문을 표시했고, 신사의 청의(淸議)에 대해서도 불만을 나타냈다. 이런 점은 곧 고염무나 황종희의 태도와도 다른 것이었다.

그러나 전체적으로 이들 명말청초의 삼유로들로 대표되는, 경세학을

---

66) 曺秉漢, 1989「淸代의 思想」『講座中國史IV』, 지식산업사, 254~258쪽 참조.

제창했던 지식인들은 명이 멸망한 원인에 대해 고통스럽게 해답을 찾아가는 가운데 사대부의 도덕적, 학문적 자기반성을 토대로 각자의 위치에서 제도개혁을 제시하였다. 그리고 이들이 제시한 제도개혁은 대체로 경사(經史)의 서적에서 그 해답을 찾으려고 했던 것이다.

하지만 남명(南明)정권이 멸망(1662)하면서 점차 복명(復明)의 분위기가 퇴색되어 갔던 현실을 인정하지 않을 수 없었다. 특히 신사층들은 점차 향촌에서의 지배력, 특권적 지위를 담보로 하여 스스로 균전균역법(均田均役法) 등을 완료하여 청의 지배를 인정하였고 포섭되어 갔다. 그리고 명말청초에 유로들에 의해 등장한 경세학의 경우에도 동시대인들은 물론 후대 청대 학술방면에도 거의 영향을 미치지 못했을 뿐 아니라 이들의 개인적인 성향으로 말미암아 교류가 많지 않아 공론을 일으키는 진원지로서 역할을 하는 데는 한계가 있었다.

명청교체기 중국에서의 변화는 곧 조선에도 큰 영향을 미쳤다. 조선은 이러한 변화를 직접적으로 맞았는데, 대외적으로는 청과의 전쟁을 겪기도 하고 남명정권에 기대를 걸어보기도 하였다. 병자호란과 정묘호란을 통해 결국 조선은 청나라에 굴복할 수밖에 없었고 군신지의(君臣之義)를 약속하지 않을 수 없었지만 내적으로는 이를 거부하는 태도로 일관하였다. 반청존명(反淸尊明)의 대의론(大義論)이 줄곧 이어진 것이었다.

이런 가운데 청나라와의 외교관계는 형식적이나마 지속되었다. 매년 4회의 공식적인 사신방문과 이외에도 사신단이 파견되었다. 그러나 이들의 활동은 대단히 제한되어 숙소 이외에는 출입이 제한되었으며 역사서(歷史書)나 지도 등도 구입하는 데에 한계가 있었다. 이런 상황이었으므로 명말청초에 이루어진 경세학의 동향에 대해서 조선에서 소상하게 알기는 쉽지 않은 면이 있었다.

또 한편으로 조선에서는 강화조약(講和條約)에서 청의 연호(年號)를 쓰기로 하였으나 공공연하게 숭정(崇禎)연호를 계속 사용하였으며 이러한 의식은 당시 조선 사대부들의 일반적인 경향으로 지속되었다. 비단 연호사용문제 뿐만이 아니라 조선에서는 초기 존주적(尊周的) 입장에서 제기된 북벌론(北伐論)에 이어서 문화적인 부면에서 중국의 문화적 정통을 청이 아니라 우리가 잇는다는 소중화(小中華)-조선중화론(朝鮮中華論)이 제기되었다. 소중화론은 성리학이 도입된 이래 있어 왔지만 특히 이 시기에 이르러서는 명의 멸망으로 우리에게 중화의 정통이 계승되었다고 생각하였다. 따라서 청의 문화보다는 명의 문화를 계승한다는 입장이 강하였기에 청의 문화에 대해서는 상대적으로 소홀할 수밖에 없었다.

또 조선의 경우 사대부들이 사림(士林)-산림(山林) 중심의 정치질서를 구축한 점 역시 명말청초에 제기된 기존의 황제제도를 포함한 정치제도에 대한 비판과는 일정한 거리가 있는 것이었다. 즉 조선중기에 등장한 사림은 성리학적 정치에서는 이상으로 여기는 재상을 중심으로 운영되는, 그래서 국왕조차도 신하들에 의해 성왕(聖王)으로 인도되는 정치적 이상을 실현하려고 하였다.[67] 이러한 노력은 어느 정도 성과를 거두어 인조(仁祖) 이후에는 사림-산림에 의해 국정이 운영되는 등 사대부들의 정치참여가 이전 어느 시기보다 강화되어 굳이 정치제도 전반에 걸친 비판보다는 정치제도의 운영을 둘러싼 갈등이 노골화되었던 것이다.[68]

하지만 중국에서의 변화에 전혀 관련이 없었던 것은 아니었고 지속적으로 사행(使行)이 이루어지고 문화교류가 제한된 폭에서나마 이루어지는 만큼 영향을 받았다고 할 수 있다. 명의 멸망 이후 제기된 경세학적인 관심은 어떤 형태로도 조선에 영향을 미칠 가능성을 부인할 수는 없다. 흔히 반주자학적인 경향을 보여주는 대표적인 사례로 드는 박세당(朴世堂), 그리고 실학자로 알려진 이익(李瀷)의 경우에도 이들의 저술에서 간

67) 鄭在薰, 1999 「明宗·宣祖년간의 經筵」『朝鮮時代史學報』 10.
68) 鄭萬祚, 1993 「17세기의 사림정치」『韓國史上의 정치형태』, 일조각.

접적이나마 명말청초 학문의 영향이 간취된다.

박세당(朴世堂, 1629~1703)의 경우 그의 대표적 저술인 『사변록(思辨錄)』은 반주자학적인 해석을 보여주는 사례라고 알려졌다. 그러나 이 책의 경우 동일한 제목의 책이 명말청초의 육세의(陸世儀, 1611~1672)에 의해 저술된 것에서 어느 정도 영향을 받았던 것으로 추정된다. 육세의는 평생 동안 양명학을 바로잡고 학문하는 데는 경세에 뜻을 두었는데, 여러 방면을 두루 공부하여 『사변록(思辨錄)』과 『논학수답(論學酬答)』 등의 저술을 지었다. 특히 『사변록』은 1637년(崇禎 10)부터 저술하기 시작하였고, 명나라가 멸망하자 더욱 학문연구에 몰두하였다. 이 책은 생각나는 대로 적은 짧은 글의 형식이었고 체계가 정연하지 않았던 것을 뒤에 성경(盛敬)과 강사소(江士韶)에 의해 다시 『사변록집요(思辨錄輯要)』로 편집되었다.[69] 그리고 1659년(順治 16)에 간행되었는데, 이 책은 발간되자 매우 유행하였다.[70]

박세당은 1668년 서장관으로 청나라에 다녀오는데, 이후 관료생활을 마감하고 양주(楊洲) 석천동(石泉洞)에 은거하여 1680년(숙종 6)에서 1693년(숙종 19) 사이에 『사변록』을 저술하였다. 박세당의 『사변록』은 주로 『대학(大學)』·『중용(中庸)』·『논어(論語)』·『맹자(孟子)』의 사서(四書)와 『상서(尙書)』·『시경(詩經)』에 대한 각각의 『사변록』으로 경전에 자신의 의견을 덧붙여 설명하는 형태를 띠었다.[71] 이 책은 경전(經傳)의 주해라는 형식을 빌어서 저술하였으므로 엄밀하게 육세의의 『사변록』과는 형식적인 면에서 다른 측면이 있다. 또한 내용에서도 육세의의 『사변록』을 직접적으로 인용하는 경우는 거의 없다. 하지만 육세의가 주자학을 상대화시켜서 이해하려고 하였던 점은 곧 박세당에게는 주자학 비판의 형

69) 『陸桴亭思辨錄集要』 1~3책, 중화서국(1985) 참조.
70) 陳祖武, 1998 「17세기의 中國實學」 『韓中實學史研究』, 민음사 참조.
71) 朴世堂, 『思辨錄』(『西溪全書』下), 太學社.

태로 나타났다고 볼 수 있다.

이와 같은 비슷한 영향은 이익(李瀷, 1681~1763)에서도 찾아볼 수 있다. 이익이 지은 대표적 저술인 『성호사설(星湖僿說)』의 경우에도 여러 방면에 걸쳐서 매우 방대한 관심을 표출한 백과전서식의 저술이다. 이 책과 같은 서술방식과 내용은 곧 고염무(顧炎武)의 『일지록(日知錄)』에서 이미 제시된 것과 매우 유사하다. 1695년에 출판된 『일지록』에는 경학(經學)·정치(政治)·풍속(風俗)·제도(制度)·과거(科擧)·문학(文學) 등에 걸쳐 1천여 가지의 문제들을 다루었는데, 기본적 입장은 이전에 의리에 치우친 공허한 담론을 배제하고, 자료와 실증을 중요하게 여기는 것이었다.[72] 그리고 '학술(學術)을 밝히고 인심(人心)을 바로잡으며, 난세(亂世)를 평정하여 태평성세를 일으키기 위해' 책을 저술하였다.[73]

이익의 『성호사설』에도 이러한 고염무의 영향은 그대로 나타났다. 『성호사설』에는 천지(天地)·인사(人事)·경사(經史)·만물(萬物)·시문(詩文) 등에 걸쳐 모두 3,007편의 글이 실려 있다.[74] 물론 이 책의 경우 때때로 흥미로운 사실을 기록해 둔 것과 제자의 질문에 답변한 내용을 기록해 둔 것을 모은 것으로 『일지록』과 약간의 차이점은 있으나 각 항목에 대한 해설을 하는 기본적인 관점과 구세(救世)를 위한 경세치용(經世致用)의 관점은 모두 공통되었다. 이밖에도 기호남인(畿湖南人) 일각에서 제기된 육경(六經)을 중심으로 한 고학(古學)에 대한 관심도 성리학이 안고 있는 병폐를 경학(經學)으로 구제하려는 학술조류의 영향에서 벗어나는 것은 아니었다.

72) 顧炎武, 『日知錄』, 臺灣商務印書館(1968).

73) 顧炎武, 『日知錄』「日知錄自序」"若其所欲明學術·正人心·撥亂世, 以興太平之事, 則有不盡於是刻者, 須絶筆之後, 藏之名山, 以待撫世宰物者之求, 其無以是刻之陋而棄之, 則幸甚."

74) 李瀷, 『星湖僿說』 참조.

명말청초의 경세학에서 제기된 현실참여의 정신은 대체로 경학(經學)을 근거로 하여 새로운 경세(經世)정신으로 구현되었고, 이는 제한되기는 하였지만 조선에도 영향을 미쳤다. 그러한 영향은 대체로 정치적으로는 소론(少論)이나 남인(南人)들에게서 나타났는데, 이 또한 주자성리학보다는 육경고학(六經古學)에 보다 관심을 기울였던 이들의 학풍과도 어느 정도 연관을 지니는 것이었다.

(3) 고증학의 변화와 조선성리학

청대의 초기에 이미 청조는 명조의 제도를 모방하여 관제(官制)를 설치하고 정주(程朱)의 성리학을 그대로 이었다. 이러한 덕분에 성리학은 조정에서나 재야에서 모두 유지된 반면에 양명학 때문에 명이 망했다는 등의 비판을 받으면서 양명학은 폄하의 대상이 되기도 하였다. 그러나 실제로 양명학은 민간에서는 지지를 받아 각 지역에서 홍성하였는데 이러한 상황은 대체로 순치(順治, 1644~1661) · 강희(康熙, 1662~1722) 연간에는 지속되었다. 하지만 옹정(雍正, 1723~1735) 이후에 양명학이 급속하게 쇠퇴하였는데, 이는 이학자(理學者)들의 비판과 특히 옹정 연간에 빈번해진 문자옥(文字獄)의 대대적인 실시 때문이었다.

강희 말기에 이르러서 명말청초에 제기된 경세학은 점차 쇠퇴의 길을 걷게 된다. 이렇게 학술이 변하게 된 이유는 다양하게 설명될 수 있지만 청조에서 대체로 전통적으로 이어지던 문화주의적 통치관행을 보다 강화하여 많은 편찬사업을 벌이면서 이를 사상통합의 수단으로 삼았던 것에서 기인한다. 청조는 강희 · 옹정제를 거치면서 『명사(明史)』 · 『고금도서집성(古今圖書集成)』 등 많은 편찬사업을 진행하였고, 건륭제 때에는 보다 확대되어 『사고전서(四庫全書)』의 편찬에까지 이르렀다. 이에 따라 국가의 거대한 관찬사업에 학자들이 대거 동원되고 3,100여 종에 이르는 많은 서적이 금서로 되거나 파괴되었다.

이 과정에서 학자 관료인 주균(朱筠) 등은 한족 사대부인 고증학자들을 국가와 연결시켜 이에 참여시켰다. 기윤(紀昀, 總纂官), 소진함(邵晉涵), 정진방(程晉芳), 주영년(周永年), 왕염손(王念孫) 등 고증학 관료와 거인(擧人) 대진(戴震) 등이 이 작업에 참여하였다. 이로써 청조와 한족 사대부 사이에 화이사상을 둘러싼 갈등은 해소될 기회가 마련되었고, 이미 청조가 정치 · 경제적으로 안정을 되찾고 있는 상황과 명말청초의 혼란을 경험하지 못한 명대 유민세대(遺民世代)로부터 2, 3세대 지난 세대들이 등장함으로써 변화는 가속화되었다.

따라서 이들 학자들은 명말청초에 보였던 현실비판과 참여의 정신이 두드러진 경세학(經世學)에서 점차 벗어나 국가적 편찬사업에 필요한 도서의 수집과 분류를 위한 방법론에 보다 관심을 기울이게 되었다. 따라서 이에 종사하는 학자들은 유교경전과 사서는 물론이고 제자백가의 다양한 사상과 선학(先學)의 학문적 업적까지 두루 섭렵하지 않으면 안되었다.

본래 고증학적 방법은 명말청초의 경세학에서도 이미 사용한 방법이었다. 고증학적 방법은 이미 명말(明末)에 진제(陳第) · 방이지(方以智) 등에서 기원하기도 하나 고염무나 황종희 등에 의해 경사학(經史學)의 도구로서 사용된 것이었다. 고염무는 "구경(九經)을 읽을 때에는 문장의 고증으로부터 시작하고, 문장을 고증할 때에는 음(音)을 아는 데로부터 시작한다."[75]는 방법을 제시하여 이를 경서(經書)와 역사(歷史)에 근거하여 입론함으로써 경사(經史)의 도구로써 고증학적 방법을 제시하였다. 이러한 고증학은 문자옥(文字獄)이 공식적으로 폐지된 가경(嘉慶, 1796~1820) 이후에도 발전하여 고문경학(古文經學)의 훈고학적 방법을 계승하

75) 顧炎武, 「答李子德書」『亭林文集』권4(山井 湧, 1980『明清思想史の研究』에서 재인용).

기도 하고 새로운 방법을 개발하여 고적(古籍)에 대한 정리 사업과 언어 문자의 연구에 이용함으로써 박학적인 학풍을 형성하였다. 이에 따라 고증학의 대상은 역사 · 지리 · 천문 · 역법 · 음율 · 제도 등까지 넓혀졌다.

경세학에서 방법에 지나지 않았던 고증학은 이제 박학의 실증적 도구로 전환되면서 그 자체가 독립적인 학문이 되었고 이전과는 다른 면모를 지니게 되었다. 경세제민(經世濟民)의 치세(治世)이념과는 점차 유리되어 고전에서 실사구시(實事求是)를 추구하는 문헌학적 실증, 귀납에 몰두하게 된 특징을 띤 것이었다. 따라서 실제의 사상이나 생활과는 관련 없는 고증을 위한 고증이 성행하게 되었던 것이다.

이러한 변화의 기로에 있던 사람은 대진(戴震, 1723~1777)이다. 그는 "경(經)의 도(道)를 밝히는 것은 사(詞)이며, 사를 구성하는 것은 자(字)이니 자로부터 사를 통하고 사로부터 도를 통해야 한다."고 하면서 성인의 도는 경전 속의 문자와 전장제도(典章制度, 곧 名物度數)에서 추구해야 한다는 방법론을 확립하였다. 그는 또 송유(宋儒)의 전주(傳注)를 전부 폐기할 것을 주장하였으나 그 본래 목적은 송유의 전주(傳注)가 가지는 한계를 극복하고 원시유학으로 돌아가는 것이었다.[76)]

대진의 입장이 송대의 주자학(朱子學, 宋學)에 대해 비판은 하면서도 완전부정에 이르지 않은 것에 비해 고증학에서 완전히 송학에 대해 비판적인 입장을 제기한 것은 혜동(惠棟) 중심의 오파(吳派) 고증학 이후부터이다. 혜동의 오파는 주로 문자에 대한 훈고로써 경서의 본의를 연구했기에 주로 한유(漢儒)들의 전적에 근거하여 송학을 완전 부정하였던 것이다. 이에 비해 대진의 환파(皖派)는 초기에 주자(朱子)의 격치설을 계승하여 예학(禮學) · 음운(音韻) · 역산(曆算) 등을 탐구하는 박학(博學)으로 발전한 것이라고 할 수 있다.

76) 山井 湧, 1980「孟子字意疏證の硏究」『明淸思想史の硏究』참조.

이렇게 고증학이 발전할 수 있었던 사회적 기반은 우선 청조를 뒷받침하고 있었던 지식인들인 신사(紳士)들의 적극적인 참여가 없어서는 불가능했다. 주로 강남의 선진지역의 서원(書院)을 중심으로 전개된 고증학운동은 초기에는 상층의 신사가 주도하였지만 나중에는 하층 신사와 독서인들도 상당수 참여하여 광범위한 참여가 이루어졌다. 또한 청 중기에 이르러서는 학문이 직업화되며 진사출신 관료들도 적당한 시기에 은둔하여 학문에 종사하기도 했으며, 고증학자들은 이름난 학인관료(주균, 완원 등)의 반관적(半官的) 후원에 의존하기도 하였다. 한편 명대 후반 이래로 강남에서 민간의 인쇄술이 발달하고 남경, 소주, 항주 등지의 민간 장서(藏書)와 서적시장의 발달도 고증학 발달의 기반이 되었다.[77] 이런 속에서 북경(北京)의 유리창(琉璃廠)을 중심으로 한 서적시장은 조선 사신들이 서적을 구입하고 청조의 학자들과 문화를 교류하는 현장이 되었다.

고증학은 명말청초의 경학(經學)고증을 위한 보조적 방법에서 독자적 학문분야로 자리잡았다. 이에 따라 고증학에 내포된 복고주의(復古主義)는 고대학문 속에 있었던 새로운 지식영역을 재창조하였다. 또 고증학의 가장 기초적인 실증방법으로 훈고(訓詁) · 문자학(文字學)이 발달하였고, 고고(考古) · 금석학(金石學)이 고염무, 대진, 옹방강, 완원 등에 의해 독자적 학문영역으로 발전하였으며, 사고전서 등 편찬사업과 관련하여 목록학(目錄學) · 판본학(板本學) · 교감학(校勘學) 등이 발달하였다.[78]

이와 같이 학문이 전문화되고 실증성의 증대로 학자의 독창성이 증대되며 학문이 발전하였음에도 불구하고 고증학에는 여전히 뚜렷한 한계도 내재되어 있었다. 우선 고증학에는 실학(實學) · 박학(博學)이라는 요소와 더불어 고학(古學)이라는 복고주의적 요소가 있다. 이것은 반송적

77) 曺秉漢, 1989 「淸代의 思想」『講座中國史IV』, 지식산업사, 264~269쪽 참조.
78) 梁啓初, 『淸代學術概論』, 여강출판사(1987, 이기동 · 최일범 공역).

(反宋的) 한학(漢學)을 제창하는 반주자학적 요소로소 표출되었는데 한대 이전의 고전의 세계로 복귀함으로써 궁극적으로는 고전 속의 '실학(實學)'이 되는 것에 머무른 한계가 있다. 다만 경학적(經學的) 의리(義理)로 회귀하는 것을 표방하였음에도 불구하고 전문적 방법으로 경학을 해체함으로써 경학의 지위가 격하되는 결과를 가져왔다.

실사구시(實事求是)를 추구하던 고증학은 18세기 초부터 점차 학계의 주류를 이루기 시작하여 18세기 중엽부터 19세기 초까지, 즉 건륭(乾隆, 1736~1795) · 가경(嘉慶, 1796~1820) 연간에 그 전성기를 맞았다. 물론 이 시기에도 고증학만이 유행한 것은 아니고 한편에서는 정부가 정통으로 보호하던 송명리학(宋明理學)은 여전히 존속하였다. 그러나 고증학의 경우 그 한계로 말미암아 일부 사학(史學) 분야에서는 발달하지만 나머지는 발달이 저조하였고, 결국 금석고증 과정에서 서화골동(書畵骨董)에 대한 심미안이 학예일치의 고답적인 학예관을 낳게 되니 고증학은 예술활동과 관련되어 학예일치적 경향을 띠게 되었다. 옹방강(翁方綱, 1733~1818), 완원(阮元, 1764~1849) 등은 이러한 학예일치적 경향을 대표하는 고증학의 대가들이었다.

청나라가 건(륭) · 가(경)의 고증학 전성시기를 맞았을 때 조선은 영조(英祖)와 정조(正祖), 순조(純祖)의 치세(治世)에 해당하는 시기로 조선 문화의 꽃을 활짝 피운 진경문화(眞景文化)가 만개하고 또 화려하게 그 대미를 장식하여 쇠퇴의 길에 접어드는 시기를 포함하였다.[79] 대체로 건륭 연간에는 아직 진경문화가 학술 · 문화계 전반을 주도하는 가운데 건륭 말기에 해당하는 정조 연간에는 점차 청의 고증학에 관심을 가지는 북학(北學)운동이 나타나게 되었다.[80]

79) 崔完秀, 1998「조선 왕조의 문화절정기, 진경시대」『진경시대』1, 돌베개 참조.
80) 유봉학, 1995『燕巖一派 北學思想硏究』, 일지사 참조.

대체로 18세기에 들어서는 이전과는 달리 청나라와 활발한 사신의 교류가 이루어진다. 청에서 이루어진 『고금도서집성(古今圖書集成)』·『사고전서(四庫全書)』 등 대규모 편찬사업의 결과는 활발한 사신교류를 통해 정보교환의 대상이 되었다. 이때에는 조선사신단의 물품구입이 활발해지고 옹정제가 그린 천하전도(天下全圖)를 구하거나 천주당을 방문하여 교류하는 등의 문물 교류가 활성화되었다. 하지만 활발한 교류에도 불구하고 이 시기 조선지식인들은 청의 정세를 비판적으로 파악하여 한인(漢人)에 대해 차별이나 주변 국가가 청을 위협하는 것에 대해서도 문제삼았다.[81] 또 진경문화의 전성기를 구가하던 영조대까지만 하여도 조선문화에 대한 자부심으로 청의 문물을 적극적으로 도입하려고 하는 대상으로 삼지 않았다.

그러나 일부에서 청의 천주당 방문 등을 통해 서학(西學)이 알려짐으로써 서양문물에 대한 이해가 높아졌다. 이와 관련하여 서양문물도 그 원류가 고대 중국에 있다는 서기(西器)의 중국원류설이 제기되기도 하였다.[82] 원래 중국에서 황종희(黃宗羲)에 의해 처음 제기된 이 설은 조선에서는 서명응(徐命膺, 1716~1787)이 주장하였다. 이후 조선 최고의 수학자로 평가되는 황윤석(黃胤錫, 1729~1791)도 이러한 주장에 공감하였고, 정조대에 걸쳐서 유행하게 되었다. 서양문물에 대한 정확한 이해와는 일정한 거리가 있는 서기의 중국원류설은 당시 서양 과학기술의 유용성을 어느 정도 인식하고 있던 지식인들에게, 심지어 반서학론자(反西學論者)들에게조차도 이의 수용을 어떤 형태로든지 가능하게 하는 내용을 지닌 것이었다.

한편 서학뿐만이 아니라 청조가 이루어낸 최대의 학술성과인 『사고전

---

81) 金文植, 2001 「조선후기 지식인의 자아인식과 타자인식-대청교섭을 중심으로」 『대동문화연구』 39, 430~435쪽 참조.

82) 노대환, 2005 『동도서기론 형성과정 연구』, 일지사 참조.

서(四庫全書)』에 대해서도 활발한 관심을 기울였다. 정조는 즉위한 지 얼마 되지 않아 서호수(徐浩修, 1736~1799)로 하여금 청에서 이 책을 구입할 것을 지시하였다. 이는 영조 말년 청에서 새로운 서적을 구입해 오지 말라는 영조의 명령과는 정면으로 반대되는 것이었음에도 불구하고 정조는 이를 통해 청조문화의 수용에 적극적인 관심을 표명하였던 것이다.

『사고전서』는 당시 전체 양의 10분의 1 정도 밖에 간인되지 않았으며 그것조차도 쉽게 구할 수 없었기에 그의 저본이 되었던 『고금도서집성(古今圖書集成)』 5,022권을 정조 1년에 구입해 오게 되었다.[83] 『사고전서』는 편찬이 완료된 후에도 판매를 하지 않았으므로 결국 구입하지는 못했다. 하지만 청조의 문물이 우수하다는 것을 확인하는 하나의 계기로서 작용하게 되었다.

청조의 학술에 대한 관심은 18세기 후반에 들어서면서 시작되고 있었다. 청조에서 고증학이 한학(漢學)의 이름으로 송학(宋學)에 대항하여 독자적인 학문으로 성립된 18세기 중엽 이후 조선에서도 청의 고증학이 주목의 대상이 되었다. 물론 고증학의 도입 초기부터 고증학을 선뜻 수용한 것은 아니었다. 북학을 지향하였던 홍대용(洪大容, 1731~1783)의 경우에도 고증학의 내용을 충실히 소개함에도 불구하고 1766년(영조 42) 연행 시에 청조학인들과 필담을 하면서 고증학에 대한 언급을 하지 않았고, 도리어 엄성(嚴誠)을 성리학의 바른 길로 이끌려고 하였다는 사실은 일정한 거리를 보여준다.

그러나 후배세대인 이덕무(李德懋, 1741~1793)나 유득공(柳得恭, 1748~1807)의 경우에는 이미 고증학의 성과를 수용하였다. 곧 이들은 고증학의 최대 성과인 『사고전서』 편찬사업을 사상통제로 이해하거나[84] 청

83) 『正祖實錄』 권3, 정조 원년 2월 경신조.
84) 李德懋, 『青莊館全書』 권56 「盎葉記三 四庫全書」.

조에서 성리학 관련 서적이 읽히지 않은 것을 보고 실망을 표시[85]하는 등 청조 학술에 대해 부정적으로 인식하기도 하지만 문자학 · 음운학 등에는 지대한 관심을 표시하였다.

고증학에 대한 이러한 관심은 순조대 이후 19세기에 들어 더욱 본격화되었다. 이제 『사고전서』의 편찬 자체를 긍정적으로 인식하는 태도의 변화가 나타났다. 서형수(徐瀅修, 1749~1824)는 「기효람전(紀曉嵐傳)」을 지어 기윤(紀昀, 1724~1805)을 고증학자로 인정하고 그의 학문까지 변론하였으며,[86] 서유구(徐有榘, 1764~1845)도 『사고전서』의 편찬에 대해 긍정적으로 이해하였던 것이다.[87] 오희상(吳熙常, 1763~1833)이나 김매순(金邁淳, 1776~1840) 같이 일부 정통 성리학을 추구하였던 학자들의 경우 고증학에 대해 반감을 나타내기도 하였지만 고증학의 수용 자체는 이미 거스를 수 없는 대세가 되었다.[88]

따라서 고증학은 북학에서 가장 주목되는 분야가 되었으며 이전과는 달리 순조대, 19세기 이후로는 북학의 핵심적인 내용이 되었다. 이에 따라 이전에 연행(燕行)하였던 사람들이 경술과 문장에 대해 토론하는 등 학구적인 분위기였던 것에 비해 이제는 산천을 감상하거나 서화를 즐기는 풍조가 다분하다고 비판하는 등 달라진 분위기에 대해 염려하는 의견까지 제기되기에 이르렀다. 이런 점은 청의 물품까지도 무차별적으로 수용하였던 당시의 분위기에서 유래하였다. 즉 서울 지역에서 유행하였던 골동 취미는 북경의 유리창(琉璃廠)에서 보잘 것 없는 물건까지도 사들이게 만들어 당시 청 문물 수용의 단면을 보여준다.

조선에서 고증학의 유행에 따른 학술상의 대응은 '한송절충(漢宋折衷)'

85) 柳得恭, 『燕臺再遊錄』.
86) 徐瀅修, 『明皐全集』 권14, 「紀曉嵐傳」.
87) 徐有榘, 『金華知非集』 권2, 「上仲父明皐先生論紀曉嵐傳」.
88) 유봉학, 1998 『조선후기 학계와 지식인』, 신구문화사, 제2부 제1장 참조.

의 형태로 제시되었다. 이미 18세기 후반 정조대에 지식인들은 주자성리학이 명물과 훈고에서 한계가 있음을 인정하고 이를 고증학의 장점을 통해 해결하려고 하였다. 정조가 추진하였던 주자서(朱子書)에 대한 일련의 정리 작업이나 문자학(文字學)이나 금석학(金石學)에 대한 관심은 사실 고증학과의 일정한 관련 속에서 이루어진 것이었다. 이러한 관심은 결국 송학(宋學)을 완전히 배제하지 않으면서 청조 고증학의 근간을 이루는 한학(漢學)의 장점을 서로 절충하여 한송절충의 학문을 지향하게 만들었다. 성해응(成海應, 1760~1839)이나 남공철(南公轍, 1760~1840) 등이 송학과 한학은 모두 의리(義理)와 명물(名物)에 장점이 있어 함께 취해야 하며 양자를 병렬적으로 이해한 것은 이러한 분위기를 단적으로 보여준다.[89] 전체적으로 18세기 정조대의 사대부들은 송학(宋學, 朱子學)이 갖는 한계를 인식하면서 청에서 유행하는 고증학의 장점을 수용하는 방향으로 진행되었다. 그러나 일방적인 수용이라기보다는 조선중화주의에 입각하여 조선 문화 내에서 고증학을 절충·흡수하려고 시도하였고, 정조의 태도도 송학 중심의 한송절충론적 입장을 지지하였다고 할 수 있다.

하지만 점차 고증학을 중심으로 청조의 문물에 경도되는 현상이 나타났다. 이미 이러한 현상은 고증학 내부에서 연구를 통해 송의 사대부들이 근거하였던, 공자나 맹자의 저술로 여겨졌던 여러 경전들이 사실이 아니라는 점이 밝혀지면서 점차 송학에 대한 비판이 거세진 것과 관련이 있다. 한송절충론이 대세를 이룰 만큼 주자성리학, 송학에 나름대로 뿌리를 두고 있던 조선성리학계에 전면적인 반주자학적 경향이 점차 도입되고 이와 표리를 이루면서 청조 문물에 대한 과도한 수용이라는 현상이 나타

89) 金文植, 1998「朝鮮後期 京畿學人의 漢宋折衷論」『朝鮮後期 經學의 展開와 그 性格』, 成均館大學校 大東文化硏究院.

났던 것이다. 물론 산림(山林)학자인 홍직필(洪直弼, 1776~1852)의 경우 완원(阮元)의 저술을 읽고 청조의 학술에 극단적 반감을 표시하기도 하고[90], 홍석주(洪奭周, 1774~1842)는 기윤에 대해 반주자학적이라는 이유로 비판을 하기도 하였다.[91] 그러나 홍석주가 중국에 가는 자들이 중국의 화려함에 현혹된다고 지적한 것은 이미 청의 문물에 경도된 당시의 분위기를 보여준다고 할 수 있다.

특히 조선에서 유행하였던 고증학의 대표적인 분야는 금석고증학(金石考證學)이었다. 금석학은 청조에서도 이전과는 다른 특징이 있는 분야로 발전한 것인데, 고염무(顧炎武)가 『금석문자기(金石文字記)』를 저술한 것이 남상(濫觴)이 되었다. 이를 계승하여 전대흔(錢大昕)의 『잠연당금석문자발미(潛研堂金石文字跋尾)』, 무억(武億)의 『금석삼발(金石三跋)』 등이 저술되었는데, 이때까지 금석학은 경학(經學)이나 사학(史學)을 고증하는 자료에 불과하였다.[92] 그러다가 옹방강(翁方綱), 황역(黃易) 등에 이르러서는 오직 금석의 감별에만 힘을 쓰게 되니 이제까지 경학과 사학의 고증을 돕는 방편이 더 이상 아니게 되었다. 이들에게서 나타난 '실사구시(實事求是)' 는 과거 명말청초의 경세학에서 제시된 경세의 도구로서가 아니라, 고전의 해명을 위한 수단이라는 문헌학적 성격을 짙게 띠게 되었다. 서형수가 청을 통해 한학(漢學)을 본격적으로 수입하게 되면서 고증학적인 명물지학(名物之學)을 경제지학(經濟之學)에서 분리하였던 것은 바로 고증학의 본래 성격에서 유래하는 면 때문에 그러하였다.[93]

명물학(名物學)은 이제 의리(義理)나 경제(經濟)를 중시하는 영역과는 달리 하나의 독자적인 영역을 구축하게 되게 됨에 따라 급속하게 경

90) 洪直弼, 『梅山先生文集』 권52, 「雜錄」.
91) 洪奭周, 『鶴岡算筆』 권1.
92) 梁啓超, 『淸代學術概論』; 李基東 · 崔一凡 공역, 여강출판사(1987).
93) 유봉학, 1995 『燕巖一派 北學思想硏究』, 일지사, 123쪽 참조.

세(經世)에 대한 관심은 약화될 수밖에 없었다. 이에 따라 조선의 학계에서는 비판도 제기되어 경제지학과 분리되면서 실용성이 결여된 것을 지적하기도 하였다. 그러나 한편으로 이러한 비판조차도 송학이 다른 대안이 되지 못하는 측면이 여전히 있었기에 한계가 있는 것이기도 했다.

(4) 추사(秋史)의 학문과 고증학

청조의 고증학을 수용한 북학(北學)은 앞서 살핀 대로 영조대 후반, 18세기 후반에서 시작하는데, 그 초기 주창자는 홍대용(洪大容, 1731~1783)과 박지원(朴趾源, 1737~1805)이며, 북학이 본 궤도에 오른 것은 박제가(朴齊家, 1750~1815), 이덕무(李德懋, 1741~1793), 유득공(柳得恭, 1749~?), 남공철(南公轍, 1760~1840), 이서구(李書九, 1754~1825)이다. 추사(秋史) 김정희(金正喜, 1786~1856)는 바로 이들의 다음 세대로 북학의 영향을 직접 받았다고 할 수 있다.

추사가 북학의 영향을 받고 있을 때는 이미 청조의 고증학계에서 금석학(金石學)이나 교감학(校勘學) 등 구체적인 방법론이 이미 학문적으로 정립되어 그 빛을 발하고 있는 시기였다. 이 영향에 따라 추사의 학문에서도 고증학이 차지하는 비중이 적지 않았으며, 오히려 그의 학문을 대표할 만하였다. 하지만 경학의 방면에서도 고증학의 영향을 충분히 간취할 수 있으며, 고증학에 대한 추사의 입장을 파악할 수 있다.

추사에게 가장 큰 영향을 미친 고증학의 대가로는 누구보다 옹방강과 완원을 들 수 있다. 당시 연경학계의 태두인 옹방강은 추사를 만나서 그의 경학에 대해 감탄하는 한편 자신이 소장하고 있는 비장(秘藏)의 서화첩탑(書畵帖搨)을 제시하고 「경의고보정(經義考補正)」·「제경부기(諸經附記)」·「소재필기(蘇齋筆記)」 등의 저술을 보여주기도 하여 추사로 하여금 탄복하게 하였다. 또 추사는 당대의 석학이었던 완원도 방문하였는데, 이미 완원은 유득공, 박제가와 만난 일이 있었기에 더욱 환대하였다. 이 자리에서 완원의 금석진서(金石珍書)를 완상(玩賞)하고 그가 지은 「경적찬고(經籍纂考)」·「십삼경주소교감기(十三經注疏校勘記)」·「연경실집(硏經室集)」의 일부를 받기도 하였다. 이 밖에도 추사는 이정원(李鼎元)·오숭량(吳嵩梁)·주학년(朱鶴年) 등의 명사와도 사귀었다. 비록 연행은 짧은 기간에 불과하였지만 그는 단시간에 청의 거유(巨儒)들과 만나면서 그 학문의 핵심을 구득(求得)하게 됨에 따라 추사의 학문은 일취월장하게 되었다.[94]

더구나 조선에 돌아온 이후에도 자주 편지를 교환하여 금석첩탑(金石帖搨)을 논하고 시문(詩文)을 교환하였으며, 경학(經學)을 논하였다. 편지 중에서 그의 경학을 검토하는 데는 옹방강과 이장욱(李璋煜)이 중요하다. 추사는 옹방강에게 자주 편지로 경의(經義)를 묻고 한묵(翰墨)을 논하였는데(「與李月汀書」), 옹방강도 이에 장문의 편지로 답하였다. 옹방강의 영향으로 추사는 한송불분(漢宋不分)의 입장을 취하게 되었다.

본래 옹방강은 고증학의 문호를 확립하였던 고염무(顧炎武)·모기령(毛奇齡, 1623~1716)·주이존(朱彝尊, 1629~1709)·염약거(閻若璩, 1636~1704) 등 학자들이 송명리학(宋明理學)의 공소성(空疎性)을 비판하고 훈고(訓詁)를 중요시한 것은 이해하나, 다음 세대들인 전조망(全祖望, 1705~1755)·왕명성(王鳴盛, 1722~1798)·대진(戴震, 1723~1777)·전대흔(錢大昕, 1728~1804) 등이 고증학에 경도되어 경학을 훈고로만 몰고 가는 것은 동의할 수 없다는 입장이었다. 이러한 그의 태도는 훈고와 의리(義理) 어느 한쪽에만 매몰되어서는 곤란하다는 것으로 고증학이 최고조로 발전하여 사실 훈고에 치우치는 현실 속에서 나름대로 균형을 가진

94) 崔完秀, 1995 「秋史墨緣記」『澗松文華』, 韓國民族美術硏究所.

견해였다. 추사의 입장에서는 고증학의 훈고 일변도에 치우친 태도보다는 이와 같은 옹방강의 견해가 보다 설득력이 있었던 것으로 보였을 것으로 추정되며, 성리학의 경세(經世) 정신을 고려해 볼 때도 타당성이 있었던 것으로 이해된다.

완원(阮元)도 추사의 경학에 깊은 영향을 주었는데, 추사는 귀국 후에도 완원과 교류를 지속하여 그가 편찬한 『황청경해(黃淸經解)』 1400권 500책을 귀국 후 20년이 지나서 완원의 아들인 상생(常生)을 통해 기증받기도 하였다. 이 책은 경학에 관한 청대 학자의 주요한 연구를 망라한 것으로 이를 통해 경학에 더욱 깊은 조예를 가질 수 있었다. 추사가 완원에게 영향을 받은 부분은 그의 문집에 보이는 경학과 서계에 관한 글이 완원의 저술에서 인용한 것이 많은 점을 보면 알 수 있다.

그 중에서도 대표적인 것은 '실사구시설(實事求是說)'이다.[95] 이 설의 요지는 다음과 같다. 우선 추사는 『한서(漢書)』「하간헌왕전(河間獻王傳)」에서 이른 '사실에 근거하여 사물의 진리를 찾는다[實事求是]'를 인용하여 실사구시는 학문을 하는 데 가장 중요한 방법이며, 선입견을 가져서는 안 된다고 하였다. 한나라 유자들은 경전의 훈고에서 나름대로 사실에 근거하였으나 진(晉)나라 때 사람들은 노장(老莊)과 불도(佛道)에 빠져서 실사구시와 상반되었다고 하였다. 양송(兩宋)의 유자들은 성리(性理)를 밝혔으나 육상산(陸象山)과 왕양명(王陽明)은 잘못되었다고 하였다. 기본적으로 한유(漢儒)의 훈고는 실사구시의 방법이지만 이를 통해 성현의 도에 이르는 길이므로 방법에만 그쳐서는 안 된다고 하였다. 따라서 학문하는 방법은 한(漢)과 송(宋)을 나눌 필요가 없고 주희(朱熹)나 육구연(陸九淵) · 왕수인(王守仁)의 구별도 할 필요가 없이 심기(心氣)를 침착하게 가지고 널리 배우고 독실하게 실천하면서 '사실에 의거하여 진

95) 金正喜, 『阮堂全集』 권1, 「實事求是說」.

리를 찾는다' 는 말로 주장하여 나가는 것이 옳다고 정리하였다.

실사구시에 대한 추사의 이러한 설은 곧 완원이 가장 많이 언급하였던 실사구시를 인용하여 나름대로 재해석한 것으로 보인다. 완원은 '매번 하간헌왕의 실사구시 한 마디를 예로 들었다(每擧河間獻王實事求是一語)' 라고 할 정도로 실사구시를 강조하여 그의 저술 속에는 '실사구시(實事求是)' · '실학(實學)' · '박학(樸學)' · '정학(正學)' 이라는 용어가 셀 수 없을 정도로 자주 등장하였다. 따라서 추사는 완원의 실사구시를 인용하였던 것이다.

하지만 완원이 제시한 실사구시의 입장을 추사가 그대로 받아들인 것은 아니었다. 완원이 제시한 실사구시는 고증학에서 지향한 한학(漢學)의 방법론으로 제시된 측면이 강하다. 완원은 당시 유행하였던 비학(碑學)운동을 지지하였던 것과 같이 고증학의 방법론으로 제시된 훈고를 최대한 지지하는 입장이었다. 이러한 입장은 서체(書體)연구에서 첩학(帖學)의 전통을 포섭하려는 온건한 입장의 옹방강과는 다른 것이었다. 이에 비해 추사는 완원에게서 실사구시라는 고증학의 핵심적인 방법을 수용하되, 그 내용은 옹방강이 제시한 한송불분(漢宋不分)의 입장, 곧 의리와 훈고를 조화 · 절충하려는 입장을 취하게 된다.

추사의 이와 같은 입장은 단순히 옹방강의 입장을 옹호하는 것에서 멈춘 것은 아니었다. 이미 청조의 고증학계가 본래 경사(經史)의 보익(補益)을 통한 경세이념의 제시라는 현실참여의 정신에서 점차 벗어나 순수 학문적 성격을 띄어가는 것에 비해서는 조금 다른 태도라고 할 수 있다. 이는 곧 고증학의 공소성(空疎性)을 넘어서 경세의 정신을 회복하려는 추사의 바램을 반영한 것이라고 할 수 있다.

옹방강의 입장을 그대로 추종하지 않은 점은 추사가 영향을 받은 다른 인물을 보아도 알 수 있다. 옹방강이나 완원 이외에도 경학의 방면에서 추사에게 영향을 준 사람은 대진(戴震, 1713~1777)과 능정감(凌廷堪,

1757~1809)을 들 수 있다. 대진은 그가 제시한 '실사(實事)'가 고증학의 원류로 제시될 만큼 중요한 위치를 차지하였음에도 불구하고 옹방강은 그의 학설을 반박하고 심지어 문리(文理)가 통하지 못했다고 평할 정도로 비판하였다. 이에 대해 추사는 자신이 대진의 저술도 즐겨 보며, 옹방강의 학설만이 반드시 뛰어난 것은 아니라고 하면서 대진을 높이 평가하였다.

추사는 「사폐변(私蔽辨)」을 지었는데 이는 대진의 「사폐이욕설(私蔽理欲說)」에서 영향을 받은 것을 알 수 있다.[96] 여기에서 추사는 대진의 글을 상당부분 그대로 옮겼는데, 대진이 송유(宋儒)를 힘써 비판한 것에 비해 송유에 대한 비난이 없다는 점이 다르다. 이런 점으로 보면 추사는 옹방강의 비판에도 불구하고 대진을 일정하게 평가하고 그에게서 영향을 받았으나 대진의 학설도 모두 그대로 수용만 한 것은 아니고 자신의 입장에서 정리하였음을 알 수 있다.

능정감의 경우는 그의 문집인 『교례당문집(校禮堂文集)』에서 3편의 글, 「예당설(禮堂說)」·「학술변(學術辨)」·「한십사사송병서(漢十四師頌並序)」가 추사의 문집인 『완당집(阮堂集)』에 찬입(竄入)되어 있다. 이 중에서 「예당설」은 예에 관한 글이며, 나머지 두 편은 경학에 관한 글로 모두 능정감의 저술 중에서 차지하는 비중이 적지 않은 것들이다. 따라서 이들 글이 『완당집』에 찬입되었다고 하는 사실은 추사와 능정감의 관계를 단적으로 보여주는 증거이다. 비록 능정감은 추사가 입연(入燕)하기 전에 서거하였으므로 직접 교유할 기회는 없었지만 상당한 영향을 주었다고 할 수 있다.[97]

추사는 스승인 옹방강이 능정감이 지은 『예경석례(禮經釋例)』를 그다

---

96) 金正喜, 『阮堂全集』 권1, 「私蔽辨」.
97) 全海宗, 1970 「淸代學術과 阮堂」 『韓中關係史硏究』, 189~193쪽 참조.

지 평가하지 않았음에도 불구하고 이 저술을 애독하였다고 하였으니 예악에 정통하였다고 평가되던 능정감의 예에 대한 견해에 동의하였음을 알 수 있다. 추사의 예(禮)에 관한 고(考)·설(說)·변(辨) 중에 「일헌예설(壹獻禮說)」도 능정감의 예설을 따른 것이 많았으며, 이밖에도 「인재설(人才說)」이나 「적천리설(適千里說)」의 저술에도 적지 않은 영향이 있었다.[98] 이외에도 추사는 많은 청조 학자들의 영향을 적지 않게 받았다. 이장욱(李璋煜)의 경우에는 『완당집(阮堂集)』에 편지 한 편만 보이지만 경학에 관해서는 적지 않게 토론을 하였던 것을 알 수 있다.[99]

이와 같이 살펴보면 추사는 청의 고증학자 중에서 옹방강과 완원의 영향을 가장 크게 받았음을 알 수 있다. 특히 옹방강을 매우 존경하였지만 그의 학술을 그대로 따른 것만은 아니었다. 옹방강이나 완원 이외에도 청대의 여러 학자들의 영향을 받아 이들의 학설을 나름대로 소화하여 청대 학술에 대해서는 거의 독보적인 존재가 되었음을 확인할 수 있었다.

『완당집』에 수록된 약 20여 편의 고(考)·설(說)·변(辨)을 중심으로 광범위하게 경학을 논한 것에서 이러한 추사의 면모를 알 수 있다. 비록 이러한 논설들의 경우 대부분 짧고 단편적인 것이어서 추사 경학(經學)의 전체를 파악하기가 쉽지 않은 점과 완원, 대진, 능정감 등의 저술이 잘못 삽입된 점을 고려하더라도 추사가 경학의 여러 분야에서 청조 학술의 최신 동향을 이해하고 새로운 모색을 하였다는 점은 부인할 수 없는 사실이다. 다만 경학의 이런 성과는 일관된 논지로 정리되지 못한 반면에 추사는 금석고증학에서 나름의 성과를 바탕으로 하여 학예일치의 서예(書藝)에서 새로운 경지를 개척하였던 것이다.

98) 金正喜, 『阮堂全集』 권1 「壹獻禮說」·「人才說」·「適千里說」.
99) 金正喜, 『阮堂全集』 권5 「與李月汀-璋煜」.

(5) 맺음말

이상에서 청조의 학술에 대해 대체적으로 살펴보면서 조선에 미친 영향에 대해 검토하였다. 명말청초의 경세학에서부터 청조의 고증학의 변화에 따라 조선에서는 어떻게 영향을 미치고 대응하였는지에 대해 간략하게 요약하면 다음과 같다.

한족이 세운 명나라가 이민족 오랑캐로 인식되었던 만주족의 청나라에 의해 무너진 것은 그때까지 중화로 상징되던 보편적 질서가 무너진 상징적 사건이었다. 당시의 뒤집혀진 현실 속에 등장한 명말청초의 황종희 · 고염무 · 왕부지로 대표되는 삼유로(三遺老)들은 국망에 대한 통렬한 반성을 통해 시주(詩酒)의 퇴폐적 분위기 대신 저항적 학문의 근거로서 경사학(經史學)을 제창하였고, 이를 통해 경세학(經世學)을 주장하였다. 주장하는 바의 차이에도 불구하고 이들은 사대부의 도덕적, 학문적 자기반성을 토대로 각자의 위치에서 제도개혁을 제시하였고, 대체로 경사(經史)의 서적에서 그 해답을 찾으려고 하였다.

명말청초의 이러한 분위기는 조선에 직접적으로 영향을 미치지는 못했던 것으로 보인다. 조선은 임진왜란과 병자호란의 양란을 거치며 사림(士林) · 산림(山林) 중심의 정치질서를 구축함으로써 청에서 제기된 기존의 황제제도를 비롯한 정치제도에 대한 근본적인 반성보다는 성리학적 이상을 실현하는 데에 보다 주목하였기 때문에 정치제도 전반에 대한 비판보다는 정치운영을 둘러싼 갈등이 주를 이루었다.

하지만 중국에서의 변화에 전혀 영향을 받지 않았던 것은 아니었다. 박세당의 경우 대표적인 저술인 『사변록(思辨錄)』은 명말청초의 육세의(陸世儀)가 지은 『사변록(思辨錄)』의 영향을 받은 것으로 보이며, 이익의 경우에도 『성호사설(星湖僿說)』의 서술방식과 내용은 고염무의 대표적 저술인 『일지록(日知錄)』과 매우 유사하다. 곧 명말청초의 경세학에서 제기된 경세정신은 제한적이나마 일부 학인들에게 영향을 주었던 것으로 보인다.

청나라는 이른바 『사고전서(四庫全書)』를 비롯한 대규모 편찬사업을 벌이면서 이것을 사상통합의 수단으로 삼았고, 여기에 많은 학자들이 참여하면서 청조와 한인 사대부 사이에는 갈등이 상당히 완화되었다. 이에 명말청초의 유민세대들이 제기하였던 경세학은 점차 변화하여 국가적 편찬사업에 적합하였던 고증학이 유행하게 되었다. 본래 경세학의 한 방법이었던 고증학은 도구적 학문에서 벗어나 문헌학적 실증, 귀납에 몰두하게 되었고, 이것은 경세제민(經世濟民)의 치세이념과는 거리가 먼 것이었다.

한편 절정기에 이른 청의 고증학은 18세기 중반 이후에 점차 조선에서 북학의 대상으로 여겨져 수입이 되게 되었다. 청의 건륭 · 가경대의 고증학 전성시기는 조선에서는 영조(英祖)와 정조(正祖)대에 해당되는데, 영조대와 정조대의 초반까지는 조선 문화 꽃을 피운 진경문화 때문에 고증학이 큰 영향을 미치지는 못했다. 그렇지만 정조대 중반을 넘어서 점차 청의 고증학에 영향을 받게 되었다. 조선에서는 국왕인 정조부터 일단 청의 고증학을 수용하여 '한송절충(漢宋折衷)'의 형태로 이해하는 등 조선 나름의 기준으로 이해하는 발판을 마련하였고, 이러한 경향이 대세를 이루었다.

그러나 순조(純祖)대로 넘어가면서 송학(宋學)의 한계를 인식하면서도 청에서 유행하는 고증학의 장점을 수용하는 분위기는 쇠퇴하게 되었다. 그리고 고증학 중에서도 금석고증과 같은 고증 일변도의 학문에 보다 많은 관심을 집중하게 되었다. 명물학(名物學)이 독자적인 영역을 구축하게 된 것도 이와 같은 경향을 대변하는 것이었고, 이에 따라 경세에 대한 관심은 급속하게 약해질 수밖에 없게 되었다.

북학의 대표적 인물이었던 김정희(金正喜)는 이미 청조의 고증학계에서 금석학이나 교감학 등 구체적인 방법론이 빛을 발하던 시기에 북학의 영향을 받게 되었다. 경학(經學)에서 옹방강이나 완원 등 고증학의 거장뿐만이 아니라 대진, 능정감 등의 학문을 소화하여 옹방강의 한송불분(漢宋不分)의 입장을 기본으로 하되 이를 정리하고 종합하여 새로운 모색을 하였던 것이다. 한편 경학에서 그가 이룬 성과는 일관된 논지로 정리되지 못한 반면에 금석고증학에서 이룬 성과는 학예일치의 서예에서 새로운 경지를 개척하였다.

4장

북한의 유학사 연구동향

(1) 머리말

북한의 유학사연구는 대체로 철학사연구의 한 분야로 연구되어 왔다. 북한에서 파악하는 철학사는 기본적으로 유물론과 관념론의 대립, 변증법과 형이상학의 대립을 큰 축으로 하여 서술되었고, 1970년대 중반 이후로는 주체사상의 확립으로 자주성을 강조하는 경향이 추가되기도 하였다.

그 가운데 유학사상의 연구는 관념론의 하나로 고대나 중세의 지배계급이 인민을 착취하기 위해 설정한 도구로서 이해하여 전반적으로는 부정적인 한계를 지적하는 것이 일반적인 경향이었다. 다만 유학은 불교가 주관적인 관념론인 것에 비해서는 객관적인 관념론으로 불교에 비해 현실참여적인 성격을 띠고 있다고 보아 상대적으로는 진보적으로 평가되기도 하였다. 이런 관점에서 조선초기에 성리학이 일정한 한계 내에서 평가를 받기도 하였다. 또 조선시대에 성리학이 일반화된 이후로는 성리학 내에서 주리파와 주기파로 구분하여 주기파가 보다 유물론에 가깝다고 평가하기도 하였다. 즉 관념론 자체로는 봉건지배이데올로기에 봉사하는 이론에 불과하였고 얼마나 유물론이나 변증법에 가까운 지가 평가의 기준이 되었던 것이다.

그러나 북한의 유학사연구에서는 남한의 유학사 연구와 공통점으로 보이는 몇몇의 경향도 없지 않다. 실학에 대한 연구가 대표적인데, 남북한 모두 실학에 대해서는 긍정적 평가를 하고 있는 점에서 비슷한 점이 있다. 또 성리학의 평가에서 대지주보다는 중소지주의 성리학이 보다 진보적이라는 설정은 북한뿐만이 아니라 남한에서도 관심을 기울인 주제였다고 할 수 있다. 이러한 공통점은 실상 남북한의 유학사 연구에서 전혀 다른 기준을 적용한 것처럼 보이는 외양 속에 실제의 내용에서는 비슷한 시각을 유지하는 것도 적지 않다는 점을 확인시켜 준다.

본 연구에서는 북한의 유학사 연구동향을 시기별로 정리하여 전체적인 연구경향을 역사적으로 살펴보고, 몇 개의 주제별로 다시 묶어 쟁점별로 연구경향을 변화를 살피고자 한다. 북한의 유학사 연구동향은 사실 그렇게 활발하다고 할 수 없다. 이것은 개인적인 연구보다는 집단적인 연구풍토, 지배사상으로 기능했다고 설정되는 유학에 대한 편견, 유물론의 관점에서는 취약한 유학의 한계 등이 복합적으로 작용한 것이라고 할 수 있다. 그래서 1950~60년대에 활발했던 연구가 이후 시기로 갈수록 줄어드는 경향도 없지 않다. 그러한 점을 염두에 두면서 북한의 유학사를 검토함으로써 남북한 학계의 역사학에 공통의 인식을 위한 디딤돌로 삼고자 한다.[100] 이전에 북한에서의 유학사연구를 다룬 연구도 약간 있는데

100) 북한에서의 연구성과와 남한에서의 북한에 대한 연구성과는 다음의 논저목록을 참조하였다. 국사편찬위원회, 2001『북한역사학논저목록(상 · 하)』實學에 대한 연구는 별도의 연구주제로 검토되었으므로 본 연구에서는 최소한의 지적만 하기

이 논의도 참조하면서 시기별, 주제별로 재검토하고자 한다.[101)]

(2) 시기별 연구동향

1) 1950~60년대

1950년대 전에 유교에 관한 연구는 최익한(崔益翰)의 연구(참고문헌 12 · 13, 이하 '참고문헌' 생략)가 있다. 1949년에 발표된 이 연구(12)에 의하면 '유(儒)'의 개념, 공자와 유교의 관계 및 그 원류(原流), 유교-공자 사상의 보수-진보 여부, 공자학파의 사상과 다른 학파의 사상과의 비교 등을 다루었다. 대체로 동양적 봉건제를 지지하는 사상이라는 관점에서 유학에 대해 살펴보았는데, 중국 학자들의 영향을 받아 봉건지배를 합리화하는 것으로 이해하였다. 다만 이후의 연구보다는 유학 이외의 타학파에 대해서도 자세하게 설명하는 등 원시유학에 대한 설명이 자세하게 시도되었다는 점에서 특징적이며 유학의 특성으로 보수성을 지적하기도 하였다. 같은 해 발표된 다른 연구(13)에서도 유교(儒敎)가 조선에 처음 들어온 경로(經路) 및 시기와 기자(箕子)와의 관계를 주로 다루면서 기자의 유교인(儒敎人) 여부, 팔조교(八條敎)가 유교정치의 효시가 되는 여부, 홍범(洪範)과 조선유교와의 관계, 기자동래설의 정체 등을 다루었다. 여기에서 대체로 유교의 효시로 일반적으로 인정되는 기자의 존재와 유교와의 관계를 부정하고 팔조교나 홍범 및 기자동래설도 모두 부정하여 유교의 일반적인 효능에 대해 전반적으로 부정을 하는 입장을 나

로 한다.

101) 조성을, 1990「유학의 수용과 발달」『북한의 한국사인식(Ⅰ)』, 한길사.
조남국, 1991「北韓에 있어서의 性理學 硏究」『북한의 한국학연구성과 분석』.

타내었다.

1960년 4월에 처음 출간된 『조선철학사(상)』(2)은 본래 근로자들의 철학사 학습을 돕기 위한 목적으로 저술되었다. 시기적으로 보아 1950년대와 60년대의 견해를 대표하는 이 저술에서 기본적으로는 유물론과 관념론의 투쟁이라는 시각에서 철학사를 정리하는 관점을 취하였다. 유학에 관련된 부분에서도 이러한 관점이 그대로 투영되어 유학은 유물론에 반대되는 관념론의 일종으로 불교와 함께 동일시되었다. 하지만 불교는 관념론 중에서 주관적 관념론으로 설정된 것에 비해 유교는 객관적 관념론으로서 동일한 관념론이지만 그 가운데서는 선진성을 인정받는 것으로 설정되었다.

『조선철학사(상)』(이하『조철』)에서는 고조선에서부터 1910년대까지의 역사를 철학사적 관점에서는 관념론과 유물론의 투쟁이라는 관점으로 구분하여 설명하였다. 고조선시기에는 진보적 노예소유자 계급의 이익을 대변하여 유물론적인 철학적 견해가 발생하였다고 보고, 이것은 밝은 기운과 어두운 기운의 대립물의 통일로 보는 소박한 유물론이며 대립물의 투쟁과정에서 모든 사물이 발생하고 발전한다는 자연법적 변증법으로 이해하였다. 그리고 다른 한편으로는 이에 대치하는 견해로서 반동적 귀족 노예소유자들의 종교적 견해인 하느님이 세계를 창조하였다는 설을 상정하였다. 또 중국에서 유래한 음양오행사상에 대해서는 진보적 계급들은 그 중 유물론적 부분을 섭취하였으나 한대(漢代)에는 관념론 철학가들에 의해 신비주의적 종교적 측면이 결부되었다고 하였다.

삼국시대에는 사회경제 발전과 자연과학의 발전에 기초하여 음양오행사상의 유물론적 철학조류가 발전하였고, 이에 비해 관념론에 해당하는 것은 유교 · 불교 · 도교라고 하였다. 그 중 유교는 봉건귀족계급의 이데올로기로서 종래의 천신숭배의 종교사상과 결부되어 더욱 발전하였다고 파악하였다. 유교철학에 대해 인식론에서 선천적 인식능력을 강조하였으나 다른 한편으로는 인간의 경험과 실천의 역할을 강조하는 약간의 긍정적 요소를 내포하였다고 평가하기도 하나 여전히 유물론의 적으로 인식하였다. 특히 가장 중요시된 효(孝)는 봉건질서를 합리화하려는 기도라고 이해하였다. 유교에 비해 사상적으로는 원시적 생활양식으로의 복구라는 제한성에도 불구하고 노자의 유물론 철학을 사회정치적으로 비판적 요소를 내포한 유물론 철학의 주요한 조류로 파악하였다.

통일신라시기에도 삼국시대에 이어 유물론과 관념론의 대립은 지속되었다고 이해하였다. 유교와 불교는 관념론으로 서로 절충되어 착취계급에 봉사하였다고 하였고, 이에 비해 풍류사상은 진보적 귀족계급의 이익을 대변하는 사상으로서 농민들의 이익도 어느 정도 반영하면서 유물론적 요소도 지녔으며, 낡은 질서를 합리화하는 유교와 불교에 대항하였다고 이해하였다.

고려시대에는 유교 · 불교 · 도교의 관념론 철학과 이규보의 유물론적 철학이 대립된다고 이해하였고, 유물론적 경향에 노자의 유물론적 내용과 일정한 한계 내에서 음양오행사상의 유물론적 자연관을 포함하기도 하였다. 고려와 조선의 왕조교체기는 고려통치계급을 대표하는 불교의 주관적 관념론을 반대하여 신흥 중소지주소유자 계층인 개혁파의 이데올로기를 대표하는 조선 주자학의 객관적 관념론의 투쟁으로 이해하였다. 이때 주자학은 역사발전에서 일정한 긍정적 의미를 지니며, 불교에 비해 현실적 문제를 주목하고 이성을 중시한 면에서 합리적이며, 일부 무신론적 유물론적 사상까지 발전시킨 점에서 긍정적으로 파악하였다.

주자학의 일정한 긍정성을 인정한 위에 이후에 진행된 유물론과 관념론의 투쟁은 대체로 주자학의 외피 속에서 주자학 내부의 사상투쟁 형식으로 진행되었다고 이해하였다. 조선초기의 주자학은 어느 정도 진보적 역할을 수행하였으나 16세기 들어 봉건사회의 모순이 첨예화됨에 따라 착취계급 내부의 대립도 격화되어, 대토지소유 집권층 귀족을 반대하는 진보적 중소토지소유 귀족들의 이익을 대변한 사림파의 진보적 견해들이 대두되었다고 하였다. 조광조는 이러한 경향을 대표하는 대표적 인물로 설정되었다.

한편 이 시기 객관적 관념론에 반하여 농민의 이익을 대변하는 유물론자로서 김시습과 서경덕을 들었는데, 그 중 서경덕을 가장 뛰어난 유물론자로 꼽았다. 이런 유물론적 조류에 대항하여 반동적 주자학체계를 확립한 인물로는 이황을 들어 주자학적 객관적 관념론을 정리하였다고 하였다. 또한 이이도 이황과 유사하게 리일원론에 입각한다고 하면서도 진보적 중소토지소유계급의 이익을 대변하면서 적지 않은 진보적 견해를 밝혔다고 하여 일정한 차이를 인정하였다. 이후 이들의 주리론과 주기론은 서로 투쟁하며 당쟁과 결부되어 정쟁을 합리화하는 스콜라적인 논쟁이었다고 평가하였다.

17세기 이후 이이의 철학을 개악하여 봉건 통치계급은 자신들의 통치이론으로 삼았다고 하였는데 이론의 체계화에 기여한 사람을 송시열로 보아 관념론적 반동적 방향이 강화되었다고 하였다. 이후에도 이황학파와 이이학파의 투쟁은 지속되었고 그 가운데 이이학파에서는 임성주와 같은 유물론자가 출현한 것에 비해 이황학파에서는 기정진, 이진상 등의 반동적 철학이 나타났다고 하였다. 이러한 평가는 리(理)와 기(氣) 중에서 주기론자가 진보적이고 주리론자는 반동적이라는 전제 위에서 도출된 것으로 보인다.

한편 17세기 이후 송시열 등의 반동적 주자학자들에 반대하여 이단적 유교학파들이 대두한다고 하여 한학파와 왕양명학파를 들었다. 이들은 기본적으로 진보적 양반계급의 이익을 대변한다고 하였고, 인식론에도 유물론적 요소가 포함되어 있다고 보았다. 한편 심화되는 봉건적 모순을 반영하고 중국의 선진적 자연과학을 섭취한 기초 위에서 일련의 진보적 철학가들이 출현한다고 보아 이들을 실학파(실용학파)로 보았다. 이들의 유물론적 철학적 요소와 진보적 사회정치적 견해들은 기본적으로 진보적 양반계급의 이익을 대변하면서도 농민들과 도시평민층의 이익을 대변하는 것으로 이해하였다. 실학파에게 영향을 준 것으로는 서경덕의 기일원론이나 이이의 객관적 관념론을 들기도 하여 남한에서 이해하는 기호남인(畿湖南人)의 학문적 경향과는 다른 평가를 내렸다.

조선의 기일원론적 철학에서 최고의 평가를 받은 사람은 최한기였다. 그는 유물론자로 이해되었고, 이는 선진자연과학 지식에 기초하였다고 평가하였다. 이후 조선에서 봉건시기의 철학사는 종료되고 새로 등장하는 자본계급의 이익을 대변하는 새로운 철학사가 시작된다고 보았다. 다만 미숙한 부르주아지의 특성 때문에 계몽운동에서도 개량주의적 성격이 강하였다고 하면서, 계몽사상의 원천으로 실학파의 진보적 철학 및 사회정치적 견해와 기타 왕양명학파의 사상과 서구의 부르주아 철학을 들었다.

『조철』에서 드러난 이상과 같은 특징을 보면 유학(유교)을 관념론의 하나로 보아 유물론과는 대립되는 것으로 파악하여 지배계층의 이익을 반영하는 것으로 이해한 것을 알 수 있다. 다만 시기마다 일정하게 관념론 내에서도 주관적 관념론인 불교보다는 객관적 관념론인 유교에 보다 높은 평가를 하였고, 또 동일한 유교 내에서도 주리-주기론 중에서는 주기론(主氣論)적인 경향을 선호하여 기(氣)를 유물론과 연결하여 진보성을 검출해 내기도 하였다. 이러한 점은 노장에 대한 태도나 풍류사상에 대한 입장, 음양오행설에 대한 견해에서도 비슷하게 나타나 대체로 자연과학적인 요소, 나아가 유물론과의 상관관계가 높을수록 좋은 평가를 내렸던 것이다. 다만 북한에서도 당시 이 책에 대한 평가(21)는 조선 철학사에 대한 첫 시도라는 점에서 의미가 있지만 철학발전의 합법칙성을 해명하는데 부족하며 자연과학적 기초를 체계적으로 해명하는데도 부족하다고 평가하였다.

그런데 이와 같은 북한의 연구성과는 1950~60년대 남한에서의 유학사에 대한 연구사와 비교해 보면, 당시 대표적인 유학사 정리작업이었던 이병도(李丙燾)의 『자료한국유학사초고(資料韓國儒學史草稿)』에 나타난 예와 구체적 사례가 매우 비슷하게 인용되었던 것을 알 수 있다. 다만 해석에서 유물론과 변증법적 사유를 기준으로 이러한 요소가 있는 것과 없는 것을 구분하여 재정리하였던 점이 남한의 유학사 연구성과와 다르게 나타났다.

이 시기에는 이후 시기와는 달리 유학자에 개별연구도 몇 편 있다. 유학자 개인에 대한 연구는 이후 거의 없는 것에 비교해 볼 때 유학사 연구에서 거의 드물게 찾아볼 수 있는 사례이다. 『조철』에서 긍정적으로 주목되었던 서경덕(17 · 19), 이이(16 · 18 · 22), 김시습(23), 임성주(20)에 관한 연구가 있었는데, 특히 이이에 대해서는 교육사상까지 포괄하는 3편의 논문이 집중되어 가장 관심을 기울였던 것을 알 수 있다.

서경덕에 관한 처음의 연구(17)는 그의 탄생 470주년을 기념하여 철학사상을 고찰한 것이다. 서경덕의 유물론은 어느 정도 관념론적 또는 신적(神的) 요소가 있으나 전체적으로는 유물론에 속한다고 하였고, 방법론에도 변증법적 요소가 많다고 하였다. 그리고 이러한 유물론적 성격은 중소토지 소유에 입각한 진보적 양반 계급의 이익을 반영하고 있으나 피압박 농민의 이익도 대변하였다고 하였다. 특히 그는 기(氣)를 주목하여 기일원론인 유물론적 철학 체계를 완성하여 조광조나 이황의 관념론에 대항하였다고 하였다. 하지만 그의 유물론적 철학은 제자들에 의해 계승 발전되기도 하나 충분히 개화할 수 없었다고 평가하였다. 서경덕에 대한 이후의 연구(19)에서도 내용은 큰 차이없이 기를 중심으로 설명하였고, 여기에 실학파에 의해 그의 유물론 사상이 계승된 점을 덧붙였다.

이이(李珥)에 관한 연구는 사상(16), 교육사상(19), 사회정치사상(23) 등 비교적 다양하게 조명되었다. 리형일의 연구(16)에서는 이이의 사상 내용과 서경덕과의 사상 관계, 이이와 실학파의 영향관계 등을 주로 다루고 있는데, 우선 이이의 주자학은 전체적으로는 관념론을 벗어나지 못했으나 부분적인 면에서는 유물론적, 변증법적 요소를 내포하였다고 하였다. 이는 어느 정도 서경덕의 영향으로 보았고, 역시 그의 사상이 실학파, 특히 정약용에게 영향을 줄 수 있는 면이 있었다고 하였다. 이이의 교육사상에 대한 리창화의 연구(19)에서는 이이의 교육사상 자체의 의미도 있지만 무엇보다 양민(養民)을 우선하고 이를 위해 현실의 문제를 정확히 파악하려는 그의 태도를 높이 평가하였다. 그리고 이러한 그의 교육사상이 실학 사상가들에게 계승 발전되었다고 하였다. 사회정치사상에 대한 리창화의 연구(23)에서도 이이가 그가 처한 정치 · 사회적 환경 속에서 나름대로 모순을 비판, 폭로하고 적절한 해결책을 제시한 점을 높이 평가하였다. 또 그의 견해들은 실학 사상가들에게 계승 발전되었다고 이해하였다.

이로써 이이에 대해서는 주자학의 한계 내에서 나름대로 높은 평가를 하였고, 이는 서경덕의 영향을 강조한 것처럼 주기론(主氣論)을 지지하였기에 가능했던 것으로 보았다. 이이의 사상이 미친 영향도 실학자들에게 계승된 것으로 이해하였는데, 사상적으로 보면 실학자들도 기론(氣論)을 지지하였기 때문에 결국 주자학의 틀 내에서 긍정적인 의미부여를 한 부분은 기(氣)를 중심으로 설명하였던 것으로 볼 수 있다. 이러한 관점은 1960년대 이후 남한에서의 이이에 대한 연구경향이나 실학자들에 대한 연구경향과 일맥상통하는 면이 있다. 김태영의 실학에 대한 연구에서도 그 사상적 출발을 이이로 설정하는 것에서도 볼 수 있듯이 실학자들의 원류를 이이로 설정하는 점은 남북 모두에게 공통된다고 하겠다.[102] 또 남한의 대표적 실학연구가인 윤사순의 예에서도 실학의 철학적 기반

102) 金泰永, 1998『실학의 국가 개혁론』, 서울대학교출판부.

으로 기론(氣論)을 지적한 것도 비슷한 맥락이라고 할 수 있다. 그러나 이이의 사상은 정파와 학파 모두를 고려하더라도 기호남인의 실학에 미친 영향보다 서인계열의 학문과 사상에 보다 더 직접적으로 큰 영향을 미쳤다고 보아야 한다. 실학자들에게 미친 영향이 없다고 할 수는 없지만 그 정도의 일반적인 영향은 굳이 이이가 아니더라도 가능한 것이라고 할 수 있다.

서경덕이나 이이보다는 앞서지만 김시습에 대해서도 주목한 김광순의 연구(24)가 있다. 이 연구에서는 김시습이 봉건 군주에 대해 인민을 다스리는 위임을 받은 존재로 보고 민심이 떠나면 자리에서 물러나야 한다는 선진적인 견해를 가졌으며, 생산하는 사람들에 대해 깊은 관심을 가져 이것을 시로 표현하였음을 높이 평가하였다. 또 임성주의 탄생 250주년을 즈음하여 그의 철학사상을 다룬 정성철의 연구(22)에서는 그의 위상을 18~19세기에 관념론 철학에 대해 최한기와 더불어 유물론으로 맞선 인물로 설정하였다. 17세기 이후 주자학이 지배사상이 되어 주자학 내부에서는 정통파와 이단파의 투쟁이 진행되며, 주자학을 반대하는 사상으로는 한학(漢學), 왕양명학(王陽明學) 및 임성주의 기일원적 유물론을 설정하였던 것이다. 따라서 임성주의 기론은 서경덕의 유물론을 계승하며 동시에 이이의 유물론적 요소까지 계승 발전시켜 독창적인 이론을 완성한 것으로 보았다.

이와 같이 개별논문에서 주목한 인물들은 한결같이 조선시대에 유물론을 계승 발전시킨 인물들로서 16세기의 김시습·서경덕, 18세기의 임성주 등이 그들이다. 이이의 경우 명확하게 유물론자로서 파악할 수는 없지만 그의 사상에 유물론적인 기론(氣論)이 있다고 파악하여 넓은 범위에서는 이이도 유물론과 관련시켜 설명하였다고 볼 수 있다. 다만 이이의 경우 1~2편인 다른 사람의 연구에 비해 단독 연구논문이 3편이나 되는 것에서도 알 수 있듯이 본격적인 유물론자가 아님에도 불구하고 매우 높은 평가를 받았던 것을 알 수 있다.

인물연구 외에도 이 시기에 유학사와 관련되어 주목되는 연구는 서원에 관한 연구(17)가 있다. 오장환의 이 연구에서는 서원이 발생하게 된 사회적 조건과 서원이 조선후기에 고리대 기관으로서 갖는 기능에 대해 살펴보았다. 대체로 서원이 초기에 명목으로는 주자학의 선전기관이었지만 중앙집권제를 강화하는데 기능하였고 인민들에 대해 억압과 약탈이 심하지 않았지만 16세기 중엽 이후에는 대토지소유자로 전환되면서 농민을 예속시키며, 고리대를 자행하였다고 파악하였다. 이후 서원은 봉건 체제를 유지시키지 위한 소굴이 되었다고 하여 지극히 부정적인 평가를 하여 성리학의 사회적 역할을 부정적으로 파악한 것을 알 수 있다.

2) 1970년대

이 시기 유학사에 대한 연구로 단독으로 들 수 있는 것은 많지 않다. 그래서 통사류에 반영된 서술 속에서 유학에 대한 견해를 통해 유학사의 연구동향을 살펴볼 수 있다. 대표적으로 들 수 있는 통사류는 『조선통사』(1977. 6)와 『조선전사』(1980. 7)이다. 『조선통사』(이하 『통사』)에서는 『조철』에서의 견해를 이어 고대사회에서 하늘신을 숭배하는 종교관념론자들의 신비주의에 반대하여 자연과학을 중요시하는 '선'에 관한 견해가 있었음을 강조하였다. 봉건사회로 파악하는 삼국시대에는 봉건지배계급의 반동사상으로 지배를 합리화하는 방편으로서 유교사상이 이용되었다고 파악하여 이전의 견해를 이었다. 뿐만 아니라 유교의 종교적·관념론적 세계관은 유물론적인 철학사상의 발전을 방해하고 과학문화발전에 해독을 끼쳤다고 보아 유교에 대해 좀 더 강력하게 비판하였다.

『통사』에서는 『조철』과는 달리 통일신라 대신 신라와 발해로 재편되었다고 보아 발해의 유교사상도 추가하였으나 발해에 관해서는 단편적인 기록 밖에 없어서 봉건통치계급에 의해 유교사상이 고취되었다는 점만을 지적하였다. 신라에 대해서는 역시 봉건적 착취제도를 옹호하고 문약한 기풍을 조장하며 사대주의와 교조주의를 고취하는 등 정치 · 사상 · 문화 · 예술 모든 분야에 막대한 해독을 끼쳤다고 평가하였다. 고려에서도 유교의 역할을 크게 다르게 평가하지 않고 모두 봉건통치와 그 운영에 관한 이론을 뒷받침해주는 사상적 도구로 이해하였다.

조선의 유학에 대한 평가는 고려말과 조선초기에 불교를 비판한 성리학의 역할은 어느 정도 인정하고 있다. 하지만 관념론으로서 근본적인 한계가 있다고 보았는데, 권근의 경우 예를 들면 초기의 유교의 입장에서 불교의 허위와 해독을 비판한 것은 의미가 있으나 곧 객관적 관념론에 서 있기에 봉건지배를 합리화하는데 기여했다고 보았다. 15세기에 주목한 인물은 권근과 정여창이며 성리학에 반대한 선진적 사상가들로 김시습과 남효온을 주목하였다.103)

16세기에는 성리학적 유교 관념론자로서의 이황을 비판하였고, 이에 반해 진보적인 양반계층의 이해를 대변하는 사람으로 서경덕을 예로 든 것, 이이가 이황의 이일원론과 서경덕의 기일원론을 비판하여 이기이원론적인 사상체계를 세우고 사회와 정치에 대해 진보적인 견해를 제시한 것 등은 『조철』과 큰 차이가 없다. 17세기에는 양반들의 당파싸움이 지속되어 이수광이나 유형원 등 일부 진보적 양반들에 의해 실학이 제기되었다고 하였고, 18세기에는 더욱 발전되었다고 하였다. 이에 비해 봉건유교사상은 반동화의 극에 달해 인물성동이에 대해 논쟁하게 되었는데, 동론을 비판하고 인물성이론을 주장한 한원진을 진보로 파악하였다. 한편 번쇄한 유학에 반대하여 윤휴 등의 한학파와 정제두, 이충익 등의 양명학파가 있었으며, 기일원론적 유물론적 사상가로 임성주를 주목한 것

103) 남효온에 대해서 『조철』에서는 언급이 없었다.

은 거의 『조철』과 다름이 없다. 19세기에는 최한기의 견해에 대해 유물론적이라고 평가한 것은 『조철』과 공통되나 최한기에 앞서 이규경을 주목하여 그의 기일원론적인 사상과 실학사상의 계승이라는 측면을 평가하였다. 동학에 대해서는 『조철』과는 달리 유기론 철학의 변종이라고 명확하게 규정하지는 않았지만 농민들의 이해를 반영하였다고 비슷하게 평가하였다.

이와 같이 살펴보면 『조철』과 『통사』에서 유학사를 평가하는 입장은 거의 비슷한 것을 알 수 있다. 다만 이규경과 같은 몇몇 인물을 설명하는데 보완하였을 뿐이다.

이에 비해 『조선전사』(이하 『전사』)에서는 김일성의 교시를 전면에 내걸고 이에 입각하여 새로운 역사해석을 한 점이 이전에 비해 두드러졌다. 유학사서술에서도 고구려의 경우 상대적으로 유물론적인 철학사상과 변증법사상, 무신론사상 등은 강조되고 민족적 자긍심이나 애국정신은 높이 평가되고, 유교나 불교, 도교는 비록 다른 나라에서 들어온 것이지만 고구려의 자주적인 입장에서 맹목적으로 따르지 않고 자신들의 요구에 따라 받아들여지고 변형되었다고 하였다. 그러나 전반적으로 유교는 반동적인 철학조류로서 '천명'이나 '삼강오륜'과 같은 도덕은 인민을 봉건적인 노예로 만들기 위한 수단으로 이해하였다. 음양오행사상에 대해서는 발생초기에는 소박한 유물론적 사상을 담고 있었는데, 후에 유학자들에 의해 신비화되었다고 하였다. 곧 음양오행의 '상생상극' 관념은 숙명론과 신비주의를 지지하는 것으로 이해하였다.

백제에서도 유교의 관념론적 세계관은 유물론적 철학사상의 발전을 방해하는 것으로 보았다. 다만 백제에서도 음양오행사상은 초기에 유물론적 요소를 담은 철학사상으로 이에 정통한 사람에게 '역박사'라는 칭호를 줄 정도로 장려되었음을 확인하였다. 불교와 마찬가지로 유교사상의 '대의명분'이나 '삼강오륜'은 인민들의 계급의식을 마비시키는 사상적 도구로 이용되었다고 보았다.

신라의 경우 전기신라에서는 기와 음·양에 관한 유물론적 사상이 발전되었다고 보아 종교적 혹은 관념론적 세계관과는 대립되는 진보적 사상이 발전한다고 보았다. 또 불교의 경우에도 불교철학의 성행이 사회발전에 지장을 줌에도 불구하고 인식론과 논리학이 심화되는 철학사발전에 의의를 인정하였다. 후기신라에서는 주로 원효나 의상의 불교철학과 선종 등을 주목하였고 유교사상에 대해서 따로 고찰하지는 않았다. 다만 최치원에 대해서는 세계의 근본을 유학의 관점에서 태극에서 발생한 것으로 이해하였고, '심'도 육체적 활동과 관련하여 해석하는 등 유물론적 요소가 있고, 신흥지주세력의 편에 있다고 하여 진보적 의의를 인정하기도 하였으나 전체적으로 봉건지주계급의 이해를 대변하는 한계를 지적하기도 하였다.

10~12세기 중세기의 철학에서는 주로 불교에 의해 철학적 사유가 발생한 것으로 파악한 것에 비해 유교는 불교가 끼친 사회적 해독을 해소하는데 일정한 기여를 한 것으로 평가하였다. 최승로는 이 시기를 대표하는 사상가로 주목되었는데, 그가 불교의 인과응보설과 사회적 영향을 비판한 것은 긍정적으로 이해하였다. 또 그가 잡귀신이나 부처보다 백성을 안심시키는 것을 주장한 것에 대해 봉건귀족계급의 이익을 견지하는 것이기는 하나 진보적 견해라고 이해하였다. 그러나 이런 요소 외에도 중앙집권적인 봉건통치를 강화할 것을 주장하는 등 부정적, 보수적 견해가 동시에 포함되어 있다고 보았다. 최승로에 대한 주목은 이전에는 나타나지 않았던 것으로 80년대 남한에서도 주목된 것에 비해 앞서서 조명되었다.[104]

---

104) 남한에서의 최승로에 대한 연구는 1965년 김철준에 의해 시도되기는 하였으나 본격적인 연구는 1980년대 이후에 주로 수행되었다. 金哲埈, 1965「崔承老의 時務二十八條에 對하여」『曉城趙明基博士華甲記念 佛教史學論叢』.

13~14세기의 중세시기에는 이전과는 달리 유물론적 사상과 무신론적 사상이 발전하여 이전에 볼 수 없었던 새로운 전환기를 맞이하였다고 보았다. 전자의 유물론적 사상을 대표하는 이는 이규보로 보았는데, 그가 주장한 원기가 곧 근거로서 제시되었다. 비록 사회 · 정치적 견해에서는 양반계급의 입장에 선 관념론자로 파악하였으나, 농민에 대해서도 긍정적 태도를 보였고 침략자들에게도 대항해 싸울 것을 호소하여 애국주의를 보였다고 이해하였다. 이 시기에는 또 성리학이 수입되었는데, 그 대표적 학자로서 이색을 들었다. 그는 고려말 중소지주계급의 이익을 대변하여 자연에 대한 견해에서는 약간 합리적 요소도 있었으나 전체적으로 관념론적이고 보수적이라고 이해하였다.

고려말인 14세기에 들어서는 무신론적인 사상조류들이 발전하였다고 했는데, 성균관 출신의 유생들로서 중소지주계급의 이해관계를 대변한 김초, 박초, 정도전 등을 대표적 인물로 들었다. 김초와 박초는 『조철』과 『통사』에서는 언급되지 않았던 인물로서 무신론적 사상조류를 강조하는 예로 불교를 배척하는 상소를 주목하였다.

특히 정도전은 정치와 윤리도덕의 면에서 불교를 비판하였던 이전의 불교배척론과는 달리 사상적, 이론적으로 부당성을 논증하려고 하였다고 하였다. 그러나 이기론에서는 리의 선차성을 인정하는 관념론을 견지하였고, 사회 정치적 견해에서도 유교적인 정치이념을 주장하였다고 보았다. 그리하여 정도전에 대해서는 그가 조선건국에 끼친 막대한 영향보다는 불교에 반대한 무신론적인 측면만을 주목하였던 것이다. 이런 평가는 『조철』에서 이미 정도전의 사회 정치적 견해에서 전제개혁을 주목하여 당시 모순을 해결하는데 일정한 기여를 한 점을 평가하였던 것에서도 한발 물러선 것이라 할 수 있다.

조선초에 불교를 대치하여 유교가 국교로 등장하면서 성리학적 관념론을 대표하는 사람으로는 권근을 주목하였다. 그의 철학사상에 대한 설명은 이전의 『조철』과 크게 차이가 없는데 다만 그의 이론은 봉건국가에 순종하는 노예로 만들기 위한 목적을 추구하였다고 하였고, 이황에게 영향을 주었다고 하였다.

이에 비해 기일원론적인 유물론 철학사조를 대표하는 인물로는 김시습을 들었다. 이는 『조철』에서 파악한 것과 크게 다르지 않은 내용인데, 당시 성리학자들이 내세우는 기본 범주와 개념들에 대해서도 대립적인 견해를 보였고 대체로 유물론적으로 해석하였으며, 사회 · 정치적 견해에서도 농민들에 대해 동정하고 양반들을 비판하였다고 하였다. 그러나 전체적으로는 여전히 양반계급과 유교사상의 울타리를 벗어나지 못했으며 다만 진보적 양반계급의 사상을 보여주는 것이라고 하여 한계를 인정하는 방향으로 정리하여 『조철』에서 사림파에 비해 '기본적으로' 착취받는 농민의 이해를 대변하였던 것으로 파악한 것과 비교해 보면 입장이 조금 바뀐 것을 알 수 있다.

김시습에 이어 유물론적 견해를 대표하는 인물로 서경덕을 주목하는데, 그의 철학은 유물론이며 유물론 철학의 발전에 적지 않은 기여를 한 것으로 평가하였다. 그는 기일원론철학을 전개하였다고 하였는데, 세계의 본질을 이루며 세계의 모든 사물현상들의 발전과 변화를 좌우하는 것이 물질적인 기라고 이해하였던 것이다. 이러한 자연에 대한 견해는 비교적 진보적이고 높은 수준에 이른 것이라고 평가받았으나 그의 사회에 대한 견해는 매우 보수적인 것이라고 평가하였다. 이것은 일부 보수적인 면이 있다고 하였으나 전체적으로는 진보적 양반과 농민의 처지를 대변한 것이라고 평가하였던 『조철』의 입장과 비교해보면 미묘하게 변한 것이라고 할 수 있다.

이황에 대해서는 『조철』의 입장과 별다르지 않게 리일원론적인 철학으로 자연과 사회를 고찰하고 초자연적이며 초인간적인 정신적 실체인 리를 중심으로 관념적이고 반동적인 철학을 전파하여 사상적 도구로 삼은 부정적 인물로 평가하였다. 이이에 대해서는 이원론자로 이해하여 처음에는 기의 운동변화를 통해 자연계의 사물현상을 이해하려고 하였으나 나중에는 리의 선차성을 인정함으로써 관념론에 떨어졌다고 보았다. 또 사회정치적 견해에서도 당시 지배층의 통치체제와 부패한 정치에 대해 일정하게 비판하며 일부 합리적인 견해를 제시하였지만 그 자체에 근본적인 결함을 지닌 것이라고 평가하였다. 이러한 평가 역시 『조철』에서 그의 사상에 유물론적 · 변증법적 요소가 있다고 보아 이것을 일정한 역사적 조건 내에서나마 진보적이고 애국주의적인 측면이 있다고 적극적으로 평가한 것과는 미묘하게 달라진 면이 보인다. 곧 서경덕이나 이이에 대해 『조철』에서는 일정한 한계 내에서나마 진보적 의의를 적극적으로 평가하였던 것에 비해 『전사』에서는 한계를 보다 분명히 하는 입장으로 미묘한 전환을 하였던 것이다.

17세기에는 송시열을 비롯한 주자성리학자들의 반동적이고 관념적인 철학조류에 대항하여 이수광 · 장유 · 윤휴 등의 유물론적이며 진보적인 철학사조가 발전하였다고 보았다. 송시열에 대한 평가는 크게 달라진 것이 없으나 이수광에 대해서는 실학의 선구자로서 서경덕이나 이이의 철학사상과 사회정치사상을 진보적인 면에서 계승, 발전시킨 것으로 평가하였다. 이전의 유학자들에 대한 평가에서 대체로 진보적이기는 하나 유학자로서의 근본적인 한계를 지적하였던 것에 비해 이수광에 대해서는 이전의 주자학적 유교관념론과는 달리 자연과 사회에 대한 견해에서 진보적인 견해를 제시하였다고 하여 전체적으로 매우 긍정적인 입장으로 평가가 바뀌었다.

장유에 대한 평가는 이전에는 찾아볼 수 없었던 것으로 『조철』에서는 언급도 되지 않았던 인물에 대해 그의 무극자에 대한 견해를 자세하게 소개하였다. 세계의 시원을 무극자로 파악하여 본질적으로 기와 비슷한 것으로 본 것은 장유에 대해 유물론적 관점에서 평가를 한 것이었다. 또 사회정치적 견해에서도 비록 양반출신의 한계에도 불구하고 당시로서는 진보적 입장에서 농민들의 처지에 동정을 표하였다고 하였다. 윤휴에 대해서는 사회정치적 견해는 관념적인 성격에도 불구하고, 반동 유학자들에 맞서서 유물론적인 진보적 철학사상을 제기하였다고 평가하였다.

18세기 이후는 점차 낡은 봉건제도가 무너지면서 상품화폐경제가 일반화되고 광업과 일부 수공업 부문에서 자본주의적 관계가 발생하였다고 보아 이를 배경으로 철학에서도 주자학적 유교관념론에 대해 실사구시풍의 진보적 견해가 나타났다고 보았다. 『조철』에서도 이미 17세기 후반 이래 이런 경향이 대두하였음을 지적하였지만 명백히 자본주의적 관계가 발생하였다고 파악한 것은 아니었고, 봉건사회가 해체되면서 이러한 경향이 나타나는 것으로 이해하였던 것과 비교해보면 한 단계 진전된 입장이었다. 대표적인 실학자로 이익이나 홍대용, 박지원 외에도 기일원론적인 유물론 사상을 심화 발전시킨 임성주를 이에 포함시켰다.

19세기 들어서 주자성리학의 관념론철학에 반대한 진보적 철학자로 정약용을 꼽았으나 그 역시 자연관이나 사회정치적 견해에서 유교관념론의 한계를 벗어나지 못했던 한계를 지적하였다. 정약용의 뒤를 이어 실학의 입장에서 이규경을 주목한 것은 『조철』에서 최한기만을 주목한 것과는 달리 추가된 부분이다. 이규경에 대해서는 기일원론적 유물론 사상을 발전시켰으며, 사회정치적 견해에서도 일부 진보적인 견해를 제시하였다고 보았다. 최한기에 대해서도 기를 중심으로 한 유물론적 견해를 평가하기도 하였으나 전체적으로는 양반계급의 이익을 대변하는 보수적인 것이라고 보았다. 하지만 19세기 전반기의 정약용 · 이규경 · 최한기의 사상은 이후 부르주아사상인 개화파의 사상에 영향을 주었다고 하였다.

19세기 후반은 중세철학에서 근대철학으로 전환되는 시기로 보아서 특히 동학의 발생에서 출발된다고 하였다. 『조철』에서는 유기론철학의 변종으로 동학을 파악한 것에 비해 동학이 가지는 근대사상으로서의 성격을 보다 주목하여 사람이 중심이 되어 하늘신(유교)이나 하느님(기독교)이 아닌 사람의 능력을 높이 평가한 것은 의미가 있다고 하였다.[105] 하지만 최제우가 제시한 동학의 경우 아직 신을 완전히 부정하지 못했고, 반침략적 경향도 있었으나 관념론도 섞여서 한계가 있는 것이라도 평가하였다.

이밖에도 19세기 후반기에 반침략투쟁을 시도한 유학자로 이항로를 들었는데, 그의 철학사상이 관념론이었지만 논리에 일부 변증법적 사상이 들어있다고 하여 상대적인 긍정을 하였다. 이것은 양반계급의 보수적 입장을 벗어나지 못하면서도 외적에 대항한 입장과 같이 모순되어 보이면서도 일정하게는 애국적인 입장을 취하였다고 하였다. 이항로에 대한 일부의 긍정적 평가는 『조철』에서는 보이지 않던 것으로 역시 주체사상의 확립과도 관련된 것으로 보인다.

그리고 근대사상으로는 김옥균을 비롯한 개화사상가들이 실학사상가들의 영향을 받은 것을 지적하였다. 『조철』에서 김옥균에 대해 부르주아지 계몽사상의 선구라고 평가하였던 것에 비해 『전사』에서는 명백하게 부르주아개혁사상으로 위상을 설정하였으나 역시 농민에 근거하지 않았으며, 자본주의 발전의 미숙성으로 말미암은 근본적인 결함 탓으로 일정한 한계가 있음을 동시에 지적하였다. 이러한 한계는 농민들의 투쟁에 의해 어느 정도 극복되었다고 하였는데, 갑오농민전쟁이 그러하였다고 하였다. 이는 『조철』에서는 볼 수 없었던 시각이었다. 또 유인석과 안중근으로 대표되는 반일의병장들의 반일애국사상이 일정하게 유교관념론을

105) 이러한 평가는 주체사상에서 사람을 강조하는 것과 일정하게 연관되었다고 보여진다. 1960년대의 『조철』에서는 최제우의 동학에 대해 유기론적 유물론으로 이해하여 인간의 자주성 보다는 유물론을 기준으로 파악하였다.

신봉하였음에도 불구하고 의미가 있었다고 평가되었고, 애국문화운동의 담당자로서 『조철』에서 제시한 박은식, 신채호 이외에도 이기와 장지연 등이 주목되었다.

이상과 같이 『전사』의 내용을 살펴보면 『조철』과는 전체적으로는 비슷하면서도 다른 점이 적지 않은 것을 알 수 있다. 우선 『조철』의 경우에는 유물론과 변증법이라는 기준이 비교적 분명하게 제시되어 이를 기준으로 분석하면서도 전근대 유교사상이 갖는 일정한 의미도 인정하였다. 특히 조선시대의 경우 중소지주에 기반한 사상을 일정하게 평가하였다. 이에 비해 『전사』에서는 실학 이전의 유학에 대해서는 일정한 의의보다는 관념론적 한계를 지적하는 경향이 많았다. 또 김일성교시가 전면에 부각되면서 애국주의적 입장이 강조되거나 사람이 중심이 되는 경향이 일부에서 나타나 유교사상 본래의 분석에서는 한걸음 후퇴한 측면이 있었다. 물론 분야사가 아니라 전체사의 일부로서 다루어진 면 때문에 그런 측면도 있지만 보다 근본적으로는 유교사상에 대해 미묘하게 부정적인 방향으로 평가가 선회하였음을 알 수 있다.

3) 1980년대 이후

1980년대에도 개별적인 논문의 형태로 유교에 대해 저술된 것은 찾아보기 힘들다. 다만 80년대에는 70년대와는 달리 두 권의 의미있는 유교사상에 관련된 저술이 제출되어 60년대의 연구와 달라진 점을 확인시켜 준다. 그 하나는 최봉익의 『조선철학사개요(1986)』(9)이고 다른 하나는 정성철의 『조선철학사 2(1987)』(10)이다. 두 책의 차이를 보면 다음과 같다.

우선 1년 앞서 나온 최봉익의 『조선철학사개요』(이하 『개요』)에서는 제1편의 고대조선의 노예사회의 철학에서부터 제4편의 자본주의적 관계의 발전기 철학에 해당하는 신채호의 철학사상까지 거의 전시기를 포함하였다.[106] 이에 비해 정성철의 『조선철학사 2』(이하 『조철 2』)에서는 조선시대만 국한하여 이조전기와 이조후기로 나누어 고찰하였다.[107] 따라서 조선시대 이전까지는 최봉익의 개요를 중심으로 유교사상연구의 변화를 살피고, 조선시대 이후에는 이 두 저작과 앞 시기의 연구와 비교하여 살펴보겠다.

우선 최봉익은 머리말에서 주체사상이 조선철학사를 과학적으로 규명하는데 적절한 방법론이라고 제시하고 이에 기초하여 유물론과 변증법 사상이 관념론과 형이상학을 반대하였던 역사를 살피겠다고 하였다. 따라서 『개요』에서는 『전사』나 『통사』에서 이미 일부 시도되기는 하였으나 아직 전면화되지 않았던 주체사상에 의한 철학사, 유학사의 서술이 본격화되었음을 말하였다. 책의 제목에 '주체사상에 의한 『조선철학사』(1962)의 지양'이라는 부제를 달은 것도 이러한 특성을 말해 준다고 할 수 있다.

고대의 철학에 대해서 『개요』에서는 반동적 통치배들의 종교미신설에 반대하여 신흥노예소유자들은 유물론적 견해와 무신론적 견해를 제시했다고 하였다. 『조철』에서 진보적 노예소유자계급으로 제시되었던 것에서 신흥노예소유자로 바뀐 점이 다르며, 『조철』에 비해 신흥노예소유자들에 대해 이들이 평민에서 갈라져 나와 노예소유자로 전화된 '호민'이라는 계층으로 설정된 점이 새로운 설명이다. 하지만 여전히 호민의 존재양태나 이들이 어떻게 무신론이나 유물론을 제시하였는지에 대한 자세한 설명은 없다.

삼국시기에 대한 설명에서 이전보다 특기된 사항은 고구려의 우월성

106) 부록 2) 『조선철학사개요』 목차 참조.
107) 부록 3) 『조선철학사 2』 목차 참조.

을 전면에 부각하고 논의를 풀어가는 점이다. 고구려가 이 시기 역사발전에서 중심적인 역할을 수행했다고 전제하고 제철제련기술이나 세공기술 등에서 고구려를 중심으로 삼국이 발전하였다고 하였다. 『조철』에서 유물론에 해당하는 것으로 음양오행만을 주목했던 것에 비해 이미 『전사』에서도 인용하였던 물질적인 기에 대해 주목하고 이것이 주로 천문학이나 의학을 전문으로 하는 과학자들에 의해 제기된 유물론으로 고대보다 분석적이며 일반화된 점을 강조하였다. 또 『전사』에서 관념론으로 비판받은 음양오행사상에 대해서는 비슷한 입장이나 여기에 변증법적 사유로서 역(易)에 주목하였다. 변증법적 사유가 발전된 것은 군사학(병학) 분야에서도 많이 나타난다고 하였다. 사회정치사상에서도 고구려는 민족적 긍지와 자주성을 발전시켰으며, 상무(尙武)정신을 높이 평가하기도 하였다.

유교에 대해서는 관념론철학으로 봉건국왕과 그 지배를 합리화하고 신성화하는 것으로 보았다. 그 방편으로 천명에 관한 사상을 주목하였는데, 이는 『조철』이나 『전사』에서는 그다지 주목하지 않았던 것으로 논리도 세련되게 설명하였다. 그러나 결론은 역시 사회진보와 과학발전을 가로막는 역할을 하였다고 평가하였다.

신라말의 최치원에 대해서는 『조철』에서 봉건착취계급 중에서도 진보적 계층의 이익을 대변한다고 보는 소박한 입장이었던 것에 비해 『전사』에서 태극에 주목하였던 관점을 보다 확대하여 유물론적 이해가 있었다고 파악하였다. 또 심에 대해서도 최치원은 결국 사람의 몸에 의하여 조작되는 것으로 이해하여 불교관념론의 선험적 인식론을 부인한 것으로 파악하였다. 결론적으로 최치원은 철학적으로나 사회정치적 면에서 일정하게 진보적인 요소를 가졌으나 계급적 혹은 사회역사적 제한성으로 말미암아 본질적인 결함을 지닌 것으로 이해하였다.

고려에 대해서는 고구려에 다음가는 강대한 국가로서 발전적인 면을 지적하면서도 고려 전반기에는 주로 불교관념론을 서술하고 이에 반대하는 유물론과 무신론을 설명하였다. 그러나 불교관념론에 해당하는 균여나 체관, 의천, 지눌의 사상은 자세하게 소개한 반면에 최승로는 이러한 불교의 사회적 폐해를 지적하여 무신론적이라는 면에서, 만적은 근본적인 노비해방을 주장한 면에서 의미가 있다고 하였다. 남한의 학계에서 주목하였던 최승로의 유교정치사상에 대해서는 유교를 숭상하고 있었던 만큼 한계가 있었다는 일반적인 지적을 하는 선에서 그쳤다.

고려 후반기에 대표적으로 유물론철학을 발전시킨 인물로 이규보를 예로 드는 것은 『조철』이나 『전사』와 다름이 없다. 이규보에 대한 평가에서도 물질인 원기(元氣)를 중시한 것에서 유물론적이라고 하였고, 영혼소멸에 대해서도 자연법칙으로 보아 무신론적이라고 하여 『조철』보다는 상대적으로 후한 평가를 내렸다. 또 민족자주의식과 애국사상의 관점에서 이규보의 사상을 평가하기도 하여 『전사』 이래 주체사상적 관점에서 적지 않은 의의가 있다고 하였다.

고려말의 이색에 대해서는 『조철』에서 세계의 근원을 리(理)로 본 것에 비해 기(氣)의 작용으로 보아 유물론적인 사상이 적지 않았다고 파악하여 『전사』의 입장과 비슷하였다. 그러나 결국 기도 리나 태극에 근원을 두고 있다는 이원론에서 벗어나지 못했다고 보아 한계를 지적하였는데, 이러한 점은 사회정치적 견해에서도 비슷하여 부패와 타락에 대한 죄악에 대해서는 일정한 비판적 태도를 취했으나 온화한 방법으로 개량할 것을 주장하였다고 보아 말년에 가서는 보수적 입장에 떨어졌다고 하였다.

정도전에 대해서는 『전사』의 견해와 비슷하여 전체적으로는 관념론의 한계를 벗어나지 못하였으나 불교관념론을 반대하는 측면에서 유물론적 · 무신론적 경향이 있었다고 보아서 불교를 반대한 측면에 대해 조명하였다. 이러한 입장은 『조철』에서 정도전이 왕도정치에 입각한 개혁을 시도하려고 하였던 면을 자세하게 고찰한 것과 비교해 볼 때 유교에 대해 비판적으로 평가한 것임을 알 수 있다.

조선에 대해서는 고려말 성리학적 유교관념론이 불교를 반대하는 데에는 일정한 역할을 하였으나 15세기에 이조봉건국가가 성립되면서 점차 반동화되었다고 하였다. 그 가운데 권근이 대표적 이론가로 설정되었는데 그에 대해 리(理)를 중시하는 객관적 관념론자로 파악하여 반동성을 강조한 것은 『전사』의 입장을 이은 것이며, 『조철』에서 일부 권근의 사상을 정도전과 연결하여 긍정적으로 이해할려는 입장과는 달라진 것이었다. 그 사상의 영향에서도 이황에게 계승되어 반동성을 강조한 것은 『전사』와 같으나 『조철』에서 조선 철학발전에 많은 영향을 주었다고 한 것과는 반대의 입장이었다.

『조철 2』에서도 권근에 대해서 자세하게 소개하였지만 결국 그의 이론이 세련된 봉건통치이론인 점을 강조하여 그의 한계를 지적하면서도 그의 철학사상이 사림파를 거쳐 이황에게 영향을 주었고 나아가 일본에까지 영향을 주었다고 하였다. 『조철 2』에서는 『조철』에 이어 사림파의 철학사상이 갖는 의미를 어느 정도 인정하였다.[108] 곧 15~16세기에 치열하게 벌어진 농민들의 투쟁에 대해 통치계급의 내부가 두 파로 나뉘어 '보수적인' 훈구파와 '진보적인' 사림파로 분리된다고 하여 사림파가 대토지 소유의 훈구파보다는 일정하게 농민들의 요구를 들어주었던 점에서 진보성을 인정하였던 것이다.

『조철 2』에서 사림파로서 주목된 인물은 김종직, 조광조, 이언적이다. 김종직의 인정(仁政)이나 인재등용에 대한 주장은 비록 계급 모순을 무마하려는 타협책에 불과하였지만 김굉필을 거쳐 조광조로 계승·발전되었다고 하였다. 또 조광조가 추구한 이상정치에 대해 변법을 추구한 왕

108) 『개요』에서는 사림파를 다루지 않았다.

도정치로 파악하여 당시의 조건에서는 긍정적인 의미가 있다고 보아 이이를 거쳐 실학파들에게까지 영향을 미쳤다고 보았다. 이언적에 대해서도 백성들을 위해 일정한 양보를 하였음에도 불구하고 봉건지배계급으로서의 계급적 입장은 명백한 한계를 가지고 있음을 지적하였는데, 『조철』과 그다지 다르지는 않지만 보다 자세하게 다루었다.

이황과 이이에 대해서 『조철 2』에는 절을 나누어 사림파와는 구분하여 다루고 있다. 이황에 대해서는 그가 리(理)를 우선시하여 봉건지주계급의 이해를 대변하고 공고화하는데 크게 기여하였으며, 사회개혁에 대한 대책을 전혀 제기하지 않았다고 이해한 것은 『조철』이나 『개요』와 크게 다르지 않았다. 이이에 대해서 『조철 2』에서는 기본적으로 관념론적 성격이 있음에도 불구하고 유물론과 진보적인 성격이 있음을 인정하였고, 그의 사회정치적 견해는 봉건사회의 모순을 폭로하기는 하였으나 변법사상은 봉건제도 옹호론에서 벗어나지 않는다고 하였다. 다만 국방에 관한 입장은 애국주의의 사상으로 평가할 수 있다고 하여 『조철』의 입장과 크게 다르지 않았다. 『개요』에서는 『조철 2』와 비슷하면서도 본질에서는 지배계급의 이익을 위해 변호하였다는 한계를 강조하는 경향이 짙었다.

15~16세기의 유물론을 대표하는 철학자로 김시습과 서경덕을 예로 드는 것은 공통이다. 『개요』에서는 유물론적 견해와 무신론적 견해라는 측면에서 김시습이 진보적인 견해를 내세웠지만 봉건제도를 인정하면서 그 한계 내에서 불합리한 측면을 개량한 것으로 보았다. 『조철』에서 개량이나 인정(仁政)에서 한 걸음 나아가 착취받는 농민의 이해를 대변하였던 것으로 보았던 입장에서 후퇴한 평가이다. 『조철 2』에서는 김시습의 문집에서 구체적인 문장을 인용하면서 철학사발전에 기여한 점을 인정하였고 한계에도 불구하고 주자성리학을 반대하고 유물론을 제창한 첫 번째의 대표적 인물이며 모순의 폭로자로 파악하여 다시 『조철』의 평

가로 되돌아간 측면이 있다.

서경덕에 대해서도 『개요』에서는 기(氣)에 관한 유물론과 변증법사상을 지녔던 인물로 파악하였으나 사회정치적 견해에서는 관념론적 역사관에서 봉건적 윤리관을 벗어나지 못했던 것으로 보았다. 이러한 이해는 『조철』에서 서경덕에 대해 적극적인 긍정을 표시한 것과, 『조철 2』에서 그를 대표적 유물론자로 파악하고 진보적 양반의 이해를 대변하면서 농민의 이해관계를 일정하게 반영하였다고 평가한 입장보다는 후퇴한 것이었다.

조선후기는 대체로 17세기 이후로 보아 주자성리학이 보다 반동화되었던 시기로 파악하였다. 『개요』에서는 이 시기에 나타난 예론에 대해 스콜라적 논쟁으로 보아 이를 통해 봉건질서를 수습하려는 것으로 이해하고 김장생을 그 대표자로 보았다. 또한 『개요』에서는 송시열도 반동적 성리학의 대표자로 이해하여 간략히 검토하였다. 그러나 『조철 2』에서는 송시열의 사상에 대해 매우 자세한 검토를 하는데, 『송자대전』의 구절을 인용하면서 그의 관념론적 성격과 인정(仁政)에 관한 사상이 개량사상에 불과하여 봉건통치계급의 이해관계를 대변하는 것으로 평가하였다.

18세기의 주기론 철학자로는 한원진이 주목되었는데, 『조철 2』에서는 『조철』에 이어 주기론자로서 한원진이 이이의 주기론철학의 긍정적 측면을 계승하였다고 하였다. 곧 중소지주계급의 이해관계를 대변하여 양보와 개량을 보였다고 평가하여 『조철』의 입장을 인정하였다. 『개요』에서는 송시열 이외에는 주목하지 않은 것에 비해 『조철 2』에서는 『조철』에서 주목한 한원진 이외에도 기정진과 이진상을 주자성리학적 관념론 철학자로서 설명하였다. 기정진은 19세기의 주리파의 대표자로서, 이진상도 19세기 중엽 주리론의 대표자로서 유물론철학의 발전을 저해하고 봉건통치질서를 합리화한 반동적 역할을 하였다고 평가하였다.

이에 비해 조선후기에 주자성리학적 관념론을 반대하고 진보적 철학을 발전시킨 인물로는 『개요』나 『조철 2』에서 모두 이수광 · 장유 · 윤휴 · 박세당을 들었다. 『개요』에서는 이수광에 대해서 실학적인 학풍을 세우는데 중요한 역할을 한 것으로 보았지만 사회정치적 견해는 보수적이라고 평가하였고 『조철 2』에서도 큰 차이가 없이 자세하게 설명하였다. 장유에 대해서도 『개요』나 『조철 2』에서 비슷하게 평가하였는데, 모두 유물론적이고 무신론적인 특징이 있다고 하면서 『개요』가 사회정치적 견해에서 『조철 2』에 비해 진보적이라고 한 점이 약간 차이가 있다.

윤휴에 대해서는 『개요』에서 태극을 기(氣)로 파악한 것에 대해 유물론발전에 큰 의의를 지닌다고 보았고, 반주자학적 입장은 진보적인 것으로 이해하였다. 『조철 2』에서도 자연관과 인식론에서는 기본적으로 유물론적 입장에 서 있다고 보았으나 윤리 도덕적 견해에서는 관념론적이며 봉건적인 한계를 벗어날 수 없다고 평가하기도 하여 약간의 차이를 보이나 실학자들에게 일정한 영향을 주었다고 평가하였다. 박세당에 대해서도 『개요』에서는 반주자학적 입장에서 활동한 진보적인 학자로 보았으며, 유물론의 기철학을 인정하였지만 사회정치적 견해에서는 관념적이고 봉건적이었다고 보았다. 이러한 입장은 『조철 2』에서도 큰 차이가 없었다.

이밖에 18세기의 유물론철학가로서 임성주를 주목하였는데, 『개요』에서는 그가 기일원론적 철학사상을 계승하여 현실에 맞게 심화 발전시켰다고 보았다. 곧 자연에 대한 임성주의 견해는 유물론적이며 비교적 높은 수준이었다고 평가하였지만 일부 관념론적이고 봉건주의적 견해도 포함되어 중하층 양반계급의 입장을 반영하였다고 하였다. 『조철 2』에서도 임성주에 대한 견해는 『개요』와 비슷하여 서경덕의 유물론을 계승하여 기일원론적 유물론의 발전에 일정한 기여를 하였다고 평가하였다.

『조철 2』에서는 임성주 이후 실학사상의 발생과 발전에 대해 거의 책 반 권에 해당하는 분량으로 자세하게 적었고 19세기 이후는 더 이상 서술하지 않았다. 이밖에 『개요』에서 19세기 이후로 평가되었던 인물에 이항로, 최익현, 김옥균, 유인석 등 유학과 관련된 인물을 다루어 『전사』와 비슷하지만 반침략애국사상을 지녔다고 하여 최익현을 추가하였다. 『개요』에서는 20세기에 들어서 이기(李沂)가 유교가 우리나라에 끼친 폐해를 비판하며 봉건제도를 입헌정치로 교체하자고 한 주장은 신흥부르주아지의 정치적 요구를 반영한 것이라고 하였다. 또 박은식은 유교를 부르주아적으로 개조하여 시대적 요구에 적응시키려고 하였다고 보았고, 장지연 역시 유교의 보수성을 비판하였다고 하였고, 반침략적 애국사상은 한계에도 불구하고 진보적 의의를 지닌다고 하였다. 신채호의 경우에도 부르주아 민족주의의 한계를 벗어나지 못하여 유교 등의 반동사상을 반대하는 데에 철저하지 못했다고 비판하였다. 이렇게 박은식이나 장지연, 신채호를 파악하는 관점은 『전사』의 입장과 크게 다르지 않았다.

이와 같이 살펴보면 1980년대의 연구는 1970년대의 연구의 연장선에서 설명할 수 있다고 할 수 있다. 『개요』나 『조철 2』 모두 60 · 70년대의 연구성과를 이어 특히 주체사상의 시각을 기본으로 하고 유물론과 변증법을 분석의 기준으로 삼았음은 큰 차이가 없다. 하지만 1년을 사이에 두고 간행된 두 책에서도 미묘하게나마 적지 않은 차이점이 있는 것도 사실이다. 『개요』는 제목대로 개설적 성격이 강하며, 부제에서처럼 『조철』의 지양이라는 목적에 충실하여 60년대의 『조철』보다 유교의 관념론적 성격을 부각하여 보다 비판적인 입장에서 서술되었음을 알 수 있다. 이에 비해 『조철 2』에서는 유교사상에 관련된 원문을 직접 인용하며, 상세히 서술하였으며 『조철』에서 다룬 인물들도 거의 그대로 다루고 있다. 평가에서도 『조철 2』는 굳이 비교한다면 『개요』보다는 『조철』의 입장에 보다 가까워 유교에 대해서 상대적으로 긍정적인 평가를 한 것이 많다고 볼 수 있다. 이러한 차이가 어디에서 유래하는지는 좀 더 연구배경에 대한 검토가 필요하다.

1980년대에는 『개요』나 『조철 2』 이외에도 사학사에 관련된 논문이 세 편 제출되었다. 김석형의 구『삼국사』와 『삼국사기』에 대한 연구(25), 윤국일의 『고려실록』에 대한 연구(26), 강인숙의 구『삼국사』에 대한 연구(27) 등이 그것이며, 90년대에도 옥명심이 『삼국사기』와 구『삼국사』의 관계에 대한 연구(28)를 시도하였다. 김석형은 구『삼국사』가 『삼국사기』처럼 신라 중심의 사대주의적인 내용보다는 고구려 중심의 비사대주의적 내용을 담고 있었을 것으로 추정하여 『삼국사기』가 갖는 특성을 유교의 사대주의와 연결시키고 구『삼국사』는 그렇지 않다고 하였다. 강인숙의 연구에서는 구『삼국사』에 대해 본기와 지를 구체적으로 추론하였다. 옥명심의 연구에서는 김석형의 입장을 이어 구『삼국사』에 대해서는 진보적 경향으로, 『삼국사기』에 대해서는 비판적 입장에서 살펴보아 역시 유교의 사대성을 비판적인 각도에서 살펴보았다.

(3) 주제별 연구동향

1) 성리학 도입 이전의 유학

우선 성리학 도입 이전의 유학을 살펴보기 전에 삼국시대 이전 유학이 들어오기 전의 사상을 어떻게 이해하고 있는지 살펴볼 필요가 있다. 시기적으로는 대체로 고조선과 부여, 진국의 해당시기에 지배적인 사회의식 형태는 노예소유사회에 부합하는 사상이 정립되었다고 하였다. 이것은 60년대에서 80년대에까지 공통되는 견해로서 『조철』이나 『통사』·『전사』·『개요』에서 모두 비슷한 입장이다. 다만 60년대의 『조철』에서는 하느님이 세계를 창조하였다는 종교적 견해와 세계를 밝은 기운과 어두운 기운의 대립물의 통일로 파악하는 소박한 유물론이 대립하였다고 보는 단순한 입장에서, 70년대에는 진보적인 사상조류로서 무신론적인 '선(仙)'에 관한 사상이 발전하였다고 보거나[109] 80년대에는 무신론사상에 '고대신가'의 영혼소멸에 관한 사상을 추가하기도 하였다. 또 80년대에는 진보적–반동적 노예소유자의 구분 대신에 신흥–귀족 노예소유자로 대립구도를 설명하면서 신흥노예소유자의 정체에 대해 이들이 평민으로부터 갈라져 나온 '호민'이라는 구체적 계층을 지목하기도 하였다.

이와 같이 전체적으로는 유물론적 · 무신론적 견해와 조상신 · 자연신 · 천신 등의 종교적 견해가 대립하는 것으로 이해하고 모두 노예소유자의 분화로써 설명하였다. 그러나 이러한 설명은 이전의 조성을의 연구사 검토(31)에서도 지적되었듯이 구체적 연구가 뒷받침되지 않고 선험적으로 지적한 점이 없지 않다. 물론 사료의 부족에서도 기인하는 것이기는 하나 고고학적 연구성과라든지 호민이라는 계층을 지칭하였을 때 구체적 증거를 가지고 설명해야 하는 점이 충분히 제시되어 있지 않다. 또 노예소유자를 나누어 설명할 때 이들이 왜 나누어질 수 있는지, 어떤 점에서 나누어지는지에 대한 설명은 거의 없다. 선인(仙人)이나 음양오행에 관한 설명에서도 한편으로는 유물론적인 것으로 이해하다가 한편으로는 한계성을 지적하는 등 동일한 대상에서도 논리적인 일관성에 문제를 드러내기도 하였다.

다음 삼국시기는 유교가 본격적으로 수입되어 이데올로기로서 역할을 하는 시기이다. 북한에서는 60년대에 이미 삼국시대를 중세로 구분하였기에 이 시기에 유학의 역할을 봉건귀족의 지배이데올로기라는 관점에서 파악하였다. 『조철』에서는 유교의 수입시기를 고조선시기에 이미 한자(漢字)와 함께 도입된 것으로 보았고 종래의 천신숭배의 종교사상과

109) 선은 사람의 생명은 신에 의해 결정되는 것이 아니라 육체의 건강여부 특히 좋은 약을 쓰는 것에 달려 있다는 내용을 주로 주장한 것으로 고대의 의학이나 생물학 등 자연과학 발달에 기여한 것으로 이해하였다.

결부되어 발전하였다고 보았다. 유교사상 가운데 특히 천명이나 효사상이 가장 중요시되었으며, 음양오행사상을 유물론 철학으로 이해하여 진보적 농민의 이익을 대변하는 사상으로 파악하였다. 그러나 전체적으로 유학은 봉건질서를 유지하기 위해 필요한 것으로 그 의미는 제한적으로 해석하였다.

『조철』의 이러한 입장은 이후 유학을 이해하는데 중요한 시사점을 준 것으로 흔히 유학의 사상으로 이해하는 음양오행사상을 관념론에서 분리하여 유물론철학으로 설정하여 일정하게 긍정하는 특징을 보여주었다. 또 유학에서 인식론은 인간의 경험과 실천을 강조하는 점에서 긍정적 요소를 지닌 것으로 보았던 점, 유교교육에서 오경(五經) 등이 활용되어 고구려의 경우 태학뿐만 아니라 경당까지 교육된 점, 유교철학이 고구려·백제·신라의 순으로 발전한 점 등은 뒤에 영향을 주었다.

『통사』에서도 대체로 삼국시대의 유교를 봉건지배계급의 통치사상의 하나로 파악하고 그 종교적·관념론적 세계관이 유물론의 발전을 가로막는 것으로 이해한 점에서 이전과 비슷하다. 한편 『전사』에서는 평가에서 약간의 변화가 일어났다. 유교뿐만 아니라 불교와 도교가 모두 세계적 사조로서 받아들여져서 특히 고구려에서는 이 세 가지를 합하여 독자적으로 발전시켰다고 보았는데, 유학의 도덕에서도 나라의 자주를 옹호하는 면에서는 어느 정도 진보적인 측면이 있다고 해석하였다. 곧 유교의 진보성을 재단하는 척도도 자주성과 연결하여 해석하였던 것이다. 이런 입장은 80년대의 『개요』까지 연결되어 고구려에서 역(易)에 관한 연구가 발전하고 군사학분야에서 변증법적 발전이 이루어진다고 파악하였다.

곧 삼국시대의 유교는 일부 음양오행사상에서 약간의 유물론적 성격이 있기는 하지만 기본적으로는 관념론적인 사상으로 간주되어 지배계급의 도구로서 활용되었다고 보았다. 다만 주체사상이 등장하는 전후로 유교의 진보성도 유물론적·변증법적 성격 이외에 애국주의적 자주의 관점이 추가되어 해석되었다.

통일신라에 대해서도 그 이전의 연장선상에서 큰 차이를 보이지는 않는다. 다만 『조철』에서 강수(强首)의 예를 들어 그가 유학을 선택한 것에 대해 별 차이 없이 유교나 불교를 적당히 이론적 무기로 삼을 수 있다고 파악한 것처럼 유교와 불교의 차이를 크게 인정하지 않은 것은 문제이다. 대체로 강수가 유학을 선택한 것이 『삼국사기』의 열전에 실린 정도의 내용을 가진 것이었다면 오히려 유학은 불교에 비해 상당히 열세에 있었다는 것을 반영하는 기사로 해석할 수 있다. 만일 유학을 배우는 것이 일반적인 길이었다면 아버지의 물음에 그가 굳이 유학이라고 대답한 것을 기록으로까지 남기지 않았을 수가 있기 때문이다. 따라서 강수의 선택은 일반적인 길, 곧 불교공부가 보다 일반적인 길임에도 이를 포기한 특수한 상황에 대한 기록이며, 이 기록에서 불교가 이 시기보다 지배적인 사상으로 기능했음을 짐작할 수 있다.

『조철』에서는 유교 대신에 풍류사상을 주목하고 이에 진보적 귀족계급의 사상과 농민들의 이익도 반영된 것으로 이해하였다. 근거로서는 풍류사상에 초기 유물론적 성격이 있기에 가능하다고 보았다. 최치원에 대해서는 『통사』에서 본격적으로 주목하였는데, 이 시기에 불교관념론을 반대하여 비교적 진보적인 견해를 내었다고 보았지만 유교의 관념론에 제한되어 한계가 있는 것으로 보았다. 이러한 평가는 『전사』에서도 비슷하며, 『개요』도 자세하게 논의하였음에도 불구하고 평가는 대동소이하였다. 『조철』 이후에 『통사』나 『전사』·『개요』 등에서는 발해의 유학에 대해서도 서술하였으나 제도적인 간략한 설명 이외에는 별다른 언급이 없다.

고려에 대해서 『조철』에서는 유학이 통치사상으로 확립되었으나 최충의 9재에서 불교의 신비주의적 측면을 반대한 면이 있다고 하였다. 음양오행사상도 신비적·미신적 요소가 있었으나 자연을 연구하는데 도움을 주었다고 보아 일정하게 긍정하는 면도 있다. 또한 이규보의 유물론도 주목하여 그가 유물론적 철학을 확립하였고 변증법적 요소도 풍부하다고 하였다. 『통사』의 경우는 『조철』과 비슷하며, 『전사』에서는 여기에 고려초 최승로의 사상을 추가하여 그의 「시무서」가 불교가 끼친 해독을 폭로 · 비판하였다는데서 진보적이라고 평가하였고, 이러한 평가는 『개요』까지 유효하였다.

2) 성리학에 대한 평가

고려말에 성리학이 수입된 것에 대해서는 불교에 반대하는 의미로서 주자학을 설정하여 주자학이 객관적 관념론으로서 갖는 긍정성을 부각하였다. 이러한 시각은 『조철』에서부터 『전사』 · 『개요』에 이르기까지 비슷하며 유물론과 변증법이라는 도식적인 기준을 가지고 평가하는 것 외에는 남한의 연구시각과 크게 다르지 않다. 불교를 반대한 의미에서 무신론을 강조한 『전사』에서는 이색과 정도전 외에도 김초나 박초를 예로 들기도 하였다.

본격적인 성리학의 보급과 연구는 조선초에 들어서야 가능한데, 『조철』에서 주목한 정도전은 본질적으로는 착취계급을 대변하였지만 중소지주계급의 입장에서 그에 맞게 봉건질서를 개혁하려는 진보성이 있다고 파악하였다. 이는 남한에서 고려말 조선건국을 준비하였던 주도적 사대부들의 사회경제적 기반을 중소지주로 파악한 것과 매우 유사하다. 권근도 정도전과 철학은 비슷하지만 출신계층이 다르기에 이색과 같은 개량론을 편 것으로 보았다.

정도전과 권근에 대한 시각은 이후 『전사』에서는 조금 후퇴하여 정도전의 경우 불교에 대해 비판한 것에만 의미를 두고 권근은 리(理)나 천리(天理)에 의지한 관념론자로 비판되었다. 이런 시각은 『개요』나 『조철 2』에서도 상대적으로 자세하게 반복되었다. 남한에서는 정도전의 배불론도 주목하였지만 그보다는 정치 · 경제 등의 영역에서 조선건국에 끼친 그의 영향, 즉 경세적인 면에 보다 주목하여 연구한 것과는 차이가 있다. 곧 북한에서 유학사의 연구는 철학이론의 탐구로 그치는 경우가 많고, 사회경제사상이나 경세론에 관한 것은 언급하더라도 그것이 그의 철학사상과 어떤 관련을 맺는가에 대한 설명이 부족한 경우가 많다.

권근 이후에 사림파에 대한 시각도 이들이 기본적으로 중소지주인 점에서 대지주였던 훈구파보다는 상대적으로 진보적이라고 평가하는 것이 일반적인 이해방식이었다. 『조철』에서 김종직 · 조광조 · 이언적을 모두 중소지주의 시각에서 이해하여 훈구파보다는 개혁적이라고 보았고, 『조철 2』에서도 비슷하게 보았다. 그러나 『전사』나 『개요』에서는 사림파의 역할을 인정하지 않는 듯이 아예 사림파에 대해 거의 서술을 하지 않았다. 문제는 이와 같이 대지주와 중소지주의 계급적 기반을 중심으로 이해하는 방식은 명목상 유물론이나 계급론을 적극적인 방법론으로 인정하지 않는 남한학계에서도 대단히 유사하게 사용하는 방법론이라는 점이다. 그 결과 훈구파에 대해 사림파가 가지는 진보성, 긍정적 의미는 그들의 존재기반으로부터 제출된다는 공통점을 지니게 되었다.

남한의 연구와 비슷하면서도 다른 특징 가운데 하나는 김시습과 서경덕 등 남한에서는 별로 주목하지 않은 인물들을 유물론자로서 매우 주목하였다는 사실이다. 이들에 대해서는 남한에서도 기론(氣論)에 주목하여 설명하는 경우가 많은데, 북한에서는 이들의 철학적 입장을 유물론으로 정리하여 유물론이 본격적으로 성립되었음을 밝히는 증거로 삼기도 하였다. 『조철』에서 김시습의 유물론적 입장을 주목하고 그의 무신론적 견해나 역(易)에 대한 입장을 주목하였고, 서경덕에 대해서는 유물론 철학사상을 심화 발전시켜 탁월한 유물론적 자연관을 수립하고, 진보적 사회정치적 견해를 제출하였다고 보았다. 이러한 견해는 이후 『통사』나 『전사』에서도 반복되었고, 『개요』나 『조철 2』에서도 대체로 유지되었다.

16세기의 사림에 대한 연구는 역사적 사실로 볼 때 김종직이나 조광조 등 15세기의 사림보다도 보다 광범위하게 살펴볼 필요가 있다. 하지만 『조철』에서는 15세기 사림파로 김종직, 조광조, 이언적을 지적하고 16세기에는 사림파라는 명칭보다는 주리파로 김인후, 이황, 이이를 지적하여 사림으로서의 독자적 의미를 부각하지 않았다. 이는 사림 가운데서도 훈구파의 박해를 받지 않고 정권에 동조하였던 보수세력이라는 의미에서 사림이라는 정체성보다는 주리파의 정체성으로 이들을 묶으려는 시도였다고 할 수 있다. 이런 교조적 주자학풍의 대표자로서는 이황을 들고 있는 것은 이런 시각의 연장이었다. 그러나 이이의 경우에는 비록 정권에 참여하였지만 훈구파와의 투쟁과정에서 긍정적 역할을 시도한 사림으로 사림을 전후기로 나눌 때 전기의 마지막 인물로서 이이 이후로는 긍정적 역할을 상실하게 되었다고 하였다. 이후의 연구에서 『전사』나 『개요』는 16세기를 포함한 사림에 대한 언급조차 하지 않게 되었다.

사림에 대한 이와 같은 이해는 사림파의 의미를 대단히 축소하여 훈구파의 실정(失政)에 문제를 제기한 초기에 국한해서만 유의미한 것으로 보는 한계가 있다. 이는 16세기 후반 이후 사림이 중앙정계를 장악하여 조선후기를 이끌어간 주체세력이라는 점에서 조선후기를 부정적으로 보는 시각에서 기인한 것이었다. 따라서 조선 중후기의 역사변화에서 조선을 이끌어간 세력들에 대해서 성리학의 관점에서 어떤 차이점이 있는가에 대해서는 거의 관심이 없게 되었다. 대신 조선후기의 실학파들에 주목함으로써 60년대 이후 80년대 중반까지의 남한학계와 상당히 유사한 이해를 보였다.

17세기 이후는 주로 실학사상을 중심으로 하여 이해하였는데, 실학의 반대편에서 행해진 당시 지배계급의 사상투쟁을 당파투쟁과 연관하여 한계가 있는 것으로 보았다. 『조철』에서는 이황과 이이학파의 갈등이 주로 근원이었으며 이이학파의 송시열이나 한원진 등이 착취계급의 정통사상을 형성하였다고 보았다. 이밖에도 주자성리학을 반대하는 사상을 지녔던 인물로는 윤휴나 박세당, 임성주 등이 『조철』이나 『개요』 및 『조철 2』에서 공통적으로 주목되었다.

이와 같이 보면 성리학에 대한 평가는 객관적 관념론으로서 불교에 비해서는 상대적으로 긍정성을 갖는 것으로 이해하면서도 한편으로 전체적으로는 지배계급의 사상으로서 갖는 한계를 여전히 부각시키고 있는 것이 대체적인 평가이다. 그런 가운데 초기사림의 진보성을 인정하고 실학에서의 현실비판적인 측면을 높이 평가함으로써 전체적으로는 성리학이 지배사상으로서의 기능이 강화된 16세기 중반 이후의 역사를 부정적으로 이해하였던 것이다.

3) 유학이 근대에 미친 영향

근대에 유학이 미친 영향에 대해서 『조철』에서는 주자학적 객관적 관념론은 파산을 맞게 되어 새로운 시대에 적응하든지 아니면 도태될 기로에 서게 되었다고 하였다. 특히 부르주아 사상이 수입되면서 실학파를 계승하여 개화파 사상이 등장하였다고 보아 김옥균을 비롯한 개화파들의 사상이 계몽사상으로 표출되었다고 보았다. 그러나 아직 사상적인 미숙성으로 인해 관념론적 경향에서 벗어나지 못하였는데, 이러한 경향은 박은식이나 신채호, 주시경도 마찬가지라고 하였다.

『개요』에서는 『조철』에서도 지적하였던 유인석의 예를 들어 반일의병의 중요성을 지적하였는데, 유인석은 종래의 유학자들과는 달리 낡은 관념에서 벗어나려고 하였던 점이 평가되었다. 그러나 그 역시 다른 위정척사론자들과 마찬가지로 유교적인 측면을 여전히 가지고 있는 한계가 있다고 하였다.

『개요』에서는 『조철』에 비해 유교에 대해 비판적인 지식인들이 20세기 초에 활발해진다고 하면서 이기와 박은식, 장지연, 신채호의 예를 들었다. 『조철』에서는 주로 부르주아지적 한계성을 드러내면서 유교에 대해서도 절충적인 성격을 벗어나지 못했다고 비판되었던 이들에 대해, 『개요』에서는 유교에 대해 비교적 철저히 비판하면서 유교가 끼친 폐해를 제거하는 방안을 제시(李沂)하거나 부르주아적으로 개조하여 시대적 요구에 적응(朴殷植)시키려고 시도하였다고 평가하였다.

이러한 인식은 유교, 곧 성리학을 근대사상인 부르주아사상과는 정반대의 것으로 대비시켜 이해하였던 것이라고 할 수 있다. 곧 전통시대의 사상인 유교는 서구에서 유입된 근대사상과는 화해할 수 없는 것으로 해체나 전면적인 변화의 대상이 될 수밖에 없다고 본 것이다. 하지만 이 시기에 유교적 전통을 지닌 지식인들의 변화는 그렇게 단순하게 평가될 수 만은 없다. 비록 유교, 성리학이 비판의 대상이 되었지만 지식인들의 사고에 전제가 되었으며, 비록 계몽사상의 영향을 받아 현상적으로 나타나지 않았다고 하더라도 지속적으로 유교적 사고의 맥락은 이어질 수밖에 없었다.

남한의 유교에 대한 연구에서도 대체적으로 나타나는 특징은 운동사적인 관점에서 유교에 대해 접근하는 면이 많은데 이러한 측면은 북한의 연구와 비슷한 점도 적지 않다. 위정척사사상이나 근대정치사상을 분석하면서 이러한 경향성은 두드러지는데, 당시 제국주의 열강에 대항하면서 근대를 소화하려는 노력 속에 유교에 대한 연구도 제국주의에 극단적으로 저항하였던 위정척사의 면이나 근대정치사상 속에서 청산의 대상으로서 유교가 설정된 측면이 있었다.

4) 개별 인물에 대한 연구

북한의 유학사연구에서 주목되었던 인물들은 매우 한정되어 있다. 남한의 유학사연구에서도 유학사에서 언급되는 인물들이 광범위한 것은 아니지만 북한은 남한에 비해서도 철저하게 몇몇 소수의 사람들에게 연구가 집중되어 있다. 그나마도 개별인물에 대한 연구는 50~60년대의 논문에 일부 진행된 것을 제외하고는 나머지는 대부분 『통사』에 언급된 것에 불과하다. 1980년대에 제출된 『조철 2』에서는 개인사상에 대한 연구라고 할지라도 상당히 상세하게 원문을 인용하여 분석하였음에도 불구하고 인물선정에서는 과거의 소수 인물군에서 크게 벗어나지 않았다.

다음에 표에서 제시된 개별인물에 대한 지적을 보면 인물연구의 편중을 알 수 있다

【표 1】 유학통사류에 인용된 인물별 빈도

출전 / 인물	『조선철학사연구』	『조선전사』	『조선철학사개요』	『조선철학사2』	개별논문 편수
최치원	○	○	○		
최승로		○	○		
이규보	○	○	○		
이 색	○	○	○		
정몽주	○				
김 초		○			
박 초		○			
정도전	○	○	○		
권 근	○	○	○	○	
김종직	○			○	
조광조	○			○	
이언적	○			○	
김시습	○	○	○	○	1
서경덕	○	○	○	○	2
이 구	○				
김인후	○				
이 황	○	○	○	○	

이 이	○	○	○	○	3
이수광	○	○	○	○	
한백겸	○				
김 육	○				
장 유			○	○	
윤 휴		○	○	○	
박세당			○	○	
유형원	○			○	
이 익	○	○	○	○	
홍대용	○	○	○	○	
박지원	○	○	○	○	
박제가	○		○	○	
송시열	○	○	○	○	
한원진	○			○	
정약용	○	○	○	○	
임성주	○	○		○	1
기정진	○				
이진상	○			○	
이규경		○	○	○	
최한기	○	○	○	○	
이항로		○	○		
최익현			○		
김옥균	○	○	○		
유인석	○	○	○		
이 기		○	○		
박은식	○	○	○		
장지연		○	○		
신채호	○	○	○		

* 위 단행본에 비교적 독립되어 서술된 인물들을 선정
* 『조선통사』는 설명이 지나치게 간단하므로 제외하고 『전사』는 포함하였음

유학사와 관련된 인물을 살펴보면 대체로 대표적 인물 몇몇으로 한정되어 반복 서술되어 있음을 알 수 있다. 각 시대를 대표하는 개설서에 해당하는 위 책에 3군데 이상 서술된 인물이 총 45명 중에 24명으로 절반이 넘게 반복되어 설명되어 이들 위주로 유학사를 고찰하고 있음을 알 수 있다. 남한의 경우에도 유학사 연구에서 특정인물에 치우치는 편중된 연구의 문제점을 안고 있으나 상대적으로 적은 편수라도 여러 인물들이 연구되어 왔다. 그에 비해 북한의 유학사 연구는 소수의 인물에 편중되어 이들의 학설이 다시 재검토되는 경향을 띠고 있음을 알 수 있다.

(4) 맺음말

이상에서 북한의 유학사 연구경향을 살펴보았다. 유학사 연구경향을 통해 살펴본 바에 의하면 북한의 유학연구는 남한에 비해 비교적 단조롭고 그나마 1960년대에 상대적으로 활발하였다가 그 이후 오히려 위축된 측면이 있다. 1980년대에 『조철 2』와 같이 비교적 상세한 연구서가 제출되기는 하나 방법론이나 주목한 인물의 면에서 보면 그 이전과 큰 차이는 보이지 않았다.

북한의 유학사 연구에 적용된 방법론은 유물론과 변증법 및 주체사상이다. 1960년대에는 주로 유물론과 변증법이라는 기준을 적용하여 유학은 불교와 함께 관념론으로 간주되어 유물론의 대극에 있는 것으로 파악되었다. 불교가 주관적 관념론인 것에 비해 유학은 객관적 관념론이라는 차이가 있었지만 유물론에 비해 지배계급의 이익에 봉사한다는 점에서는 별 차이가 없는 것으로 인식되었다. 다만 불교에 비해 유학이 무신론에 반대하였고 상대적으로 현실에 관심을 가진 점을 인정하여 진보적인 측면을 부각하기도 하였다.

하지만 전반적으로는 유학에 대해 한계를 인정하는 면에서 상대적인 긍정과 부정 사이에서 진동하는 경향을 보였던 것이 그간의 경향이다. 60년대에는 일정한 한계 내에서이지만 상대적으로 긍정적인 시각을 견지하였고, 70년대에는 주체사상이 새로운 방법론의 기준으로 설정되면서 보다 부정적인 시각이 지배적이었다. 그리고 80년대에는 미묘하나마 상대적인 긍정과 부정을 약간씩 보여 주어 그간의 시각이 혼재되어 나타나기도 하였다.

이러한 연구의 경향은 사실 유학이 지배층의 이론이라는 점에 지나치게 매임으로써 지배층 내부의 변화에 대해 충분히 고려하지 않았던 탓이 크다. 유학이라고 하더라도 동일한 이름 아래 여러 다른 경향이 혼재되어 있고 당대의 사회경제적 현실을 고려하여 내부적인 이론적 고민을 거듭하였음에도 불구하고 이들을 지배층 일반으로 묶어냄으로써 사상의 변화가 현실의 변화에 어떻게 기여하는지 또 현실의 변화가 사상의 변화에 어떻게 반영되는지에 대해서 알 수가 없게 되었다. 유학사의 경우 철학적인 측면만이 아니라 경세적인 면까지 고려한다면 훨씬 더 다양한 해석과 입장 차이에 대해 폭넓은 검토를 할 수 있을 것이므로 이러한 시각의 연구가 필요하다고 하겠다.

더불어 유학이 본래 중국에서 유래한 만큼 중국유학사에 대한 변화를 충분히 고려해서 중국의 유학, 혹은 성리학을 자기화하려 노력하였던 측면에 대해서도 별로 찾아보려고 하지 않았다. 최근 남한의 유학사연구에서도 중국유학사의 변화를 고려하면서 비교연구가 시도되고 있는데, 북한의 경우 80년대 이후 유학사 연구는 정체에 빠져서 더 이상의 진전이 없기 때문에 중국유학사의 연구와 비교하는 것은 한계에 도달해 있다.

북한의 유학사 연구를 돌아볼 때 남북한 역사학에는 분명한 차이가 있음을 확인할 수 있다. 유학사의 경우 남쪽에서는 생소한 방법론인 유물론적, 변증법적 기준을 적용하여 전시기를 재단하기도 하였고, 주체사상이 본격화된 이후에는 애국사상을 강조하거나 자생적인 면에 주목하려는 경향이 두드러졌다. 그러나 남북의 유학사연구에 공통점도 적지 않음을 동시에 확인할 수가 있었다. 성리학에서 중소지주층을 대지주층에 비해 진보적이라고 파악하는 경향, 실학을 긍정적으로 보는 견해, 유물론이나 변증법적 기준이 아니더라도 역사에 긍정적 기여를 한 인물에 대한 이해방식이 대체로 비슷한 측면이 있었다.

이러한 연구들은 앞으로 보다 엄밀한 비교를 필요로 하며, 동시에 현재 제기되고 있는 유학사상사의 연구방법론을 새롭게 적용하여 재해석할 필요도 동시에 가지고 있다. 과연 중국의 유학사상과는 어떻게 차이가 나는지, 과연 중소지주와 대지주의 구분이 가능한지, 의미가 있는지에 대해 새롭게 연구할 필요성을 제기하게 된다.

부록 1 『조선철학사(上)』 목차

부록 2 『조선철학사개요』 목차

부록 3 『조선철학사2』 목차

참고문헌

Ⅰ. 개설

1. 사회과학원 력사연구소, 『철학사(상)』, 과학원출판사, 1960.
2. 정진석 · 정성철 · 김창원, 『조선철학사(상)』, 과학원출판사, 1962.

남의 재간행본 : 『조선철학사(상)』, 이성과 현실사, 1988 ; 『조선철학사연구』, 광주, 1988.

두 책 중에서 내용은 거의 그대로 전재하였으나 이성과 현실사의 책은 목차를 원문과는 달리 수정하였고, 광주사의 책은 그대로 두었기에 광주사에서 간행한 책을 대본으로 함.

3. 김광진 · 김광순 · 변락주, 『조선경제사상사(상)』, 과학원출판사, 1963.
4. 최봉익, 『조선철학사상사연구(고대~근대)』, 사회과학출판사, 1975.
5. 철학법학도서편집부 편, 『조선철학사상사연구』, 사회과학출판사, 1975.
6. 사회과학원 력사연구소, 『조선통사(상)』, 1977.

   남의 재간행본 : 『조선통사(상)』, 오월, 1988.
7. 사회과학원 력사연구소, 『조선전사』, 1979~83.
8. 리창성 편, 『사회사상사』, 正文社, 1986.
9. 최봉익, 『조선철학사개요』, 사회과학출판사, 1986.

   남의 재간행본 : 『조선철학사개요』, 한마당, 1989.
10. 정성철, 『조선철학사 2』, 과학백과사전출판사, 1987.

    남의 재간행본 : 『조선철학사(이조편)』, 좋은책, 1988.
11. 정성철 · 최봉익, 『조선철학사 3』, 과학백과사전출판사, 1991.

II. 논문

1) 북한

12. 최익한, 「조선 유교사상에 대한 역사적 고찰(상)」『력사제문제』 12, 1949.
13. 최익한, 「조선 유교사상에 대한 역사적 고찰(중)」『력사제문제』 14, 1949.
14. 신구헌, 「근대조선 계몽사상가들의 역할」『력사제문제』 9, 1949.

15. 신구헌, 「근대조선 계몽사상가들의 역할(하)」 『력사제문제』 10, 1949.

16. 리형일, 「리률곡의 사상에 대한 연구」 『력사과학』, 1956-2.

17. 오장환, 「서원에 대한 약간의 고찰」 『력사과학』, 1956-6.

18. 정진석, 「서경덕의 철학사상-서경덕 탄생 470주년에 제하여」 『력사과학』, 1959-2.

19. 리창화, 「리률곡의 교육사상」 『력사과학』, 1961-2.

20. 정성철, 「조선이 낳은 탁월한 유물론 철학가-서경덕」 『력사과학』, 1961-4.

21. 리지호, 「《조선철학사》(상)에 대하여(서평)」 『력사과학』, 1961-5.

22. 정성철, 「임성주의 철학사상-임성주 탄생 25주년에 제하여」 『력사과학』, 1961-6.

23. 리창화, 「리이의 사회정치사상」 『력사과학』, 1962-1.

24. 김광순, 「강좌 : 매월당 김시습의 정치 경제적 견해」 『력사과학』, 1962-3.

25. 김석형, 「자료 : 《삼국사》와 《삼국사기》」 『력사과학』, 1981-4.

26. 윤국일, 「《고려실록》에 대한 약간의 고찰」 『력사과학』, 1983-4.

27. 강인숙, 「구《삼국사》의 본기와 지」 『력사과학』, 1985-4.

28. 옥명심, 「《삼국사기》와 구《삼국사》의 관계에 대하여」 『력사과학』, 1993-1.

29. 신창모, 「고려시기 향교에 대하여」 『력사과학』, 1999-4.

30. 신창모, 「리조후반기 당쟁이 향교발전에 미친 후과」 『력사과학』, 2000-3.

2) 남한

31. 조성을, 1990 「유학의 수용과 발달」 『북한의 한국사인식(I)』.

32. 조남국, 1991 「北韓에 있어서의 性理學 硏究」 『북한의 한국학연구성과 분석』.

찾아보기

ㄱ

ㅊ

역사문화연구총서 6

조선시대의 학파와 사상

초판 1쇄 발행 2008년 12월 15일

지은이 정재훈
펴낸이 이재선
펴낸곳 신구문화사

등록 1968. 6. 10. 제1-205호
주소 경기도 성남시 중원구 금광2동 2661번지
전화 031-741-3055~6
팩스 031-741-3054
이메일 shingupub@naver.com
홈페이지 www.shingubook.com

ISBN 978-89-7668-155-3 93910
값 18,000원

*지은이와 협의에 따라 인지는 생략합니다.